Maven 3

Martin Spiller

Maven 3

Konfigurationsmanagement mit Java

mitp

Bibliografische Information der Deutschen Nationalbibliothek
Die Deutsche Nationalbibliothek verzeichnet diese Publikation in der Deutschen Nationalbibliografie; detaillierte bibliografische Daten sind im Internet über <http://dnb.d-nb.de> abrufbar.

Bei der Herstellung des Werkes haben wir uns zukunftsbewusst für umweltverträgliche und wiederverwertbare Materialien entschieden. Der Inhalt ist auf elementar chlorfreiem Papier gedruckt.

ISBN 978-3-8266-9118-8
1. Auflage 2011

E-Mail: kundenbetreuung@hjr-verlag.de

Telefon: +49 6221/489-555
Telefax: +49 6221/489-410

www.mitp.de

Lektorat: Sabine Schulz
Sprachkorrektorat: Petra Heubach-Erdmann
Satz: III-satz, Husby, www.drei-satz.de
Druck: Beltz Druckpartner GmbH und Co. KG, Hemsbach
Coverbild: © Sandra R. Barba – fotolia.de

Für Johanna und Susanne

Inhaltsverzeichnis

Danksagungen

An erster Stelle möchte ich meiner Frau und meiner Tochter danken, die mir in den letzten Monaten den Rücken freigehalten und mich entlastet haben.

Ganz besonders möchte ich meinen Kollegen *Manfred Wolff* und *Patrick Zeising* danken. *Manfred* hat mich zum einen dazu gebracht, dieses Buch zu schreiben, und außerdem eine Einführung und Kapitel 3, *Konfigurationsmanagement* beigesteuert. Von *Patrick* stammt Kapitel 5, *Lifecycles*.

Vielen Dank auch an *Arne Lindow*, der gemeinsam mit *Manfred* und *Patrick* das Manuskript gelesen und korrigiert hat. Dank an *Sabine Schulz* vom *mitp Verlag* und an meinen langjährigen Arbeitgeber, die Firma neusta GmbH, die mir die technische Infrastruktur bot, um viele der Beispiele auszuprobieren, und mir in den letzten Jahren ermöglicht hat, die nötigen Erfahrungen zu sammeln und immer noch Spaß an der Softwareentwicklung zu haben. Und zu guter Letzt natürlich Danke an die *Maven Community*, die ein großartiges Werkzeug geschaffen hat, das mir und vielen Kollegen und Kolleginnen die tägliche Arbeit enorm erleichtert.

Martin Spiller

Bremen, im Juli 2011

Der Autor

Martin Spiller ist Diplom-Mathematiker und arbeitet als Softwareentwickler und Berater im Java-Umfeld für die neusta GmbH in Bremen. Seine Themenschwerpunkte sind Softwarequalität, Konfigurationsmanagement und Performance-Tuning.

Vorwort

Als ich im Februar 2009 mein fertiges Manuskript für die 1. Auflage an den Verlag schickte, deckte es Maven 2.0.9 ab. Kapitel 19 enthielt einen Ausblick auf die angekündigten Versionen 2.1 und 2.2. Kaum waren die Druckfahnen korrigiert, erschien Version 2.0.10. Kein Problem, die Änderungen ließen sich noch nachträglich einfügen und das Buch konnte aktualisiert gedruckt werden. Als nicht besonders schlau stellte sich jedoch der Hinweis dar, ein Erscheinungsdatum von Version 2.1 sei nicht absehbar. Maven 2.1 erschien, als das Buch aus der Druckerei kam.

Im Oktober 2010 ist Maven 3.0 erschienen. Im Gegensatz zum Umstieg von Maven 1 auf Maven 2 ließen sich Projekte diesmal ohne Probleme auf die neue Version umstellen, ein paar Plugin-Versionen mussten aktualisiert werden, aber in der alltäglichen Arbeit war der Unterschied kaum zu bemerken, außer, dass es jetzt an vielen Stellen runder wirkt, die Builds schneller ablaufen und die neuen Konsolenausgaben deutlich informativer sind als vorher.

Die erste Auflage dieses Buches ist inzwischen vergriffen, ich habe die Gelegenheit genutzt, um die neuen Features von Maven 3 aufzunehmen, Fehler zu korrigieren sowie die Rückmeldungen von Lesern einfließen zu lassen. In Kapitel 19 beschreibe ich nun die neuen Features und Änderungen gegenüber Maven 2.

Martin Spiller

Bremen, im Juni 2011

## Kapitel 1

Einführung

Wie lange braucht ein Entwickler vom initialen *Check-Out* der Software, bis er zum ersten Mal das Endprodukt kompiliert hat und es lokal läuft? Es geht hier nicht um Minuten und Stunden, sondern in großen Projekten um Tage. Ein No-go, um einen erfahrenen Entwickler für eine Spezialaufgabe *mal eben* in einem Projekt zu beschäftigen.

Wahrscheinlich müssen diese oder ähnliche Fragen beantwortet werden:

- Wo sind die Sourcen?
- Wo sind die Konfigurationsdateien?
- Welche Bibliotheken werden benötigt, in welcher Version?
- Woher bekomme ich diese Bibliotheken?
- Wohin müssen die Bibliotheken kopiert werden?
- Warum geht das immer noch nicht?

Das Ergebnis ist, dass ein weiterer Kollege von der Arbeit befreit werden muss, um dem Neuling zu helfen. Auch eine *Getting started*-Dokumentation hilft nur in seltenen Fällen, weil diese meistens nicht auf dem neuesten Stand ist. Ach ja, letzte Woche haben wir von *Struts 1.2* auf *Struts 1.3* migriert, da muss die Dokumentation noch nachgezogen werden. Wir haben uns mit Konfigurationsmanagement beschäftigt, weil wir nicht einsehen wollten, dass ein Entwickler teilweise eine Woche benötigt, um produktiv in einem Projekt mitzuarbeiten. Mit *Maven* ist dieses binnen weniger Stunden, teilweise binnen weniger Minuten erledigt. Dank dem *Project Object Model (POM)* ist sichergestellt, dass auch die Migration von *Struts* letzte Woche bereits für den neuen Kollegen sichtbar ist.

Auschecken, `mvn package` aufrufen, fertig. Das ist die Devise von *Maven*.

Sicher ist das idealisiert, weil manchmal auch noch lokale Konfigurationen notwendig sind, wie das Einstellen des Pfades zur lokalen Datenbank etc. Aber unsere Erfahrung ist: Seitdem wir in unseren Projekten Maven einsetzen, ist es kein Problem, auch mal einen Entwickler nur für eine kleine Aufgabe in ein neues Projekt zu setzen. Maven bietet mehr als kurze Rüstzeiten im neuen Projekt:

- In jedem Projekt gibt es die gleiche Verzeichnisstruktur. Keine Suche nach den Sourcen, nach Konfigurationen etc.
- Mit mvn-site ist sofort eine umfangreiche Dokumentation verfügbar.

- Die gesamte technische Projektbeschreibung ist an zentraler Stelle (POM) und wird versioniert. Auch wenn ich einige Monate nicht im Projekt mitgearbeitet habe, bekomme ich nach dem Update auf das Versionierungstool sofort alles Neue mit übertragen.
- Maven gibt dem Projektleiter täglich einen Überblick über die Qualität der Sourcen.

Maven hat sich im Bereich der Open-Source-Entwicklung durchgesetzt und das ist ein Gewinn für alle, die in diesem Bereich unterwegs sind. Vielleicht kennen Sie noch die Probleme aus alten Linux-Entwicklungstagen. Ein neues Framework wird heruntergeladen:

```
configure
make
make install
```

Bereits `configure` schlägt fehl, weil das Framework die Bibliothek `xy.1.2.3.lib` benötigt. Kein Problem: Herunterladen – `configure; make; make-install`. Bis das ursprünglich benötigte Softwarepaket läuft, vergeht die Zeit, und wenn alle Bibliotheken und Abhängigkeiten zusammengesammelt sind, bricht `make` mit einem Kompilierfehler ab.

Dadurch, dass heute (fast) alle wichtigen Java-Bibliotheken auf zentralen Repositories verfügbar sind, minimiert sich die Installationszeit und vor allem der Ärger. Damit auch Sie entspannt mit der Konfiguration Ihrer Software umgehen können, gibt es dieses Buch, in dem Erfahrungen im praktischen Umgang mit Maven dargestellt werden.

Manfred Wolff,

Bremen im Februar 2009

1.1 Über dieses Buch

1.1.1 Für wen ist dieses Buch?

Dieses Buch richtet sich an Softwareentwickler und -architekten, an technische Projektleiter und alle, die sich mit Konfigurationsmanagement beschäftigen wollen (oder müssen). Man muss nicht unbedingt Java-Programmierer sein, um dieses Buch zu verstehen, es hilft aber ungemein, wenn man mit den Grundkonzepten der objektorientierten Programmierung vertraut ist.

Aufbau des Buches

Sie sollten auf jeden Fall die Kapitel 1 bis 8 lesen, um die grundlegenden Konzepte und Prinzipien hinter *Maven* zu verstehen. Sie können die weiteren Kapitel des

Buches in loser Reihenfolge lesen, ganz danach, welche Teile von Maven Sie gerade benötigen oder interessant finden. Wenn Sie es sehr eilig haben, lesen Sie Kapitel 2 und holen alles Weitere bei Bedarf nach.

Die weiteren Kapitel

Kapitel 2, *Maven im Überblick:* Dieses Kapitel ist der Schnelleinstieg in Maven und bietet eine Einführung in die grundlegenden Konzepte, Befehle und Konfigurationsschritte und sollte Sie befähigen, sofort erste Projekte mit Maven zu erstellen und zu bearbeiten.

Kapitel 3, *Maven als Konfigurationsmanagement-Tool:* Hier erfahren Sie von meinem Kollegen *Manfred Wolff* die notwendigen Grundlagen des Konfigurationsmanagements und erhalten einen Überblick über verschiedene Konfigurationsmanagementwerkzeuge und deren Unterschiede.

Kapitel 4, *Maven-Grundlagen:* Kapitel 4 beschreibt die grundlegenden Strukturen von Maven: Verzeichnis- und Namenskonventionen, Kommandozeilenparameter, das Versionierungskonzept sowie eine Auflistung von Informationsquellen, die über die Informationen in diesem Buch hinausgehen.

Kapitel 5, *Lifecycles:* Mein Kollege *Patrick Zeising* beschreibt ein grundlegendes Maven-Konzept: die Lebenszyklen eines Projekts.

Kapitel 6, *POM – Das Project Object Model:* Kapitel 6 beschreibt das Projektmodell und seine Bestandteile. In diesem Kapitel lernen Sie alle Elemente des Projektmodells im Überblick kennen.

Kapitel 7, *Dependencies:* Dieses Kapitel beschreibt, wie Maven Abhängigkeiten behandelt und auflöst. Sie erfahren alles über transitive Abhängigkeiten und welche Konfigurationsmöglichkeiten Sie für die Verwaltung von Abhängigkeiten haben.

Kapitel 8, *Projektbeziehungen:* Wie setzt Maven Aggregation und Vererbung von Projekten um? Was sind Multimodul-Projekte?

Kapitel 9, *Repositories:* Was sind lokale und entfernte Repositories, wie werden sie konfiguriert und verwendet und wie richtet man einen eigenen Repository-Server ein?

Kapitel 10, *Plugins:* Maven ist ein Framework zum Ausführen von Plugins. Dieses Kapitel beschreibt, wie Plugins ausgeführt werden und welche Konfigurationsmöglichkeiten es im *POM* für Plugins gibt.

Kapitel 11, *Properties und Filtering:* Wie können Platzhalter verwendet werden, um auf Projekt- und Systemeigenschaften zuzugreifen, und wie kann ich diese dynamisch in Konfigurationsdateien einsetzen?

Kapitel 12, ***Profile:*** Unterschiedliche Rahmenbedingungen und Systemvoraussetzungen lassen sich mit Profilen berücksichtigen und steuern. Dieses Kapitel zeigt, wie.

Kapitel 13, ***Maven-SCM:*** Kapitel 13 beschreibt Mavens Schnittstelle für Versionskontrollsysteme.

Kapitel 14, ***Software veröffentlichen:*** Dieses Kapitel zeigt, wie man mit dem Assembly- und dem Release-Plugin Software veröffentlichen kann und den Veröffentlichungsprozess automatisiert.

Kapitel 15, ***Plugins schreiben:*** Kapitel 15 sagt Ihnen, was ein Mojo ist, wie man eigene Plugins schreibt, und klärt über die Innereien eines Maven-Plugins auf.

Kapitel 16, ***Maven und Eclipse:*** Sie erfahren, wie Maven und Eclipse zusammenspielen und wie Konfigurationen für Eclipse und Eclipse-Plugins durch Maven generiert werden können.

Kapitel 17, ***Reporting und Dokumentation:*** Dieses Kapitel beschreibt, wie mit Maven eine Projektwebseite, Projektreports und die Dokumentation generiert werden kann.

Kapitel 18, ***Qualitätsmanagement mit Maven:*** Dieses Kapitel beschreibt, wie Maven verwendet werden kann, um die Qualität des Projektcodes zu überprüfen und qualitätssichernde Maßnahmen zu fördern.

Kapitel 19, ***Änderungen in Maven 3:*** Eine Zusammenfassung der Unterschiede zwischen Maven 2 und 3, was muss beim Umstieg beachtet werden? Welche Neuerungen finden sich in Maven 3?

Anhang: Im Anhang finden sich Konfigurations- und Schnellstart-Anleitungen für den Repository-Manager *Archiva* und den *Continuous Integration*-Server *Continuum,* Referenzen für Konfigurationsdateien, Mojo-Annotationen und Plugins sowie die Lifecycle-Verknüpfungen.

1.1.2 Konventionen

Schrifttypen

- `SourceCode, Befehle und Dateien` sind in der Schriftart `Typewriter` gesetzt.
- *Produkte, Frameworks, Technologien und andere Eigennamen* sind *kursiv* gesetzt.

Objekt-Strukturen und XML

Für die Beschreibung von XML-Elementen innerhalb des Textes wird die objektorientierte Punkt-Notation verwendet, das heißt

```
<build>
  <plugins>
    <plugin>
...
```

wird als `build.plugins.plugin` beschrieben. Dies ist im Maven-Umfeld üblich und entspricht der Objektstruktur des Projektmodells *POM*.

Wenn auf Eigenschaften des Projekts wie zum Beispiel den Namen verwiesen wird, wird oftmals die Schreibweise `${project.<FELD>}` verwendet. Dies ist der Maven-übliche Verweis auf den Wert des POM-Elements `project.<FELD>`. Für den POM-Eintrag

```
<project>
  ...
  <name>Mavenbuch</name>
  ...
</project>
```

ergibt der Ausdruck `${project.name}` also den Wert *Mavenbuch*.

Wie man mit dieser Schreibweise Projekt- und Systemeigenschaften referenziert und wie man sie einsetzen kann, wird in Kapitel 11 beschrieben.

Zeilenumbrüche

Werden in Code-Beispielen und URLs überlange Zeilen umbrochen, wird dies durch einen Backslash angezeigt:

```
dieseZeileWirdNachDemBackslash\
    Fortgesetzt
```

1.1.3 Sprache

Die *Lingua Franca* der Softwareentwicklung ist Englisch. Alle Fachbegriffe sind normalerweise englisch und es ist teilweise schwierig und auch irreführend, diese zu übersetzen. Ich habe versucht, für die meisten Fachbegriffe deutsche Übersetzungen zu finden und zu verwenden. Teilweise macht dies aber keinen Sinn. Aus diesem Grund habe ich Kernbegriffe wie zum Beispiel *Repository* oder *package* gar nicht übersetzt und Begriffe, die im alltäglichen Entwickler-Jargon verwendet werden, auch so benutzt, wie zum Beispiel das eingedeutschte *deployen*. Das mag grammatikalisch fragwürdig sein, ist aber meiner Meinung immer noch besser, als sich beim Lesen die deutschen Begriffe zurück ins Englische übersetzen zu müssen, um den Text verstehen zu können. Man möge mir auch verzeihen, dass ich teilweise die deutschen und englischen Begriffe parallel verwende, wie zum Beispiel *Dependency* und *Abhängigkeit*.

1.2 Das Mavenbuch im Internet

Es gibt eine Internetseite zum Buch:

`http://www.mavenbuch.de`

Hier finden sich weitere Informationen sowie Ergänzungen, Fehlerkorrekturen und Beispiele zum Buch.

1.3 Kontakt

Wenn Sie Fragen, Anmerkungen oder Vorschläge zum Buch oder technische Fragen haben, schicken Sie mir eine E-Mail an `mspiller@mavenbuch.de`.

Maven im Überblick

Dieses Kapitel beschreibt, wie Maven installiert und ein erstes Projekt erstellt wird. Anhand dieses Projekts werden die wichtigsten Maven-Aufrufe gezeigt. Auf die detaillierte Beschreibung in späteren Kapiteln wird entsprechend verwiesen.

Hinweis

Maven verwendet für alle Aufgaben Plugins, die beim ersten Aufruf aus dem Netz geladen werden müssen. Wundern Sie sich also nicht, wenn die ersten Aufrufe etwas länger dauern. Da das Herunterladen der Bibliotheken auf der Konsole protokolliert wird, gehen beim ersten Aufruf eines Befehls die wesentlichen Informationen schnell unter. Rufen Sie zur Not den Befehl einfach noch mal auf. Gegebenenfalls rufen Sie vorher `mvn clean` auf, um generierte Dateien zu löschen.

2.1 Was ist Maven?

Maven ist ein deklaratives *Build Management System*. Das heißt, es wird lediglich der Inhalt des Projekts beschrieben, nicht die Struktur oder die Abläufe, die zur Kompilierung und Veröffentlichung notwendig sind. Die Philosophie hinter Maven heißt *Konvention über Konfiguration* – Strukturen müssen nicht definiert werden, sondern sind vorgegeben. So wie die Projekt- und Verzeichnisstruktur ist auch die Reihenfolge der Arbeitsschritte vorgegeben, die Maven ausführt, um ein Projekt zu bauen. In der `pom.xml` von Maven 2.0.9 beschreiben die Entwickler Maven so:

> *Maven is a project development management and comprehension tool. Based on the concept of a project object model: builds, dependency management, documentation creation, site publication, and distribution publication are all controlled from the declarative file. Maven can be extended by plugins to utilise a number of other development tools for reporting or the build process.*

2.1.1 POM

Maven verwendet ein Projektmodell (*POM – Project Object Model*), um Abhängigkeiten, Projektumgebung und Projektbeziehungen zu speichern. Das Projektmodell wird in der Datei `pom.xml` gespeichert und ist vererbbar.

2.1.2 Lebenszyklen

Die Entwickler von Maven gehen von immer wiederkehrenden Abläufen in Projekten aus, die in so genannten Lebenszyklen (*Lifecycles*) abgebildet werden. Der Standardzyklus ist der *Build-Lifecycle*, der aus einer festen Abfolge von Phasen besteht. Die einzelnen Phasen können mit Plugins verknüpft werden, die mit der Phase ausgeführt werden. Wird eine Phase aufgerufen, zum Beispiel `test`, werden alle Phasen des Zyklus, die vor `test` liegen, abgearbeitet. Das heißt, um Tests auszuführen, werden immer alle notwendigen Schritte ausgeführt:

1. Kompilieren des Produktivcodes
2. Kompilieren des Testcodes
3. Ausführen der Tests

2.1.3 Vereinfachtes Build-Management

Durch die Verwendung einheitlicher Verzeichnisstrukturen ist es einfach, in Projekte einzusteigen, die mit Maven verwaltet werden. Der *Build-Lifecycle* kapselt die einzelnen Phasen, die langwierige Analyse von *Makefiles* oder Build-Skripten, um herauszufinden, welcher Befehl als Erstes aufgerufen werden muss, entfällt.

2.1.4 Trennung von Code und Unit-Tests

Maven trennt den produktiven Projektcode physisch vom Code der Unit-Tests. Die Code-Basen liegen parallel in unterschiedlichen Quell-Verzeichnissen und die kompilierten Klassen werden in unterschiedlichen Verzeichnissen verwaltet. Genauso sind die Konfiguration der Unit-Tests und die dazugehörigen Ressourcen vom restlichen Code getrennt.

2.1.5 Verwaltung von Abhängigkeiten

Maven verwendet ein einziges lokales Verzeichnis, genannt *Repository*, in dem Bibliotheken zentral für alle Projekte abgelegt werden. Benötigte Bibliotheken werden selbstständig ins lokale Repository kopiert und aktualisiert. Damit erübrigt sich die Notwendigkeit, in Projekten Bibliotheken in das Versionskontrollsystem einchecken zu müssen. Transitive Abhängigkeiten, also die Abhängigkeiten von Abhängigkeiten, werden selbstständig analysiert und aufgelöst. Unter Maven ist es daher sehr einfach, Bibliotheken auszutauschen. Auch das Entfernen von Abhängigkeiten aus Projekten wird deutlich einfacher: Verschwindet die Abhängigkeit, verschwinden auch die transitiven Abhängigkeiten. Es bleiben keine Dateileichen zurück.

2.1.6 Artefakte

Maven beschreibt genau genommen keine vollständigen Projekte, sondern Artefakte: eigenständige Teile eines Projekts, die einzeln ausgeliefert werden können. In kleinen Projekten lässt sich das gesamte Projekt mit einem einzigen Artefakt beschreiben. Ein Artefakt wird durch eindeutige Koordinaten beschrieben, die im POM abgelegt sind. Jedes Maven-Projekt erzeugt ein Artefakt.

2.1.7 Informationen zu Codequalität und Projektzustand

Mit Maven lassen sich Reports und Projektinformationen generieren, die in einer Projektwebseite zusammengefasst werden. Hierzu gehören unter anderem:

- API-Dokumentation
- Unit-Test-Ergebnisse und Testabdeckung
- Changelogs des Versionskontrollsystems
- Liste der Abhängigkeiten
- Reports zur Codequalität durch Tools wie PMD, Checkstyle und FindBugs
- Informationen zu Bug-Tracking, Mailing-Listen und *Continuous Integration*
- Verwendete Bibliotheken und deren Benutzung

2.2 Voraussetzungen

2.2.1 Betriebssystem

Maven läuft auf *Windows*-Systemen ab NT, *Mac OS X*- und *Linux*-Systemen. Persönlich verwendet habe ich *Maven* auf *Windows 2000 (SP4)*, *XP (SP2* und *3)*, sowie *SUSE Linux 9* und *Ubuntu 7.x* und *8.x*.

2.2.2 JDK

Maven benötigt zur Ausführung ein *JDK* ab Version 1.5. Es ist aber möglich, mit Maven auch Java-Projekte für ältere JDKs zu verwalten. Die Umgebungsvariable `JAVA_HOME` muss auf das Java-Installationsverzeichnis verweisen.

2.2.3 Speicherplatz

Arbeitsspeicher

Es ist keine Mindestanforderung für Arbeitsspeicher angegeben. Mit den heute üblichen Speichergrößen sollte es auch keine Probleme geben. Maven 2.0.9 lief auf einem *Ubuntu 7.04*-System mit 512 MB RAM und *Java5* ohne Probleme. Das mag sich bei großen Projekten, vor allem beim Generieren der Site, aber anders verhalten.

Festplatte

Maven 3.0.3 selber benötigt etwa 3 MB auf der Festplatte. Für das lokale Repository kann dann je nach Projekten einiges an Speicher dazukommen. Auf der Maven-Homepage sind 100 MB als Richtwert angegeben, auf meinem Arbeitsrechner sind allerdings mehr als 330 MB durch das Repository belegt (ich habe in den letzten Monaten allerdings auch reichlich Plugins ausprobiert ...).

2.3 Installation

Um Maven zu installieren, sind folgende Schritte notwendig:

1. Laden Sie Maven vom Apache-Server herunter: `http://maven.apache.org/download.html`.

   Verfügbar sind die Formate `*.zip`, `*.tar.gz` und `*.tar.bz2`.

2. Entpacken Sie Maven in ein Verzeichnis Ihrer Wahl.

3. Die Umgebungsvariable `M2_HOME` muss auf dieses Verzeichnis verweisen und der Befehlssuchpfad muss die ausführbaren Maven-Befehle kennen. Unter Windows müssen Sie dazu mit der Tastenkombination [⊞]+[Pause] die Systemeigenschaften aufrufen und dann auf dem Reiter ERWEITERT die Schaltfläche UMGEBUNGSVARIABLEN auswählen. Fügen Sie unter BENUTZERVARIABLEN mittels NEU die Variable `M2_HOME` hinzu. Fügen Sie außerdem der Variablen `PATH` das Verzeichnis `%M2_HOME%\bin` hinzu. Legen Sie dazu eine neue Variable `PATH` an und weisen Sie ihr den Wert `%M2_HOME%\bin;%PATH%` zu.

   Unter `*nix`-Systemen werden die Variablenzuweisungen in einer Konsole eingegeben:

   ```
   export M2_HOME=/usr/local/apache-maven-3.0.3
   export PATH=$M2_HOME:$PATH
   ```

Mit Hilfe des Befehls `mvn --version` kann geprüft werden, ob die Installation erfolgreich war:

```
D:>mvn --version
Apache Maven 3.0.3 (r1075438; 2011-02-28 18:31:09+0100)
Maven home: C:\Programme\Apache\apache-maven-3.0.3
Java version: 1.6.0_23, vendor: Sun Microsystems Inc.
Java home: C:\Programme\Java\jdk1.6.0_23\jre
Default locale: de_DE, platform encoding: Cp1252
OS name: "windows xp", version: "5.1", arch: "x86", family: "windows"Mav
en
```

Falls der Rechner hinter einer Firewall liegt, muss noch die Datei `settings.xml` erstellt werden, die im Home-Verzeichnis des Users liegt: `~/.m2/` unter *Unix/Mac* bzw. `C:\Dokumente und Einstellungen\%USERNAME%\.m2\` unter *Windows*-Systemen.

```
<settings>
  <proxies>
    <proxy>
      <active>true</active>
      <protocol>http</protocol>
      <host>PROXYHOST</host>
      <port>PROXYPORT</port>
      <nonProxyHosts>localhost|zaphod|...</nonProxyHosts>
    </proxy>
</settings>
```

Maven verwaltet alle Plugins und Abhängigkeiten wie *JARs* in einem Verzeichnis, das als lokales Repository bezeichnet wird. Standardmäßig wird dieses Repository ebenfalls im `~/.m2`-Verzeichnis erstellt. Sollte Ihr Benutzer-Profil auf einem Server gespeichert werden, empfiehlt es sich, ein anderes Verzeichnis für das lokale Repository anzugeben. Diese Einstellung wird ebenfalls in der Datei `settings.xml` vorgenommen:

```
<settings>
  ...
  <localRepository>D:/java/Maven2/repository</localRepository>
  ...
<settings>
```

2.4 Projekt erstellen

Um ein erstes Projekt zu generieren, wird das Archetype-Plugin aufgerufen:

```
mvn archetype:create \
     -DgroupId=de.mavenbuch.beispiel \
     -DartifactId=beispiel-projekt
```

Dieser Aufruf erstellt im aktuellen Verzeichnis ein Unterverzeichnis `beispiel-projekt`, das ein rudimentäres Java-Projekt enthält, bestehend aus einer Projektbeschreibungsdatei, einer Java-Klasse und dem dazugehörigen *JUnit*-Test.

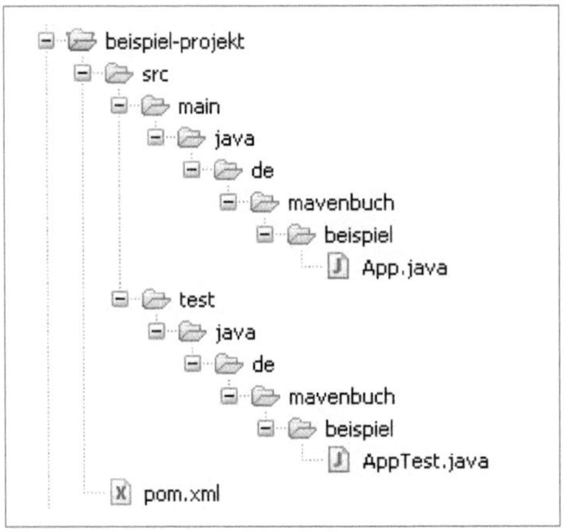

Abb. 2.1: Verzeichnisstruktur des Beispiel-Projekts

Die angegebene `groupId` wurde als Vorgabe für die Java-Paket-Struktur verwendet.

Die Projektbeschreibungsdatei `pom.xml` enthält, neben den eben angegebenen Werten, auch die, automatisch vergebene, Version `1.0-SNAPSHOT`, den `packaging`-Typ `jar`, der angibt, dass das Projekt als Standard-Java-Archiv gepackt werden soll, sowie *JUnit* als einzige Abhängigkeit:

```
<project
  xmlns="http://maven.apache.org/POM/4.0.0"
  xmlns:xsi=http://www.w3.org/2001/XMLSchema-instance
  xsi:schemaLocation="http://maven.apache.org/POM/4.0.0
                      http://maven.apache.org/maven-v4_0_0.xsd">
  <modelVersion>4.0.0</modelVersion>

  <groupId>de.mavenbuch.beispiel</groupId>
  <artifactId>beispiel-projekt</artifactId>
  <packaging>jar</packaging>
  <version>1.0-SNAPSHOT</version>

  <name>beispiel-projekt</name>
  <url>http://maven.apache.org</url>

  <properties>
    <project.build.sourceEncoding>UTF-8</project.build.sourceEncoding>
  </properties>

  <dependencies>
```

```
    <dependency>
      <groupId>junit</groupId>
      <artifactId>junit</artifactId>
      <version>3.8.1</version>
      <scope>test</scope>
    </dependency>
  </dependencies>
</project>
```

Hinweis

Eventuell ist Ihnen beim Aufruf von `mvn archetype:create` folgende Warnung in der Maven-Ausgabe auf der Konsole aufgefallen:

```
...
[WARNING] This goal is deprecated. Please use mvn archetype:generate
instead
...
```

Das sollte Sie allerdings nicht weiter beunruhigen. Da die Erzeugung eines Standard-Java-Projekts mit `archetype:create` so bequem ist, ignorieren wir die Warnung an dieser Stelle einfach. Das Goal `archetype:generate` wird in Abschnitt 2.8 erläutert.

2.5 Bauen – Testen – Packen

2.5.1 Basisfunktionen

Kompilieren

Wechseln Sie in das Verzeichnis und kompilieren Sie die Sourcen:

```
mvn compile
```

Maven erstellt nun den Zielordner `target/classes` und kompiliert die Klasse aus dem Source-Pfad `src/main/java` in dieses Verzeichnis. Auf der Kommandozeile sieht das Ergebnis so aus:

```
D:\beispiel-projekt>mvn compile
[INFO] Scanning for projects...
[INFO]
[INFO] ------------------------------------------------------------------
[INFO] Building beispiel-projekt 1.0-SNAPSHOT
[INFO] ------------------------------------------------------------------
```

```
[INFO]
[INFO] --- maven-resources-plugin:2.4.3:resources (default-
resources) @ beispiel-projekt ---
[INFO] Using 'UTF-8' encoding to copy filtered resources.
[INFO] skip non existing resourceDirectory D:\Projekte\mavenbuch2\
beispiel-projekt\src\main\resources
[INFO]
[INFO] --- maven-compiler-plugin:2.3.2:compile (default-
compile) @ beispiel-projekt ---
[INFO] Compiling 1 source file to D:\Projekte\mavenbuch2\beispiel-
projekt\target\classes
[INFO] ------------------------------------------------------------------------
[INFO] BUILD SUCCESS
[INFO] ------------------------------------------------------------------------
[INFO] Total time: 1.125s
[INFO] Finished at: Sun Jan 30 09:28:33 CET 2011
[INFO] Final Memory: 5M/15M
[INFO] ------------------------------------------------------------[INFO]
```

Wichtig

Das Übersetzen des Codes wird durch das Maven-Compiler-Plugin durchgeführt. Die Standardeinstellung für die Versionen von Sourcen und kompilierten Klassen ist 1.5. Für ältere Versionen des Compiler-Plugins war aus Kompatibilitätsgründen die Voreinstellung für Source-Code Version 1.3, für die kompilierten Klassen Version 1.1. Wollen Sie die Features einer aktuelleren Java-Version nutzen, müssen Sie das Compiler-Plugin in der `build`-Sektion des *POM* entsprechend konfigurieren:

```
<project>
  ...
  <build>
    ...
    <plugins>
      <plugin>
        <groupId>org.apache.maven.plugins</groupId>
        <artifactId>maven-compiler-plugin</artifactId>
        <configuration>
          <source>1.6</source>
          <target>1.6</target>
        </configuration>
      </plugin>
    </plugins>
    ...
  </build>
  ...
</project>
```

Unit-Tests ausführen

Um den Unit-Test auszuführen, rufen Sie

```
mvn test
```

auf. Nun werden folgende Schritte ausgeführt:

1. Der Zielordner `target/test-classes` wird erstellt, der die kompilierten Testklassen aufnimmt.
2. ... Die Testklassen werden kompiliert
3. ... und die Unit-Tests werden ausgeführt.

Anschließend erscheint die Ausgabe über den erfolgreichen Durchlauf der Tests:

```
...
-------------------------------------------------------
 T E S T S
-------------------------------------------------------
Running de.mavenbuch.beispiel.AppTest
Tests run: 1, Failures: 0, Errors: 0, Skipped: 0, Time elapsed: 0.016 sec

Results :

Tests run: 1, Failures: 0, Errors: 0, Skipped: 0
Running de.mavenbuch.beispiel.AppTest
...
```

Packen und Installieren

Der Aufruf der Phase `package` mit

```
mvn package
```

erzeugt ein *JAR-Archiv* im Ordner `target` des Projekts.

Der Aufruf von

```
mvn install
```

schließlich legt eine Kopie des JAR-Archivs und der Datei `pom.xml` im lokalen Repository ab.

Aufräumen

Um das Projektverzeichnis aufzuräumen, sprich das `target`-Verzeichnis zu löschen, wird

```
mvn clean
```

aufgerufen.

Die Aufrufe lassen sich auch kombinieren. So ergibt der Aufruf

```
mvn clean package
```

ein erneutes Kompilieren und Packen des Projekts, nachdem der `target`-Ordner gelöscht wurde. Genau genommen ruft `mvn package` die Phase `package` des *Build-Zyklus* auf. Deren Ausführung beinhaltet alle notwendigen Schritte vom Kompilieren übers Testen bis zur `jar`-Erzeugung. Wie das alles genau zusammenhängt, beschreibt Kapitel L.

2.5.2 Dokumentation

Mit Maven lässt sich aus den Informationen der POM eine Sammlung von verlinkten Webseiten generieren.

Wichtig

In Maven 3 wurde das Reporting geändert und funktioniert nicht mehr mit den 2.*-Versionen des Reporting-Plugins. Daher müssen Maven-3-Anwender hier die Datei `pom.xml` anpassen und eine 3.*-Version des Reporting-Plugins angeben:

```
<project>
...
   <build>
      <pluginManagement>
         <plugins>
            <plugin>
                  <groupId>org.apache.maven.plugins</groupId>
               <artifactId>maven-site-plugin</artifactId>
               <version>3.0-beta-3</version>
            </plugin>
         </plugins>
      </pluginManagement>
   </build>
</project>
```

Rufen Sie

```
mvn site
```

auf und öffnen Sie nach Ablauf des Programms die Datei `target/site/index.html` in einem Browser:

Abb. 2.2: Durch Maven generierte Webseite

Probieren Sie einfach mal die Links im Menü auf der linken Seite aus. Unter PROJECT INFORMATION findet sich zum Beispiel eine Auflistung und Beschreibung der erzeugten Seiten (siehe Abbildung 2.3).

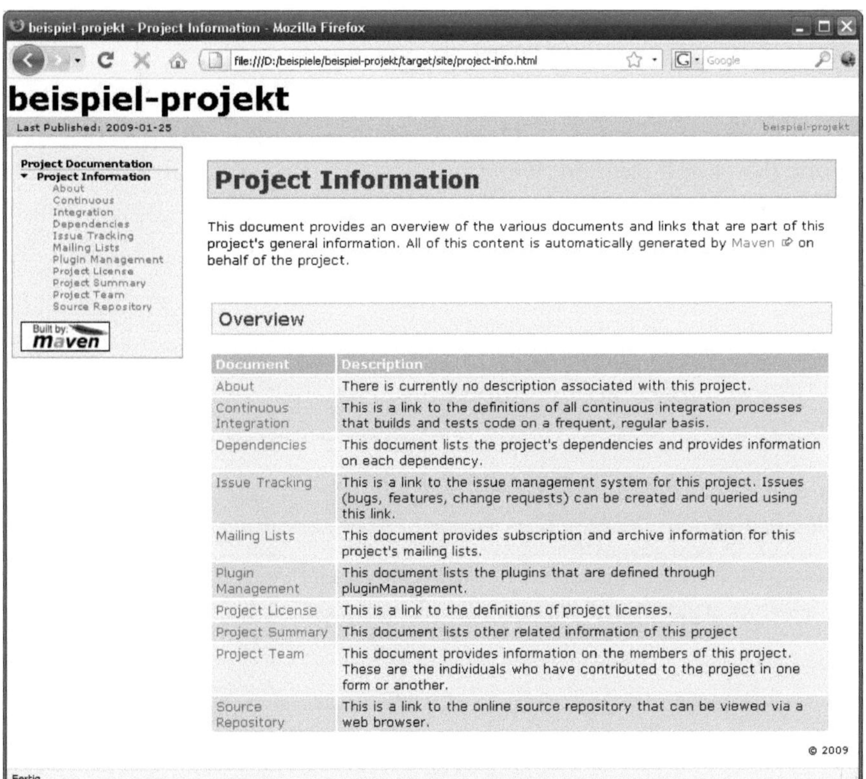

Abb. 2.3: Projektinformationen in der generierten Webseite

Sie können zusätzlich zu den Informationen aus der POM auch verschiedene Reports zu Change-Listen des Versionskontrollsystems, Codequalität und Testergebnissen sowie Links in die Javadoc und den Sourcecode generieren lassen. Zusätzlich kann die komplette Projektdokumentation in Gestalt von Dokumentationen und FAQs durch Maven generiert werden. Um zum Beispiel eine Analyse des Sourcecodes mit *PMD* durchführen zu lassen und das Ergebnis in die Webseite einzubinden, wird die Datei `pom.xml` um eine `reporting`-Sektion erweitert und das PMD-Plugin dort eingetragen:

```
<project>
  ...
  <reporting>
    <plugins>
      <plugin>
        <groupId>org.apache.maven.plugins</groupId>
        <artifactId>maven-pmd-plugin</artifactId>
      </plugin>
    </plugins>
  </reporting>
  ...
</project>
```

Kapitel 17 beschreibt die möglichen Elemente der von Maven generierten Dokumentation und ihre Konfiguration. Weitere Informationen zur Qualitätssicherung mit Maven und zu Werkzeugen wie PMD, FindBugs und anderen finden sich in Kapitel 18.

Javadoc

Der Aufruf

```
mvn javadoc:javadoc
```

erzeugt aus den Javadoc-Kommentaren im Code die entsprechende API-Dokumentation des Projekts im Verzeichnis `target/site/apidocs`.

Soll die Javadoc auch in der generierten Webseite eingebunden werden, muss die `reporting`-Sektion ergänzt und das Javadoc-Plugin dort eingetragen werden:

```
<project>
  ...
  <reporting>
    <plugins>
```

```
      <plugin>
        <groupId>org.apache.maven.plugins
        </groupId>
        <artifactId>maven-javadoc-plugin</artifactId>
      </plugin>
    </plugins>
  </reporting>
  ...
</project>
```

Nach einem weiteren Aufruf von

```
mvn site
```

findet sich nun auf der generierten Webseite

```
target/site/index.html
```

unterhalb von PROJECT INFORMATION ein neuer Link PROJECT REPORTS, unter dem sich die Punkte JAVADOCS und TEST JAVADOCS befinden.

Wie das Javadoc-Tool kann auch das Javadoc-Plugin konfiguriert werden, um zum Beispiel eigene Stylesheets oder Doclets zu verwenden.

Um durch `mvn package` auch ein Archiv mit der Schnittstellenbeschreibung erzeugen zu lassen, wird die `pom.xml` um folgenden Eintrag ergänzt:

```
<project>
  ...
  <build>
    <plugins>
      <plugin>
        <groupId>org.apache.maven.plugins</groupId>
        <artifactId>maven-javadoc-plugin</artifactId>
        <executions>
          <execution>
            <id>attach-javadocs</id>
            <goals>
              <goal>jar</goal>
            </goals>
          </execution>
```

```
        </executions>
      </plugin>
      ...
```

Wird das Projekt nun mit `mvn package` gebaut, so wird ein weiteres Java-Archiv erstellt:

```
target/beispiel-programm-1.0-SNAPSHOT-javadoc.jar
```

Analog lässt sich mit dem Plugin `maven-source-plugin` ein Java-Archiv mit den Projektquellen erzeugen:

```
<project>
  ...
  <build>
    <plugins>
      <plugin>
        <groupId>org.apache.maven.plugins</groupId>
        <artifactId>maven-source-plugin</artifactId>
        <executions>
          <execution>
            <id>attach-sources</id>
            <goals>
              <goal>jar</goal>
            </goals>
          </execution>
        </executions>
      </plugin>
      ...
```

Vorsicht

Die so erstellten Archive mit Dokumentation und Quellcode werden beim Aufruf von `mvn deploy` auch auf ein externes Repository kopiert. Das ist vielleicht nicht bei allen Projekten unbedingt erwünscht.

2.6 Projekte erweitern

Um das erstellte Projekt um Bibliotheken zu erweitern, muss ebenfalls die Datei `pom.xml` angepasst werden. Nehmen wir an, das Logging-Framework *Log4J* soll verwendet werden. Dazu erweitern wir die Sektion `dependencies`, in der Abhängigkeiten des Projekts verwaltet werden. In unserem Beispiel-Projekt befindet sich bereits ein Eintrag für *JUnit*, unter dem wir nun *Log4J* hinzufügen:

```
<dependencies>
  <dependency>
    <groupId>junit</groupId>
    <artifactId>junit</artifactId>
    <version>3.8.1</version>
    <scope>test</scope>
  </dependency>
  <dependency>
    <groupId>log4j</groupId>
    <artifactId>log4j</artifactId>
    <version>1.2.14</version>
  </dependency>
</dependencies>
```

Dazu geben wir die Koordinaten der Bibliothek an: `groupId`, `artifactId` und `version`. Der Eintrag für *JUnit* enthält außerdem den Eintrag `<scope>test</scope>`, der den Gültigkeitsbereich angibt: *JUnit* wird nur für die Phasen `test-compile` und `test` benötigt. Lassen wir die `scope`-Angabe weg, wird automatisch der Gültigkeitsbereich `compile` angenommen. Führen wir nun wieder den Befehl `mvn compile` aus, wird die Datei `log4j-1.2.14.jar` in das Verzeichnis `log4j/log4j/1.2.14/` des lokalen Repositorys heruntergeladen und in unser Projekt eingebunden.

Mehr zu Abhängigkeiten, Gültigkeitsbereichen und wie Maven damit umgeht, erklärt Kapitel 7.

2.7 Ein Web-Projekt

2.7.1 Generieren einer Web-Applikation

Mit `mvn archetype:create` lassen sich auch andere Arten von Projekten, wie zum Beispiel ein Web-Projekt erzeugen:

```
mvn archetype:create \
        -DgroupId=de.mavenbuch.beispiele \
        -DartifactId=webapp-beispiel \
        -DarchetypeArtifactId=maven-archetype-webapp
```

Anstelle der Verzeichnisse `src/main/java` und `src/test/java` stehen hier am Anfang `src/main/webapp` und `src/main/resources` zur Verfügung:

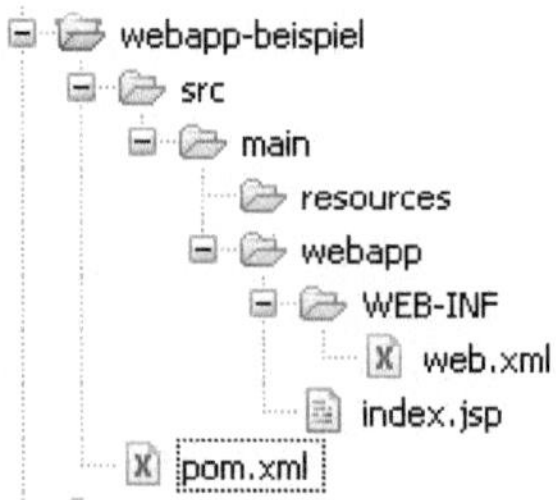

Abb. 2.4: Struktur des Web-Projekts

Die generierte `pom.xml` unterscheidet sich in ein paar Punkten von der aus dem ersten Beispiel:

```
<project xmlns="http://maven.apache.org/POM/4.0.0"
  xmlns:xsi=http://www.w3.org/2001/XMLSchema-instance
  xsi:schemaLocation="http://maven.apache.org/POM/4.0.0 \
               http://maven.apache.org/maven-v4_0_0.xsd">
  <modelVersion>4.0.0</modelVersion>
  <groupId>de.mavenbuch.beispiele</groupId>
  <artifactId>webapp-beispiel</artifactId>
  <packaging>war</packaging>
  <version>1.0-SNAPSHOT</version>
  <name>webapp-beispiel Maven Webapp</name>
  <url>http://maven.apache.org</url>
  <dependencies>
    <dependency>
      <groupId>junit</groupId>
      <artifactId>junit</artifactId>
      <version>3.8.1</version>
      <scope>test</scope>
    </dependency>
  </dependencies>
  <build>
    <finalName>webapp-beispiel</finalName>
  </build>
</project>
```

1. Der Eintrag `<packaging>war</packaging>` gibt an, dass ein *war*-Archiv erzeugt werden soll.
2. Mit dem Eintrag `<finalName>webapp-beispiel</finalName>` wird festgelegt, dass als Archivname immer `webapp-beispiel.war` verwendet wird, anstatt der Kombination aus `artifactId` und Version.

2.7.2 Servlet-API

Um die erstellte Web-Anwendung auch mit Leben zu füllen, benötigen wir die *Servlet-API* in unserem Klassenpfad. Allerdings nur zum Kompilieren, da normalerweise jeder *Servlet-Container* die *Servlet-API* in seiner Laufzeitumgebung mitbringt. Binden wir die Bibliothek auch zur Laufzeit ein, würde dies deshalb höchstwahrscheinlich zu einem Versionskonflikt führen. Um dies zu vermeiden, verwendet Maven den Gültigkeitsbereich `provided`, der angibt, dass die Bibliothek nicht durch Maven zur Laufzeit zur Verfügung gestellt werden muss:

```
<dependencies>
  <dependency>
    <groupId>javax.servlet</groupId>
    <artifactId>servlet-api</artifactId>
    <version>2.4</version>
    <scope>provided</scope>
  </dependency>
</dependencies>
```

2.7.3 Ausführen der Web-Anwendung

Normalerweise muss, um eine Web-Applikation auszuführen, ein Servlet-Container wie *Tomcat* oder *Jetty* konfiguriert und die Applikation deployed werden. Verwendet man jedoch das Jetty-Plugin `jetty-maven-plugin`, kann die Web-Applikation direkt mit Maven gestartet werden. Dazu muss lediglich die Datei `pom.xml` um einen Plugin-Eintrag erweitert werden:

```
<project>
  ...
  <build>
    <finalName>webapp-beispiel</finalName>

    <plugins>
      <plugin>
        <groupId>org.mortbay.jetty</groupId>
        <artifactId>jetty-maven-plugin</artifactId>
        <version>6.1.22</version>
      </plugin>
    </plugins>
  </build>
</project>
```

Wird nun auf der Konsole

```
mvn jetty:run
```

aufgerufen, steht eine Jetty-Instanz auf Port 8080 zur Verfügung. Ein anderer Port kann mittels `-Djetty.port=<NNNN>` übergeben werden.

[jetb] enthält eine ausführliche Beschreibung über die Konfigurationselemente des Plugins.

Der Befehl `mvn package` erzeugt im Verzeichnis `target/${finalname}` ein komplettes Abbild der Web-Applikation. Dieser Pfad kann einem lokalen *Servlet-Container* als Basisverzeichnis mitgeteilt werden, um die Applikation während der Entwicklungsphase zu testen. Um unser Beispiel in *Tomcat 6.0.** anzumelden, muss dazu im Tomcat-Installationsverzeichnis die Datei `conf/Catalina/localhost/webapp-beispiel.xml` mit folgendem Inhalt angelegt werden:

```
<Context
    path="/webapp-beispiel"
    docBase="<PFAD>/webapp-beispiel/target/webapp-beispiel"
    reloadable="true" />
```

2.8 Weitere Projekttypen

Für einfache Java-Projekte mag die Projekterzeugung mittels `mvn archetype:create` ausreichend sein, sobald aber andere (oder eigene) Templates verwendet werden sollen, sollte das bereits erwähnte Goal

```
mvn archetype:generate
```

verwendet werden.

Nach dem Aufruf bietet Maven eine Liste von Projekt-Archetypen an. Darunter befinden sich unter anderem Vorlagen für J2EE-, JPA- und Portlet-Projekte. Mit Version 2.0 des Plugins werden 401 verschiedene Projektvorlagen angeboten.

Der aufgeführte Typ `maven-archetype-quickstart` ist übrigens der Standardprojekttyp, der beim Aufruf des Goals `archetype:create` ohne den Parameter `archetypeArtifactId` verwendet wird.

Wurde einer der angegebenen Archetypen aus der Liste ausgewählt, fragt Maven noch nach `groupId`, `artifactId`, `version` und `package` und generiert dann ein Projekt des ausgewählten Typs.

```
Choose a number:(1/2/3/4/5/6/7/8/9/10/11/12/13/14/15/16/17/18/19/20/\
21/22/23/24/25/26/27/28/29/30/31/32/33/34/35/36/37/38/39/40/41)     \
15: : 10
Define value for groupId: : de.mavenbuch.beispiele
Define value for artifactId: : j2ee-beispiel
Define value for version:  1.0-SNAPSHOT: :
Define value for package:  de.mavenbuch.beispiele: :
Confirm properties configuration:
groupId: de.mavenbuch.beispiele
artifactId: j2ee-beispiel
version: 1.0-SNAPSHOT
package: de.mavenbuch.beispiele
 Y: :
```

In Abschnitt 18.4 wird gezeigt, wie eigene Vorlagen für die Verwendung mit dem Archetype-Plugin erzeugt werden können.

2.9 Entwicklungsumgebungen

Normalerweise benutzen, von einigen Puristen mal abgesehen, Entwickler moderne IDEs (*Integrated Development Environment*), die oft eigene, proprietäre Konfigurationsdateien verwenden.

Da Maven aber alle notwendigen Informationen des Projekts in der `pom.xml` zusammenhält, gibt es für die verbreitetsten IDEs auch Plugins, die die Projekte automatisch importierbar machen.

Da ich meine tägliche Arbeit mit Eclipse erledige, werden die anderen IDEs hier nur oberflächlich behandelt.

2.9.1 Eclipse

Für Eclipse gibt es mehrere Lösungen, um Maven-Projekte zu integrieren. Der direkteste ist die Generierung der Projektdateien `.classpath` und `.project` mit Hilfe des Maven-Eclipse-Plugins:

```
mvn eclipse:eclipse
```

Die Datei `.project` im unserem *`beispiel-projekt`* sieht danach wie folgt aus:

```
<projectDescription>
  <name>beispiel-projekt</name>
  <comment/>
```

```
  <projects/>
  <buildSpec>
    <buildCommand>
      <name>org.eclipse.jdt.core.javabuilder</name>
    </buildCommand>
  </buildSpec>
  <natures>
    <nature>org.eclipse.jdt.core.javanature</nature>
  </natures>
</projectDescription>
```

Die Datei `.classpath` hat folgenden Inhalt:

```
<classpath>
  <classpathentry kind="src" path="src/main/java"/>
  <classpathentry kind="src" path="src/test/java"
                  output="target/test-classes"/>
  <classpathentry kind="output" path="target/classes"/>
  <classpathentry kind="con"
                  path="org.eclipse.jdt.launching.JRE_CONTAINER"/>
  <classpathentry kind="var"
                  path="M2_REPO/junit/junit/3.8.1/junit-3.8.1.jar"/>
</classpath>
```

Dabei fällt auf, dass die Abhängigkeit des Projekts `beispiel-projekt` von *JUnit* relativ zu `M2_REPO` hergestellt wird. Damit Eclipse den Pfad `M2_REPO` auflösen kann, muss im *Build-Pfad* eine *Classpath*-Variable angelegt werden. Dies kann durch den Aufruf von

```
mvn -Declipse.workspace=<path-to-eclipse-workspace>  \
      eclipse:add-maven-repo
```

geschehen oder manuell eingegeben werden (siehe Abbildung 2.5).

Dazu muss in Eclipse unter `Windows/Preferences/Java/Build Path/Classpath Variables` eine neue Variable mit dem Namen `M2_REPO` eingetragen werden, die dann auf das Verzeichnis des lokalen Repositorys verweist.

Nun kann das Projekt importiert werden. Hierzu wird der Projektordner angegeben, wenn im Kontextmenü des aktuellen Workspace der Befehl `Import -> Existing projects into workspace` ausgeführt wird:

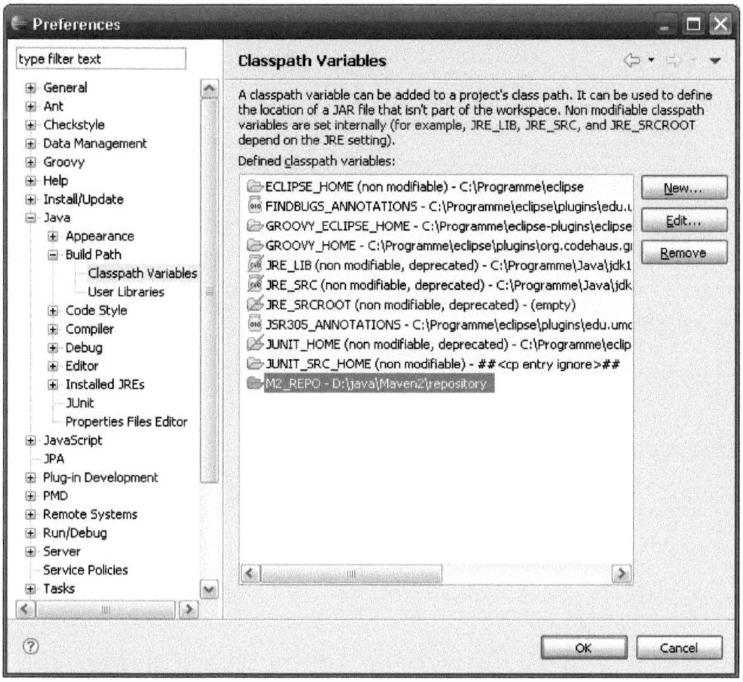

Abb. 2.5: Einstellung der Classpath-Variablen in Eclipse

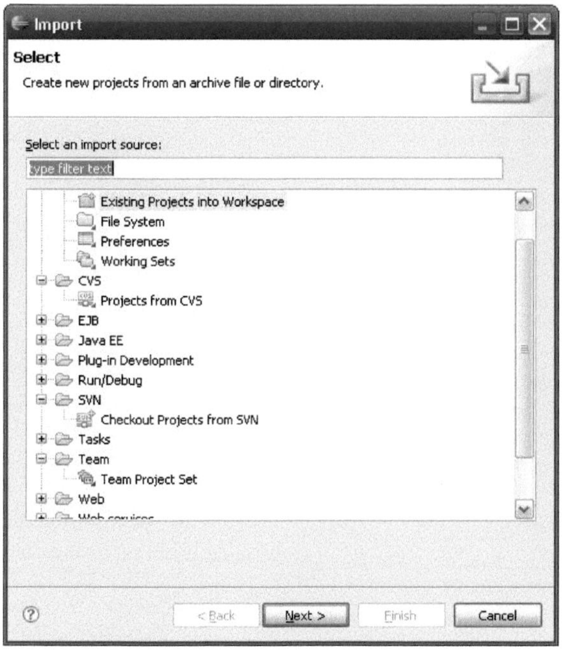

Abb. 2.6: Import von Projekten in Eclipse

Nach diesem Schritt steht im Eclipse-Workspace das Projekt `beispiel-projekt` zur Verfügung.

Kapitel 16 beschäftigt sich ausführlich mit der Konfiguration des Eclipse-Plugins und möglicher Alternativen.

2.9.2 Netbeans

Netbeans unterstützt Maven direkt. Für Netbeans Versionen vor 6.7 existiert das Projekt *Mevenide* (`http://mevenide.codehaus.org`), ein Plugin, das den Import von Maven-Projekten in Netbeans erlaubt.

Für ältere Netbeans-Versionen (4.x und 5.0) ist es auch möglich, mit

```
mvn netbeans-freeform:generate-netbeans-project
```

die notwendigen Konfigurationsdateien zu erzeugen. Das Maven-Plugin `netbeans-freeform` wird aber anscheinend nicht mehr weiterentwickelt.

Die Maven-Homepage bietet weitere Informationen zur Verwendung von *netbeans-freeform*:
`http://maven.apache.org/guides/mini/guide-ide-netbeans/guide-ide-netbeans.html`

2.9.3 IntelliJ IDEA

IntelliJ IDEA unterstützt Maven seit der Version 8 von sich aus. Für ältere Versionen lassen sich mit

```
mvn idea:idea
```

die notwendigen Konfigurationsdateien erzeugen.

Maven als Konfigurations-management-Tool

von Manfred Wolff

Dieses Kapitel gibt einen Überblick über die Aspekte des Konfigurationsmanagements und betrachtet die Entwicklung der Konfigurationsmanagementwerkzeuge am Beispiel von *make*, *Ant* und *Maven*.

3.1 Konfigurationsmanagement

Konfigurationsmanagement ist mehr als der Betrieb eines Source-Repositorys. Nach *ANSI* ist Konfigurationsmanagement ein Prozess, der die Konsistenz eines Produkts während der Entwicklung und in der Wartungsphase bzw. im gesamten Lebenszyklus sicherstellen soll. Original heißt es im Standard: *Configuration management is a management process for establishing and maintaining consistency of a product's performance, functional, and physical attributes with its requirements, design, and operational information throughout its life.* (ANSI/EIA Standard 649-1998)

Das folgende Gespräch, das wir so oder so ähnlich häufiger führen, wenn es um Konfigurationsmanagement und Maven geht, soll dies verdeutlichen:

Kunde: Konfigurationsmanagement ist ein großes Wort. Letztendlich geht es darum, ein Code-Repository vorzuhalten und damit ist es getan.

ms: Was ist mit Fremdbibliotheken?

Kunde: Wir sind dazu übergegangen, auch diese in unserem CVS vorzuhalten.

ms: Was ist mit verschiedenen Versionen von Fremdbibliotheken, Sie können doch nicht alle Versionen, die von verschiedenen Projekten benötigt werden, ins CVS einchecken.

Kunde: Na ja, projektspezifisch natürlich nur.

ms: Das bedeutet, dass Sie a) Build-Ergebnisse im CVS haben und b) auch noch redundant. Insbesondere wenn Sie in einem Releasewechsel auf eine höhere Version der Fremdbibliothek updaten, dann bekommen Sie doch ein unglaubliches Problem.

Kunde: Hmm, ja, da haben Sie schon recht. Aber wer braucht schon ein Build vom Release, das letztes Jahr ausgerollt wurde?

ms: Na ja, wenn ein Fehler auftritt, muss man womöglich schon mal zurückrudern. Der Fehler kann ja auch durch eine Fremdbibliothek ausgelöst worden sein. Was ist mit abhängigen Bibliotheken? Wenn Sie ein Framework updaten und es auf einmal zusätzliche Bibliotheken braucht. Im Zweifelsfall merken Sie das erst zur Laufzeit.

Kunde: Ja, das ist ein Problem.

ms: Und was ist mit verschiedenen Konfigurationen auf verschiedenen (Test-) Systemen?

Kunde: Ich weiß. Letztendlich haben wir das Problem über Checklisten gelöst. Zu jedem Release gibt es genaue Anweisungen, wie das Release reproduziert werden kann, welche Fremdbibliotheken in welcher Version benötigt werden etc.

ms: Und das funktioniert?

Kunde: Meistens :-)

Das Gespräch schildert die Managementebene des Konfigurationsmanagements. Aber auch auf der Entwicklerebene gibt es im Alltag eine ganze Menge Probleme in Bezug auf das Konfigurationsmanagement.

Die Hauptarbeit des Entwicklers besteht in der Konzeptionierung und Implementierung der Anwendung. Diese Arbeit besteht aus einem kreativen Teil und zu einem anderen Teil aus Verwaltungsaufgaben. Je automatisierter die Verwaltungsarbeit durchgeführt werden kann, je leichter sie dem Entwickler also von der Hand geht, desto mehr Zeit kann in den kreativen Teil gesteckt werden.

Wer schon vor *Ant* mit *Java* Anwendungen entwickelt hat, kennt das Problem der Verwaltung. Im Prinzip beginnt die Problematik schon mit dem Begriff des Klassenpfads, der in Java sicherlich schon den ein oder anderen unnötigerweise davon abgehalten hat, sein erstes »Hello World«-Beispiel zu schreiben.

Natürlich wirkt die Entwicklung einer *MFC*-Dialoganwendung mit einer vollintegrierten Entwicklungsumgebung wie ein Kinderspiel dagegen und mancher fragt sich, wieso dies in Java nicht möglich sein soll. Jedoch ist die Erfahrung der Autoren so, dass grafische, Wizard-gestützte Entwicklungsumgebungen sehr schnell an unüberwindbare Grenzen kommen, die mit weniger affektierten, mehr werkzeugorientierten Tools noch lange nicht erreicht werden. An der Spitze dieser Tools steht *Maven*.

Wenn Sie seit mehreren Jahren Software entwickeln, sind Ihnen folgende Punkte wahrscheinlich vertraut:

- Im Projektverzeichnis sind alle notwendigen Bibliotheken im `lib`-Verzeichnis eingecheckt, damit erhöht sich die Anzahl der auf der lokalen Platte gespeicherten Versionen von *Log4J* auf gefühlte 42.
- Entwickler *A* sagt, das Release ist fertig, der aktuelle Stand aus dem Versionskontrollsystem (VCS) lässt sich aber bei mir nicht kompilieren. Bei mir geht's aber, höre ich *A* sagen.
- Das Deployment ist ein Glücksspiel, weil nicht alle Bibliotheken eingecheckt wurden und manche manuell nachgepflegt werden. Außerdem wird je nach Verantwortlichkeit der Stand von einem Entwicklungsrechner deployed.
- Der Code entspricht nicht den Qualitätsstandards.
- Die Testabdeckung ist zu gering.
- Die Unit-Tests werden nur sporadisch ausgeführt, die meisten schlagen fehl und sind deshalb deaktiviert.
- Von Projekt zu Projekt werden verschiedene Verzeichnisstrukturen verwendet. Jeder Einstieg in ein laufendes Projekt beginnt daher mit der Frage: Wo bin ich?

Zusammengefasst heißt Konfigurationsmanagement, wie es in *ANSI/EIA* beschrieben ist, dass zu jedem Zeitpunkt im Lebenszyklus einer Software eine konsistente Version der Software hergestellt werden können muss. Bereits die kurzen Beispiele oben zeigen, dass dieses selbst im Zeitalter von Code-Versionierungstools wie CVS und Subversion, um nur zwei Werkzeuge dieser Art zu nennen, nicht trivial ist. Tatsächlich gehört zu einem Softwaresystem mehr, als Code zu kompilieren und zu einem Programm zu binden. Wir haben in der Praxis schon Projekte erlebt, bei denen die Migration von einem konsistenten Release zu einem nächsten Release deutlich mehr als eine Woche dauerte. Es müssen nicht nur die Bestandteile, die sich im eigenen Code-Versionierungswerkzeug befinden, berücksichtigt werden, sondern auch Fremdbibliotheken von anderen Firmen (oder Open-Source-Projekten), Dokumentationsfiles, die zum Beispiel in einem CMS liegen, etc. Hinzu kommen Datenbankänderungen und Konfigurationsdateien, die womöglich auf einem Testsystem anders gestaltet sind als auf dem Produktionssystem.

Nichts ist schlimmer, als wenn sich ein Fehler in einer Software nicht reproduzieren lässt, weil es nicht mehr möglich ist, genau die Version x.y zu bauen, die beim Kunden ausgeliefert wurde. Tatsächlich gibt es auch größere Firmen, die ihr Produkt immer aus dem MAIN-Zweig bauen und genau dieses Problem haben bzw. es nicht als Problem sehen und diesen Zustand billigend in Kauf nehmen.

3.2 Elemente des Konfigurationsmanagements

Wir gehen in diesem Buch davon aus, dass Konfigurationsmanagement sich mit dem gesamten Prozess vom Auschecken des Code-Repositorys bis zur ausgelieferten Software erstreckt.

Sieht man die gesamte Bandbreite des Konfigurationsmanagements, so sind zumindest folgende Teilbereiche abzudecken:

- **Build-Management:** Hier geht es um den »Bau« der Software aus verschiedenen Codebestandteilen, Konfigurationsdateien, Dokumentationsdateien. Vor allem im Zeitalter von Open Source bekommen Fremdbibliotheken eine immer größere Bedeutung. Mit dem Open-Source-Framework *Ant* kann zum Beispiel der Build-Vorgang automatisiert werden. Erst durch den Einsatz von *Maven* können auch Abhängigkeiten von bestimmten Versionen einer Software beschrieben und automatisiert werden. Dabei wird zwischen in der Entwicklung befindlichen Versionen (Snapshots) und ausgelieferten Versionen unterschieden. Außerdem ist es möglich, Snapshots mit Zeitstempel zu erzeugen.
- **Versionsmanagement:** Für diesen Teil des Konfigurationsmanagements kommen Werkzeuge wie CVS oder Subversion zum Einsatz. Mit diesen Tools ist es möglich, bestimmte Versionen einer Software auszuzeichnen (Tags setzen), um wiederholbar ein gleiches Build-Ergebnis zu erstellen. Bei der Versionierung der Software ist genau abzugrenzen, welche Systematik der Erhöhung von Major- oder Minornummerierungen zu Grunde liegt. Es müssen jedoch nicht nur einzelne Dateien versioniert werden, sondern auch Komponenten. Für die Versionierung von Komponenten und ihrer abhängigen Bibliotheken sorgt Maven, indem das POM als Textdatei mit in die Versionierung einfließt.
- **Release-Management:** Ein Release ist mehr als ein Stück kompilierte Software. Hierzu gehört auch die Featureliste, die FAQ, die Kundendokumentationen etc. Viele diese Dokumente, die zu einem Release gehören, so auch das Announcement des Release, sind sehr technisch und können mit Maven sehr gut beschrieben und gepflegt werden. Dabei bietet Maven mehrere Möglichkeiten an, diese Dokumente zu erstellen, zum Beispiel DocBook, ein eigenes XML-Format oder ein einfaches Textformat (APT).
- **Qualitätsmanagement:** Eine Software ist so gut wie die Tests, die ihre Qualität beschreiben. Etabliert haben sich Unit-Tests der Entwickler sowie weitere automatisierte Tests, die über einen Integrationsserver in regelmäßigen Abständen ausgeführt werden. Maven arbeitet sehr gut mit Integrationsservern zusammen und stellt selbst mit dem Maven-Continuum eine eigene Integrationsplattform zur Verfügung.
- **Deployment-Management:** Das Deployment-Management stellt sicher, dass immer nur konsistente Stände der Software auf Server verteilt werden. Dabei kann es Unterschiede zum Beispiel in den Konfigurationsdateien für verschiedene Serverlandschaften geben wie Testsystem, Stagesystem, Fachbereichstest und Produktion. Oft besteht ein Deployment nur aus dem Kopieren von Dateien auf den Server. Aber auch hier sind beliebig viele Fehlerquellen auszumachen.
- **Reporting:** Reporting ist sowohl für die Kommunikation unter den Entwicklern als auch im Bereich des Controllings immens wichtig. Außerdem ist das Re-

porting ein wichtiges Hilfsmittel zur Qualitätskontrolle. Hierzu gehören Reports zu Umfang und Qualität von JUnit-Tests, Metrikanalysen, Styleguide-Konformität etc. Maven stellt einen eigenen Internetauftritt in Form von verlinkten HTML-Seiten zur Verfügung. So ist die Dokumentation sehr nahe am Quelltext und somit immer aktuell.

Für alle Aspekte des Konfigurationsmanagements stellt Maven Dienste in Form von Maven-Plugins zur Verfügung: Damit die Antwort auf die Frage »Und das funktioniert?« uneingeschränkt und immer »Ja« lautet.

3.3 Von make zu Maven

Build- und Konfigurationsmanagement hat im Bereich des Software-Engineerings eine lange Tradition. Letztendlich ist das Ziel immer gleich: ein reproduzierbares Verfahren, um ein Softwareprodukt wiederholbar herzustellen.

make ist zusammen mit *Unix* entstanden und aus diesem Grund sehr stark mit der Entwicklung von Software mit *C* und *C++* verwoben. Mit make werden vor allem Abhängigkeiten von Dateien behandelt, so zum Beispiel Abhängigkeiten von C-Header- und C-Implementierungsdateien, Abhängigkeiten von Objektdateien zu Bibliotheken etc. Letztendlich lassen sich in make aber alle Arten von Abhängigkeiten zwischen Dateien konfigurieren. Dabei arbeitet make so, dass sobald sich Dateien (a..z) ändern, von denen andere Dateien (A..Z) abhängig sind, ein Programm aufgerufen wird, um (A..Z) neu zu erstellen. Das kann auch ein Aufruf des TeX-Compilers sein, weil sich eine TeX-Quelldatei geändert hat und die Dokumentation neu kompiliert werden muss. Mit make können sowohl programmindividuelle Abhängigkeiten formuliert werden (die Bibliothek `xy` besteht aus den Dateien `foo.obj` und `bar.obj`) als auch generelle Abhängigkeiten: Wenn sich eine Datei `.c` ändert, dann muss der Compiler aufgerufen werden, um das Artefakt `.obj` zu erzeugen.

```
% .obj : %.c
  $(CC) $(CFLAGS) -c $(.SOURCE)
```

Listing 3.1: Beispiel einer generischen Abhängigkeit unter `make`

In make können alle Befehle wie Kopieren von Dateien, Ausführen von Programmen etc. eingebunden werden, so dass make ein mächtiges Werkzeug für die Entwicklung von Software ist.

```
CC = cc
LD = ld

all: foo.o bar.o
```

```
	$(LD) -o prog foo.o bar.o

foo.o: bar.c bar.h
	$(CC) -c foo.c

bar.o: bar.c bar.h
	$(CC) -c bar.c
```

Listing 3.2: Beispiel eines make-Skripts zum Kompilieren und Linken eines einfachen C-Programms

Im Java-Umfeld hat sich make nicht richtig durchgesetzt. Das hängt sehr stark damit zusammen, dass es make zwar für alle Plattformen gibt, ein make-Skript aber im Allgemeinen nicht plattformunabhängig ist, zumal kaum ein Skript ohne Erzeugen von Verzeichnissen, Kopieren von Dateien etc. auskommt und ein `mv` eben in der Windows-Welt nicht verstanden wird. Auch bestimmte Aktivitäten wie das Setzen von Rechten (`chmod 744`) sind plattformspezifisch. Im Java-Umfeld hat sich XML als einheitliches Konfigurationsformat durchgesetzt, weswegen auch Ant als XML daherkommt.

Der Plattformunabhängigkeit ist es dann auch geschuldet, dass *Ant* alle Kommandos, auch originäre Kommandos des Betriebssystems, selbst mitbringt und in Java implementiert.

Hier ist eine Aufzählung einiger typischer Ant-Kommandos:

- **`ant`**: Aufruf einer Ant-Subshell
- **`copydir`**: Kopieren eines Verzeichnisses
- **`copyfile`**: Kopieren einer einzelnen Datei
- **`delete`**: Löschen einzelner Dateien oder aller Dateien eines Directorys
- **`deltree`**: Löschen eines Verzeichnisses mit allen Unterverzeichnissen
- **`jar`**: Erstellen eines Java-Archivs
- **`javac`**: Kompilieren eines Source-Verzeichnisbaums
- **`javadoc/javadoc2`**: Generieren einer Java-JavaDoc-Dokumentation
- **`mkdir`**: Erstellen eines Verzeichnisses
- **`property`**: Setzen von Key/Value-Paaren zur Konfiguration von Ant

Ant arbeitet mit so genannten Targets. Ein Target (wie zum Beispiel im nächsten Beispiel das Target `init`) ruft ein oder mehrere Ant-Tasks auf, um seine Arbeit zu verrichten.

```
<project name="Kompilieren" default="compile" basedir=".">

   <target name="init">
```

```
      <property name="sourceDir" value="src"/ >
      <property name="destDir" value="classes" />
   </target>

   <target name="clean" depends="init">
      <deltree dir="${destDir}" />
   </target>

   <target name="prepare" depends="clean">
      <mkdir dir="${destDir}" />
   </target>

   <target name="compile" depends="prepare">
     <javac srcdir="${sourceDir}"
destdir="${destDir}" />
   </target>

</project>
```

Sowohl make als auch Ant sind sehr stark prozedural geprägt. Für verschiedene Teilbereiche, vor allem des Build-Managements, werden Tasks bzw. Abhängigkeiten definiert, die dann beim Aufruf eines bestimmten Skripts abgearbeitet werden. Ant und make gehen von der Philosophie eher davon aus, dass Projekte sehr spezifisch sind, und stellen Funktionen auf sehr niedriger Ebene zur Verfügung (kopiere, kompiliere, erstelle Verzeichnis, ...).

Des Weiteren ist ein großer Nachteil von make und Ant, dass diese beiden Tools sehr stark auf Dateien orientiert sind. Im Bereich der objektorientierten Softwareentwicklung spielen aber immer mehr *Komponenten* eine Rolle. Natürlich bestehen Komponenten letztendlich auch aus Dateien, in der Praxis ist es mir aber wichtig, eine bestimmte Komponente einer bestimmten Version zu verwenden, ohne mir um die Versionierung der darin enthaltenen Dateien Gedanken machen zu müssen.

Den Schritt von der Datei zur Komponente hat zum ersten Mal konsequent Maven vollzogen. Mit Maven wurde versucht, ein objektorientiertes Paradigma in den Build-Prozess einzubinden, mit dem POM (*project object model*). Außerdem wird mit Maven das Augenmerk auf alle Bestandteile des Konfigurationsmanagements gelegt und nicht nur auf das ausführbare Programm. Mit Maven können beispielsweise Reports erstellt werden, Distributionen zur Verfügung gestellt werden etc. Ansätze von dieser Sichtweise sind auch schon bei Ant zu sehen, aber mehr als 200 Tasks machen Ant dann doch sehr unübersichtlich.

Anders als bei Ant und make geht Maven davon aus, dass Projekte eher gleichgeartete Aufgaben zu lösen haben. Von daher wird das Prinzip *Konvention über Konfiguration* in den Mittelpunkt gerückt. Dazu gehören Dinge wie eine einheitliche Ordnerstruktur für Quelltexte, Tests, Ressourcen oder auch Dokumentationen. Während bei Ant und make noch sehr viel Augenmerk auf die Struktur gelegt werden muss (Was muss ich wohin kopieren?), legt Maven die Struktur fest und hilft so Entwicklern, sich in dem Projekt schnell zurechtzufinden.

Maven 1 hat sich aus unserer Sicht schnell verzettelt und das haben offensichtlich auch die Entwickler so gesehen. Noch während der Entwicklung der ersten Distribution von Maven 1 wurde bereits an der zweiten Version gearbeitet, die von Grund her neu entwickelt wurde.

Was sind die größten Schwachpunkte von Maven 1, um nur einige zu nennen?

- Es gibt zu viele Dateien, in denen Einstellungen editiert werden können. Neben der `projekt.xml` existieren zum Beispiel noch eine `maven.xml` und `projekt.properties` (sowohl projektweit als auch als individuelle Benutzereinstellung) und es ist nicht sehr transparent, welche Einstellungen wo genau vorzunehmen sind.
- Maven-1-Plugins werden mit *Jelly* programmiert. Ein Ansatz, der besonders Java-Entwicklern nicht sehr entgegenkommt (Wer will schon mit einer Auszeichnungssprache programmieren?). Jelly sollte dabei das Gefühl von Ant mit herübernehmen, letztendlich alle Dinge mit XML-Strukturen abbilden zu können.
- Bestimmte Probleme, wie transitive Abhängigkeiten, sind in Maven 1 gar nicht gelöst worden.

Fazit: Mit Maven 1 ist der objektorientierte, ganzheitliche Ansatz nicht konsequent durchgeführt worden. Außerdem ist die Gleichartigkeit von verschiedenen Java-Projekten nicht nur in der Struktur zu suchen, sondern auch im Lifecycle des Build-Prozesses. Hier setzt Maven 2 an.

Maven-Grundlagen

4.1 Maven ausführen

Maven ist ein Kommandozeilenwerkzeug. Ruft man Maven allerdings das erste Mal ohne Parameter auf der Kommandozeile auf, erhält man wahrscheinlich eine Fehlermeldung, da Maven einen Parameter in Form eines Plugin-Goals oder einer Lifecycle-Phase erwartet. Zudem benötigen die meisten der Maven-Befehle ein existierendes Projekt mit einem gültigen Projektmodell im aktuellen Verzeichnis. In den folgenden Abschnitten sehen wir, wie diese Parameter aussehen können und was sie bedeuten.

4.1.1 Lifecycles

Lifecycles sind festgelegte Abfolgen von als Phasen bezeichneten Arbeitsschritten. Maven definiert drei Lifecycles: `build`, `site` und `clean`. Der *Build-* oder Standardzyklus zum Beispiel enthält unter anderem die Phasen `compile`, `package` und `install`, die ein Projekt kompilieren, in ein Archiv packen und im lokalen Repository installieren. Ruft man eine Phase auf, wird der komplette *Build-Zyklus* bis zur aufgerufenen Phase durchlaufen, das heißt, beim Aufruf von

```
mvn install
```

werden unter anderem auch die Phasen `compile` und `package` automatisch ausgeführt. Diese Lifecycle-Phasen wiederum sind mit Plugins verknüpft. Kapitel 5 beschreibt ausführlich das Lifecycle-Konzept, die verschiedenen Lifecycles und ihre Phasen.

4.1.2 Plugins

Maven ist ein Framework zum Ausführen von Plugins. Maven verwendet für alle Aufgaben Plugins. Egal ob Sourcen kompiliert, Tests ausgeführt oder Properties-Dateien kopiert werden, im Hintergrund werkelt ein entsprechendes Plugin. Jedes Plugin wiederum hat mindestens ein *Goal*: ein Befehl, der eine bestimmte Funktionalität des Plugins ausführt. Plugins werden wie alle Maven-Artefakte durch ihre Koordinaten `groupId`, `artifactId` und `version` identifiziert und wie alle Abhängigkeiten ebenfalls im Repository verwaltet. Wir beschränken uns an dieser Stelle erst mal auf die so genannten Core-Plugins mit der *groupId* `org.apache.maven.plugins`, die in der Form

```
mvn plugin-name:goal
```

aufgerufen werden. Genau genommen erlaubt die Namenskonvention, dass Plugins in einer Kurzform angesprochen werden. Entspricht der Name den Mustern `maven-X-plugin` oder `X-maven-plugin`, kann das Plugin als `X` aufgerufen werden. Durch den Aufruf von Goals wird die Lifecycle-Phase umgangen. So ist das Goal `compile` des Plugins `maven-compiler-plugin` mit der Phase `compile` verknüpft und wird automatisch beim Aufruf der Phase ausgeführt. Will man jedoch aus irgendwelchen Gründen die vor `compile` liegenden Phasen auslassen, kann man das Goal direkt aufrufen:

```
mvn compiler:compile
```

4.1.3 Kommandozeilenparameter

Maven bietet eine Reihe von Kommandozeilenparametern, die die Ausgabe oder den Ausführungsmodus von Maven beeinflussen.

`-am,--also-make`	Falls eine Projektliste angegeben wurde, baue auch die dort angegebenen Projekte (siehe `-pl`).
`-amd,--also-make-dependents`	Falls eine Projektliste angegeben wurde, baue auch Abhängigkeiten der dort angegebenen Projekte (siehe `-pl`).
`-B,--batch-mode`	führt Maven im Batch-Mode aus, ohne ggf. nach Benutzereingaben zu fragen
`-c, --lax-checksums`	gibt eine Warnung aus, wenn die Checksummen nicht übereinstimmen
`-C, --strict-checksums`	bricht den Build-Vorgang ab, wenn die Checksummen der Abhängigkeiten oder Plugins nicht übereinstimmen
`-cpu, --check-plugin-updates`	prüft, ob die registrierten Plugins aktuell sind
`-D, --define`	definiert einen Parameter, auf den im POM oder in Plugins zugegriffen werden kann. So kann man z.B. mittels des Aufrufs `mvn compile -Dtarget=1.4` dem Compiler-Plugin mitteilen, die Sourcen des aktuellen Projekts für eine *JVM* der Version 1.4 zu kompilieren.
`-e, --errors`	gibt detaillierte Fehlermeldungen aus

`-emp,--encrypt-master-password <arg>`	verschlüssele das Master-Passwort
`-ep,--encrypt-password <arg>`	verschlüssele das Server-Passwort
`-f, --file`	erzwingt die Verwendung einer alternativen POM-Datei
`-fae, --fail-at-end`	bricht den Build-Vorgang nicht ab, wenn ein Fehler auftritt, sondern gibt erst am Ende eine Fehlermeldung aus
`-ff, --fail-fast`	bricht in Multimodul-Projekten den Build-Vorgang nach dem ersten Fehler ab
`-fn, --fail-never`	bricht den Build, unabhängig vom Ergebnis, niemals ab
`-gs,--global-settings <arg>`	Angabe einer alternativen globalen settings-Datei
`-h, --help`	zeigt eine (diese) Liste der Parameter an
`-N, --non-recursive`	führt in Multimodul-Projekten den Befehl nicht rekursiv für die Submodule aus
`-npr, --no-plugin-registry`	ignoriert die Plugin-Versionen der Plugin-Registry `~/.m2/plugin-registry.xml`
`-npu, --no-plugin-updates`	unterdrückt die Überprüfung, ob die registrierten Plugins aktuell sind
`-nsu,--no-snapshot-updates`	unterdrückt die Aktualisierung von *Snapshots*
`-o, --offline`	Offline-Modus, es wird nicht versucht, Abhängigkeiten und Plugins aus entfernten Repositories zu laden. Dieser Modus bietet sich an, wenn nicht auf Firmenrepositories zugegriffen werden kann oder gar kein Netzzugriff möglich ist. Bevor der Offline-Modus verwendet wird, empfiehlt es sich, für die relevanten Projekte den Befehl `mvn dependency:go-offline` auszuführen, um alle Abhängigkeiten aufzulösen und ins lokale Repository zu kopieren.
`-P, --activate-profiles <arg>`	aktiviert eine Liste von Profilen, die durch Komma separiert angegeben werden: `-Pprofil1,profil2 ...`
`-pl,--projects <arg>`	ermöglicht, dass nicht der gesamte Reaktor, sondern nur die angegebenen Projekte (Module) verarbeitet werden. Die Projekte werden als kommaseparierte Liste angegeben. und können durch `[groupId]:artifactId` oder ihren relativen Pfad angegeben werden.

`-q, --quiet`	Es werden nur Fehlermeldungen und die Ergebnisse der Unit-Tests ausgegeben.
`-r, --reactor`	führt den Befehl für alle Module eines Multimodul-Projekts aus (nur Maven 2.x)
`-rf,--resume-from <arg>`	Die Verarbeitung eines Multimodul-Projekts wird ab dem angegebenen Modul fortgesetzt.
`-s, --settings <arg>`	Angabe einer alternativen settings-Datei. Dieser Schalter kann bei der Suche nach Fehlern in den setting.xml-Dateien von Kollegen sehr hilfreich sein.
`-T,--threads <arg>`	Anzahl der Threads. Um Maven bei der Ausführung der Tests mit 4 Threads laufen zu lassen, verwendet man `mvn -T 4 test`, es ist auch möglich, die Anzahl der Threads pro CPU-Kern anzugeben: `mvn -T 2C test`
`-t,--toolchains <arg>`	alternativer Pfad für die toolchains-Datei (Vorgabe: `~/.m2/toolchains.xml`, s.a. `http://maven.apache.org/guides/mini/guide-using-toolchains.html`)
`-U, --update-snapshots`	prüft, ob Updates für Releases und Snapshot-Versionen im entfernten Repository vorhanden sind
`-up, --update-plugins`	ein Synonym für `-cpu`
`-V,--show-version`	gibt die verwendete Maven-Version und die Versionen von Betriebssystem und JDK aus, ohne den Build zu stoppen
`-v, --version`	gibt die verwendete Maven-Version und die Versionen von Betriebssystem und JDK aus
`-X, --debug`	gibt Debug-Meldungen aus

4.1.4 MAVEN_OPTS

In der Betriebssystem-Umgebungsvariablen `MAVEN_OPTS` lassen sich zusätzliche Parameter für Maven ablegen. Um zum Beispiel den für Maven verfügbaren Speicher zu erhöhen, setzen Sie

```
MAVEN_OPTS=-Xms256m -Xmx512m -XX:PermSize=64M -XX:MaxPermSize=128M
```

Normalerweise benötigt Maven keine besondere Speicherzuordnung, lediglich der Aufruf des *Site-Zyklus* kann bei Multimodul-Projekten höhere Anforderungen stellen.

4.2 Versionierung

4.2.1 Releases

Maven unterscheidet bei der Versionierung der Software zwischen *Releases* und *Snapshots*. *Releases* haben eine feste Versionsnummer und stellen eine fertige, auslieferbare Version eines Artefakts dar. Das Format der Version ist nicht vorgegeben, man sollte sich jedoch an der allgemein verbreiteten Schreibweise `major.minor.revision` orientieren.

- **`major`** ändert sich normalerweise, wenn die Software komplett überarbeitet wurde und neue Features eingebaut wurden. Änderungen in der `major`-Komponente bedeuten oft, dass die Software nicht mehr abwärtskompatibel ist.
- **`minor`** ändert sich, wenn neue Features implementiert wurden, die Struktur der Software sich aber nicht grundlegend geändert hat. Die Abwärtskompatibilität muss nicht gegeben sein.
- **`revision`** impliziert normalerweise Bugfixes und kleinere Anpassungen. Die Abwärtskompatibilität sollte hier auf jeden Fall gewährleistet sein (bei gleicher `major.minor`-Version, versteht sich).

Zusätzlich können noch Indikatoren für Vorab- und Testversionen angegeben werden:

- **`alpha`** für frühe Vorabversionen
- **`beta`** für Testversionen

Informationen und Links zur *alpha/beta*-Versionierung gibt es zum Beispiel in [Atwo8].

4.2.2 Snapshots

Snapshots sind Entwicklungsversionen, die sich erwartungsgemäß häufig ändern können. Wie Maven das Deployment von Snapshots handhabt, unterscheidet sich dementsprechend vom Release-Deployment: Im Gegensatz zu Releases wird für Snapshots ein Zeitstempel und eine *Build-Nummer* in der Datei `maven-metadata.xml` im Repository erzeugt:

```
<?xml version="1.0" encoding="UTF-8"?><metadata>
  <groupId>de.mavenbuch.beispiele</groupId>
  <artifactId>fischladen-persistence</artifactId>
  <version>1.0-SNAPSHOT</version>
  <versioning>
    <snapshot>
      <timestamp>20090102.095222</timestamp>
      <buildNumber>6</buildNumber>
```

```
    </snapshot>
    <lastUpdated>20090102095225</lastUpdated>
  </versioning>
</metadata
```

Für *Dependencies* oder Plugins, deren Version auf -SNAPSHOT endet, wird bei jedem Build anhand von `timestamp` und `buildNumber` geprüft, ob eine aktuellere Version vorliegt, und diese gegebenenfalls ins lokale Repository kopiert. Ist die Entwicklungsarbeit abgeschlossen, wird die -SNAPSHOT-Endung aus der Version entfernt und das fertige Release deployed. Beginnt die Arbeit an einem neuen Release, wird die Version entsprechend hochgesetzt und wieder um die Endung -SNAPSHOT ergänzt. Die Reihenfolge der Versionsänderungen sieht also folgendermaßen aus:

1. `<version>1.0-SNAPSHOT</version>` – Versionseintrag in der Entwicklungsphase.
2. `<version>1.0</version>` – Versionseintrag zum Zeitpunkt des Produktionsdeployments (Jetzt wäre übrigens ein guter Zeitpunkt, im Versionskontrollsystem ein *Tag* zu setzen ...).
3. `<version>1.1-SNAPSHOT</version>` – Versionseintrag zu Beginn des neuen Entwicklungszyklus oder der Wartungsphase.

4.3 Maven-Konventionen

4.3.1 Verzeichnisstruktur

Konvention über Konfiguration ist ein Mantra. Einer der Vorteile von Maven liegt in der Übertragbarkeit. Kenne ich erst einmal die Struktur eines Maven-Projekts, finde ich mich sofort in jedem anderen Projekt, das diese Struktur verwendet, zurecht. (Es sei denn, der Sourcecode ist Murks, aber das ist eine andere Geschichte.)

Obwohl es möglich ist, die Verzeichnisstruktur an seine persönlichen Vorlieben oder firmenweite Vorgaben anzupassen, empfehle ich, die Maven-Konventionen zur Verzeichnisstruktur beizubehalten.

Wie sehen diese Konventionen aus? Checkt man ein Maven-Projekt aus einem Versionskontrollsystem aus, erhält man lediglich einen Ordner `src` sowie die Konfigurationsdatei `pom.xml`. Alles Weitere wird durch Maven während des Build-Zyklus erzeugt.

Quellverzeichnisse

Der Ordner `src` enthält alle Quelltexte, aufgeteilt in `main`, `test` und `site`.

`src/main/java`	Java-Quellcode
`src/main/resources`	Projekt-Ressourcen, -Properties etc.
`src/main/filters`	Resource-Filterdateien (siehe Abschnitt 11.2)
`src/main/assembly`	Assembly-Deskriptoren (siehe Abschnitt 14.2)
`src/main/scripts`	Skripte
`src/main/config`	Konfigurationsdateien
`src/main/webapp`	Webdateien (`*.jsp/*.jsf/*.html/...`)
`src/test/java`	Quellcode der Unit-Tests
`src/test/resources`	Ressourcen für Unit-Tests
`src/test/filters`	Resource-Filterdateien für Unit-Tests
`src/site`	Dateien für Dokumentation und Webseite des Projekts (siehe Kapitel 17)
`src/site/apt`	Dokumentation im APT-Format (siehe Abschnitt 17.5.2)
`src/site/xdoc`	Dokumentation im XDOC-Format (siehe Abschnitt 17.5.3)
`src/site/fml`	FAQs im FML-Format (siehe Abschnitt 17.5.4)
`src/site/resources`	Ressourcen und statische Dokumente für Dokumentation und Webseite
`LICENSE.txt`	die Lizenz des Projekts
`README.txt`	Standard-Readme-Datei

Tabelle 4.1: Quelle: `http://maven.apache.org/guides/introduction/introduction-to-the-standard-directory-layout.html`

Die letzten beiden Einträge für die Readme- und die Lizenz-Datei sind nur bedingt nützlich, da die Dateien durch das Site-Plugin nicht in die generierte Dokumentation aufgenommen werden. Sie können jedoch durch das Assembly-Plugin für die Generierung von Distributionen eingebunden werden.

Die Liste der Verzeichnisse kann natürlich durch existierende Plugins und eigene Anforderungen erweitert werden. Es sollten jedoch alle zusätzlichen Sourcen unterhalb des `src`-Ordners angelegt werden.

Zielverzeichnisse

Alle generierten Inhalte werden im Ordner `target` angelegt. Dieser und alle weiteren Zielordner werden automatisch während der Maven-Ausführung erzeugt.

`target/classes`	kompilierte Java-Klassen des Ordners `src/main/java` und die Ressourcen aus `src/main/resources`
`target/test-classes`	kompilierte Unit-Test-Klassen des Ordners `src/test/java` und die Test-Ressourcen aus `src/test/resources`

`target/site`	die während des `site`-Zyklus generierten Dokumentationen und Reports
`target/${project.finalname}`	Bei `packaging=war` findet sich hier die komplette Web-Anwendung.

4.3.2 Namenskonventionen

Koordinaten

groupId

Die Benennung der `groupId` orientiert sich an der Java-Package-Benennung, Punkte entsprechen einem Verzeichnistrenner. Es sollte der Projektname oder der *package*-Name verwendet werden. Beispiele sind die `groupId` `commons-configuration` des gleichnamigen Artefakts und natürlich die `groupId` der *Maven-Core-Plugins*: `org.apache.maven.plugins`. Beim Deployment von 3rd-Party-Bibliotheken sollte der Archivname als `groupId` verwendet werden.

artifactId

Die `artifactId` ist normalerweise der Name der `jar`-Datei ohne Version und Endung. Empfohlen ist die Verwendung von Kleinbuchstaben und Bindestrichen sowie der Verzicht auf Sonderzeichen. Beim Deployment von 3rd-Party-Bibliotheken sollte der Archivname verwendet werden.

version

Zulässig sind alle alphanumerischen Werte. Es wird jedoch die Verwendung des Formats *major.minor.revision* empfohlen. Ein Datum sollte nicht als Versionsnummer verwendet werden, diese sind Snapshot-Versionen vorbehalten und werden automatisch vergeben. Um Snapshots zu kennzeichnen, wird für sie die Version `<ZIELVERSION>-SNAPSHOT` verwendet, wobei `<ZIELVERSION>` die nächste angestrebte Release-Nummer ist.

Ergebnis

Maven erzeugt als Ausgabe eine Datei

`${project.name}-${version}-${classifier}.<Endung>`

wobei die Endung vom `packaging` abhängig ist:

- **`jar`** für die Typen `jar`, `ejb`, `maven-plugin`, ...
- **`war`** für den Typ `war`
- etc.

Der endgültige Name (ohne Dateiendung) kann im Tag `project.build.finalname` überschrieben werden. Weitere Informationen zu den Namenskonventionen gibt es unter `http://maven.apache.org/guides/mini/guide-naming-conventions.html` und `http://maven.apache.org/maven-conventions.html`.

4.4 Zugangsdaten verschlüsseln

Maven bietet ab Version 2.1.0 die Möglichkeit, die Passworte in der `servers`-Sektion der *Settings*-Datei verschlüsselt anzugeben. Bisher standen die Daten im Klartext in der Datei:

```
<server>
  <id>mavenbuch-snapshots</id>
  <username>bruce</username>
  <password>jipieijohschweinebacke</password>
</server>
```

Für die Verschlüsselung sind folgende Schritte notwendig:

4.4.1 Anlegen eines Masterpassworts

```
mvn --encrypt-master-password <password>
```

Man erhält dann das verschlüsselte Passwort in der Form

```
{0jUm3+o4+OUHVsZ32CKJs1zwdA3j5huOC7jtQregEUQ=}
```

Dieses wird in die Datei `~/.m2/settings-security.xml` eingetragen:

```
<settingsSecurity>
  <master>{0jUm3+o4+OUHVsZ32CKJs1zwdA3j5huOC7jtQregEUQ=}</master>
</settingsSecurity>
```

Interessant ist allerdings, dass in der `security`-Datei auch ein Verweis auf ein anderes Laufwerk eingetragen werden kann:

```
<relocation>Z:/settings-security.xml</relocation>
```

So kann die Masterpasswort-Datei über ein USB-Laufwerk oder eine TrueCrypt-Partition zur Verfügung gestellt werden.

4.4.2 Verschlüsseln von Passworten

Mit dem Befehl

```
mvn --encrypt-password jipieijohschweinebacke
```

kann ein bestehendes Passwort verschlüsselt werden. Das verschlüsselte Passwort wird in das entsprechende <password>-Element in der `settings.xml` eingetragen und kann von Maven nur dann verwendet werden, wenn das passende Masterpasswort verfügbar ist. Unser Beispiel von oben sieht verschlüsselt dann so aus:

```
<server>
  <id>dingsbums-snapshots</id>
  <username>bruce</username>
  <password>{fx2hRTYELjUHsZH2abMZf0htezbZuI09YPsIUmChS/6t7w2qAvFHk+EvUpX0oQmh}</password>
</server>
```

4.5 Wo erhalte ich Hilfe?

Dieses Buch kann natürlich nicht alle Framework-Kombinationen und projektspezifischen Eigenheiten abdecken. Der Online-Auftritt von Maven bietet jedoch weit gefächerte Unterstützung. Weitere Hilfe bieten mehrere Mailing-Listen, allen voran *Maven-Users*, sowie zwei frei verfügbare Bücher der Maven-Entwickler. Mit Hilfe des Help-Plugins lassen sich Informationen zu allen Plugins und Lifecycle-Phasen sowie der Projektkonfiguration und -umgebung abfragen.

4.5.1 Maven-Hilfe im Internet

Die Maven-Homepage `http://maven.apache.org` enthält jede Menge Dokumentationen, Anleitungen und Referenzen und sollte die erste Wahl sein, wenn man online Informationen zu Maven sucht. Jedes Core-Plugin verfügt außerdem über eine Webseite mit Dokumentation und Beispielen. Die Seite `http://maven.apache.org/plugins/index.html` enthält eine Liste der wichtigsten Plugins, deren aktuelle Version, eine Kurzbeschreibung und für jedes Plugin Links auf die Webseite, das Subversion-Repository und die Bug-Tracking-Seite. Unter `http://maven.apache.org/articles.html` werden weitere Publikationen zum Thema Maven aufgelistet.

Mailing-Listen

Des Weiteren gibt es verschiedene Mailing-Listen zu Maven, die unter `http://maven.apache.org/mail-lists.html` aufgelistet sind. Die für Anwender wahrscheinlich interessanteste Liste ist die *Maven User List*. Bevor jedoch Fragen an eine Liste gesendet werden, sollte man das Archiv der Liste durchsehen, ob die

Frage nicht bereits gestellt und beantwortet wurde. Meiner Meinung nach eignet sich zurzeit der Forum-Anbieter *Nabble* am besten, um Mailing-Listen zu verfolgen und in der Historie zu recherchieren. Die URL der *Maven User List* bei *Nabble* ist `http://www.nabble.com/Maven-Users-f178.html`.

Frei verfügbare Bücher

Es gibt mehrere lesenswerte Bücher, die aus dem Umfeld der Maven-Entwickler stammen und frei im Netz verfügbar sind:

- *Better Builds with Maven* [CMP06] wurde 2006 von einer Gruppe von Maven-Entwicklern veröffentlicht. Die Online-Version des Buches wurde seitdem mehrfach überarbeitet und beschreibt Maven 2, ist aber leider nicht mehr ganz aktuell.
- *Maven the Complete Reference* wird von der Firma *Sonatype* um den Vorsitzenden des *Maven*-Projektmanagement-Kommitees *Jason van Zyl* herausgegeben und ist online unter der *Commons Creative Licence* verfügbar [Son]. Ursprünglich unter dem Titel *Maven The Definitive Guide* [Son08] veröffentlicht, wurden die Kapitel zu den Sonatype-Produkten *m2eclipse* [Sonb] und *Nexus* [Sonc] als eigene Bücher ausgegliedert. Außerdem gibt es von Sonatype die Bände *The Maven Cookbook* [Sond] und *Maven by Example* [Sona].

4.5.2 Das Maven-Help-Plugin

Das Plugin `maven-help-plugin` bietet Hilfe zu verschiedenen Aspekten der Maven-Konfiguration. So lässt sich zum Beispiel das tatsächlich verwendete POM eines Projekts inklusive aller geerbten Einstellungen, die aktiven Profile oder die Möglichkeiten eines Plugins abfragen.

Goals

- **`help:active-profiles`**: listet alle aktiven Profile und gibt an, wo sie definiert sind
- **`help:all-profiles`**: listet alle verfügbaren Profile auf
- **`help:describe`**: beschreibt die Attribute eines Plugins oder Mojo (*Maven plain Old Java Object*). Es muss ein Befehl, Plugin oder eine `groupId/artifactId`-Kombination angegeben werden:

```
mvn help:describe -Dcmd=<lifecycle-phase>
mvn help:describe -Dcmd=<plugin>:<goal>
mvn help:describe -Dplugin=<groupId>:<artifactId>[:<version>]:
mvn help:describe -DgroupId=<groupId> \
                  -DartifactId=<artifactId> \
                  [-Dversion=<version>]
```

Für den Parameter `-Dcmd=<Lifecycle-Phase>` wird die Herkunft des Befehls (aus welchem Plugin der Aufruf stammt) sowie der dazugehörige Lifecycle angezeigt. Für die Lifecycle-Phase `site` lautet das Ergebnis zum Beispiel

```
D:\>mvn help:describe -Dcmd=site
[INFO] Scanning for projects...
[INFO] Searching repository for plugin with prefix: 'help'.
[INFO] ------------------------------------------------------------
[INFO] Building Maven Default Project
[INFO]    task-segment: [help:describe] (aggregator-style)
[INFO] ------------------------------------------------------------
[INFO] [help:describe]
[INFO] 'site' is a lifecycle with the following phases:
* pre-site: Not defined
* site: org.apache.maven.plugins:maven-site-plugin:site
* post-site: Not defined
* site-deploy: org.apache.maven.plugins:maven-site-plugin:deploy

[INFO] ------------------------------------------------------------
[INFO] BUILD SUCCESSFUL
[INFO] ------------------------------------------------------------
[INFO] Total time: 8 seconds
[INFO] Finished at: Tue Dec 23 14:10:20 CET 2008
[INFO] Final Memory: 5M/10M
[INFO] ------------------------------------------------------------
```

Für den Befehl `test` würden die entsprechenden Informationen zum korrespondierenden *Build-Lifecycle* angezeigt.

Ruft man das zweite Beispiel für `help:describe` auf, erhält man entsprechend Informationen zum Goal `describe` des Help-Plugins:

```
D:\>mvn help:describe -Dcmd=help:describe
[INFO] Scanning for projects...
[INFO] Searching repository for plugin with prefix: 'help'.
[INFO] ------------------------------------------------------------
[INFO] Building Maven Default Project
[INFO]    task-segment: [help:describe] (aggregator-style)
[INFO] ------------------------------------------------------------
[INFO] [help:describe]
[INFO] 'help:describe' is a plugin goal (aka mojo).
Mojo: 'help:describe'
```

```
help:describe
  Description: Displays a list of the attributes for a Maven Plugin
    and/or goals (aka Mojo - Maven plain Old Java Object).
  Deprecated. No reason given

For more information, run 'mvn help:describe [...] -Ddetail'

[INFO] ------------------------------------------------------
[INFO] BUILD SUCCESSFUL
[INFO] ------------------------------------------------------
[INFO] Total time: 8 seconds
[INFO] Finished at: Tue Dec 23 14:09:04 CET 2008
[INFO] Final Memory: 5M/10M
[INFO] ------------------------------------------------------
```

Gibt man den Parameter `-Ddetail` an, erhält man eine ausführliche Liste der möglichen Parameter.

Analog dazu funktionieren die anderen beiden Aufrufe des Goals:

- `help:describe -Dplugin=<groupId>:<artifactId>...` gibt eine Liste der Goals des angegebenen Plugins mit Beschreibung aus.
- `help:describe -Dplugin=... -Ddetail` gibt zusätzlich die möglichen Parameter für die Goals aus. (Wahrscheinlich fragen Sie sich jetzt, warum Sie dann dieses Buch gekauft haben ...)

Statt des Parameters `-Dplugin` können Sie auch mittels der Parameter `-DgroupId` und `-DartifactId` *groupId* und *artifactId* des Plugins separat angeben.

- **`help:effective-pom`**: zeigt das tatsächliche POM an, inklusive aller geerbten Einstellungen aus *Parent-POMs* und *Super-POM* unter Berücksichtigung der aktiven Profile.
- **`help:effective-settings`**: zeigt die aktuellen Einstellungen aus User- und Installations-`settings.xml` an und berücksichtigt aktive Profile.
- **`help:evaluate`**: löst interaktiv angegebene Maven-Ausdrücke auf. Für `${project}` wird zum Beispiel der Inhalt des POM aufgelistet, `${project.version}` gibt die aktuelle Version des Projekts aus.
- **`help:expressions`**: gibt eine Liste der unterstützten Maven-Properties mit Beschreibung an, zum Beispiel `${project}`, `${settings}`, `${reactorProjects}` etc.
- **`help:help`**: zeigt die Hilfe zur Hilfe an.
- **`help:system`**: gibt eine Liste von System- und Umgebungsvariablen aus. Hier findet sich so ziemlich alles von der VM-Version bis zum Benutzernamen.

Kapitel 5

Lifecycles

von Patrick Zeising

Plugins und deren Ausführung in immer wiederkehrenden Lifecycles bilden ein zentrales Konzept von Maven (zu Plugins siehe auch Kapitel 10). Die Prozesse zum Übersetzen von Quellcode und zum Erzeugen einer Anwendung lassen sich verallgemeinern und vereinheitlichen. Dabei folgt Maven einem standardisierten Vorgehen für das Abarbeiten dieser Aufgaben. Die erforderlichen Schritte sind abstrahiert und in feste Phasen unterteilt, die in einer bestimmten Reihenfolge durchlaufen werden und so einen Lifecycle bilden.

Ein Aufruf von Maven wird somit immer durch die Erledigung bestimmter, zuvor festgelegter Teilaufgaben abgearbeitet. Beispiele für Teilaufgaben, die im Rahmen eines Maven-Durchlaufs zu erledigen sind, wären zum Beispiel das Übersetzen der Sourcen oder das Packen der übersetzten Sourcen zu einem Archiv. Sie müssen in einer bestimmten Reihenfolge abgearbeitet werden (hier: das Übersetzen vor dem Packen).

Für jede Teilaufgabe ist, getreu der Konvention *Separation of Concerns*, genau ein Maven-Plugin zuständig. Da ein Plugin oft mehrere Varianten einer Funktionalität zur Verfügung stellt, muss zusätzlich das Goal des Plugins angegeben werden, das zur Ausführung kommen soll. Je nachdem in welcher Phase des Lifecycles die jeweilige Aufgabe erledigt werden soll, ist die Ausführung des konkreten Goals an die Phase gebunden. Durch diese standardisierte Definition der Plugins, ihrer Goals und der Reihenfolge der Ausführung werden während der Entwicklung nur eine Hand voll Maven-Kommandos benötigt, um ein Projekt zu übersetzen, die fertige Anwendung oder eine vollständige Dokumentation zu erzeugen.

5.1 Die Standard-Lifecycles

Maven kennt die drei Standard-Lifecycles `default`, `clean` und `site`, in denen sowohl Phasen als auch die darin durchzuführenden Plugins festgelegt sind. Die Lifecycles lassen sich durch das Ausführen bestimmter Plugin-Goals in einzelnen Phasen modifizieren (siehe dazu Abschnitt 10.2). Im Rahmen der Entwicklung eigener Plugins lassen sich auch eigene Lifecycles definieren und auch parallel zum laufenden Lifecycle ausführen (siehe dazu zum Beispiel [CMP06]).

5.1.1 Der Default-Lifecycle

Der Default-Lifecycle, oder auch *Build-Lifecycle* genannt, umfasst alle Phasen, die zum Übersetzen und Erzeugen einer Anwendung benötigt werden. Er stellt den standardisierten Ablauf dar, nach dem Maven einen Aufruf zum Erzeugen des Projekts abarbeitet. Es folgt eine Aufstellung der Phasen inklusive aller Goals, die von Maven ausgeführt werden.

1. **`validate`**: überprüft die Gültigkeit der Projektkonfiguration und das POM (siehe Kapitel 6)
2. **`initialize`**: führt alle notwendigen Initialisierungen aus, damit der Build-Vorgang beginnen kann. Darunter fällt unter anderem das Setzen von Variablen (Properties) und das Erstellen von benötigten Verzeichnissen.
3. **`generate-sources`**: generiert Quellcode (zum Beispiel durch XDoclet), der mit übersetzt werden soll.
4. **`process-sources`**: verarbeitet die Quelltexte und ersetzt ggf. Platzhalter (zum Filter-Mechanismus und zu Properties siehe Kapitel 11).
5. **`generate-resources`**: generiert Ressourcen wie Konfigurationsdateien, Shell-Skripte etc. aus anderen Quell-Formaten
6. **`process-resources`**: verarbeitet und filtert (siehe Kapitel 11) die Ressourcen und kopiert sie ins Zielverzeichnis, damit sie nach dem Erstellen des Archivs im Klassenpfad zur Verfügung stehen.
   Goal: `resources:resources`
7. **`compile`**: übersetzt den Quellcode des Projekts in das Zielverzeichnis.
   Goal: `compiler:compile`
8. **`process-classes`**: führt Modifikationen an dem übersetzten Quellcode aus, zum Beispiel Manipulationen am Binärcode oder das Einweben von Veränderungen, wie sie für aspektorientierte Programmierung benötigt werden
9. **`generate-test-sources`**: generiert jeglichen Testquellcode, der mit übersetzt werden soll
10. **`process-test-sources`**: verarbeitet, analog zur `process-sources`-Phase, den Quellcode der Unit-Tests
11. **`generate-test-resources`**: generiert, analog zur `generate-resources`-Phase, alle Ressourcen, die für Tests benötigt werden.
    Goals (beim Erstellen eines EAR): `ear:generateApplicationXml`

12. **`process-test-resources`**: verarbeitet, analog zur `process-resources`-Phase, die Test-Ressourcen und bereitet sie für die Verwendung beim Erstellen des Archivs vor.

    Goal: `resources:testResources`

13. **`test-compile`**: übersetzt den Quellcode der Unit-Tests in das Zielverzeichnis.
    Goal: `compiler:testCompile`

14. **`test`**: führt die verfügbaren Unit-Tests unter Verwendung des passenden Frameworks (zum Beispiel JUnit oder TestNG) aus.

    Goal: `surefire:test`

15. **`prepare-package`**: bereitet das Erzeugen eines Archivs (zum Beispiel einer JAR-, WAR- oder EAR-Datei) vor. Diese Phase wird erst mit der nächsten Version von Maven (2.1.x) eingeführt.

16. **`package`**: erzeugt ein Java-Archiv (zum Beispiel eine JAR-Datei) aus den übersetzten und getesteten Quelldateien und den Ressourcen.
    Goals (abhängig vom Packaging des Projekts):
    `ejb:ejb` / `ejb3:ejb3` / `jar:jar` / `par:par` / `rar:rar` / `war:war` / `ear:ear`

17. **`pre-integration-test`**: bereitet die Ausführung von Integrationstests vor. Dazu kann das Kopieren der zuvor erzeugten Archivdatei in die Integrationsumgebung (zum Beispiel einen Anwendungsserver) gehören oder das Vorbereiten dieser Umgebung durch das Erzeugen von Verzeichnissen oder Konfigurationen.

18. **`integration-test`**: führt die Integrationstests durch

19. **`post-integration-test`**: erledigt alle Arbeitsschritte, die nach dem Durchführen der Integrationstests durchgeführt werden sollen. Dazu kann zum Beispiel das Aufräumen und Zurücksetzen der Integrationsumgebung gehören.

20. **`verify`**: überprüft das erzeugte Archiv und stellt fest, ob es im Maven-Repository abgelegt werden darf

21. **`install`**: legt das erzeugte Archiv im lokalen Maven-Repository ab.

    Goal: `install:install`

22. **`deploy`**: legt das erzeugte Archiv im entfernten Maven-Repository ab. Um welches Repository es sich dabei handelt, wird in dem Abschnitt `distributionManagement` der POM-Datei konfiguriert (siehe Abschnitt 6.5.2).

    Goal: `deploy:deploy`

In Abbildung 5.1 ist der *Build-Lifecycle* dargestellt, der sich für ein Projekt mit `packaging jar` ergibt. Phasen, an die kein Plugin gebunden wurde, sind hier ausgelassen.

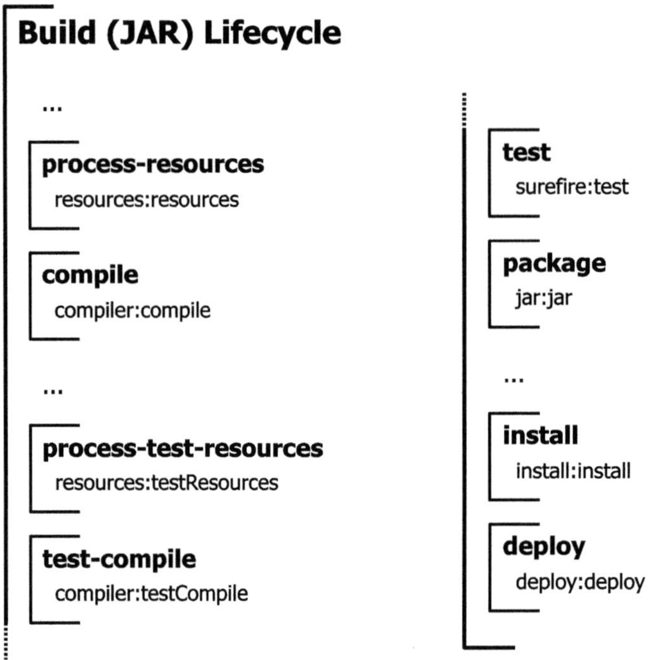

Abb. 5.1: Der Lifecycle eines Projekts mit `packaging jar`

In den Log-Ausgaben von Maven lässt sich die Ausführung der Plugins ebenfalls nachvollziehen. Zu jedem ausgeführten Goal werden der Name des Plugins und das entsprechende Goal in eckigen Klammern genannt, zum Beispiel `compiler:compile`. Hier die Konsolenausgabe nach einem Aufruf von `mvn deploy` auf dem eben besagten Projekt mit `packaging jar`.

```
[INFO] Scanning for projects...
[INFO] ------------------------------------------------------------
[INFO] Building lifecycle-beispiel
[INFO]    task-segment: [deploy]
[INFO] ------------------------------------------------------------
[INFO] [resources:resources]
[INFO] Using default encoding to copy filtered resources.
[INFO] [compiler:compile]
[INFO] Compiling 1 source file to D:\Beispiele\lifecycle-beispiel\
         target\classes
[INFO] [resources:testResources]
[INFO] Using default encoding to copy filtered resources.
[INFO] [compiler:testCompile]
[INFO] Compiling 1 source file to D:\Beispiele\lifecycle-beispiel\
         target\test-classes
```

```
[INFO] [surefire:test]
[INFO] Surefire report directory: D:\Beispiele\lifecycle-beispiel\
        target\surefire-reports

-------------------------------------------------------
 T E S T S
-------------------------------------------------------
Running de.mavenbuch.beispiele.AppTest
Tests run: 1, Failures: 0, Errors: 0, Skipped: 0, Time elapsed:
        0.032 sec

Results :

Tests run: 1, Failures: 0, Errors: 0, Skipped: 0

[INFO] [jar:jar]
[INFO] Building jar: D:\Beispiele\lifecycle-beispiel\target\
         lifecycle-beispiel-1.0-SNAPSHOT.jar
[INFO] [install:install]
[INFO] Installing D:\Beispiele\lifecycle-beispiel\target\
         lifecycle-beispiel-1.0-SNAPSHOT.jar to
         D:\maven2-local-repo\de\mavenbuch\beispiele\
         lifecycle-beispiel\1.0-SNAPSHOT\
           lifecycle-beispiel-1.0-SNAPSHOT.jar
[INFO] [deploy:deploy]
[INFO] Retrieving previous build number from tuitp-snapshots
WAGON_VERSION: 1.0-beta-2
Uploading: [REPOSITORY-LOCATION]/de/mavenbuch/beispiele/
  lifecycle-beispiel/1.0-SNAPSHOT/lifecycle-beispiel-1.0-SNAPSHOT.jar
[INFO] [...]
[INFO] ------------------------------------------------------------------------
[INFO] BUILD SUCCESSFUL
[INFO] ------------------------------------------------------------------------
[INFO] Total time: 9 seconds
[INFO] Finished at: Sun Jan 12 16:14:47 CET 2009
[INFO] Final Memory: 12M/488M
[INFO] ------------------------------------------------------------------------
```

5.1.2 Der clean-Lifecycle

Der `clean`-Lifecycle beinhaltet alle Phasen, die beim Aufräumen eines Projekts durchlaufen werden.

1. **`pre-clean`**: bereitet das Aufräumen des Projekts vor
2. **`clean`**: räumt das Projekt auf und löscht dabei die vom vorherigen Build erstellten Dateien.
   Goal: `clean:clean`
3. **`post-clean`**: schließt das Aufräumen des Projekts ab

5.1.3 Der Site-Lifecycle

Im `site`-Lifecycle finden sich alle Phasen, die zum Erzeugen der mit Maven erzeugten Projektdokumentation durchlaufen werden.

1. **`pre-site`**: bereitet das Erzeugen der Projektdokumentation vor
2. **`site`**: erzeugt die Projektdokumentation als HTML durch die Ausführung aller unter `reporting` konfigurierten Reporting-Plugins (siehe Kapitel 17).
   Goal: `site:site`
3. **`post-site`**: schließt die Erzeugung der Projektdokumentation ab
4. **`site-deploy`**: stellt die erzeugte Dokumentation auf dem im `distributionManagement` konfigurierten Server zur Verfügung.
   Goal: `site:deploy`

Kapitel 6

POM – Das Project Object Model

Das Projektmodell, kurz *POM* (*Project Object Model*) ist der Kern jedes Maven-Projekts. Im Allgemeinen wird das POM in der Datei `pom.xml` konfiguriert. Bei der `pom.xml` handelt es sich um die XML-Darstellung der Klasse `org.apache.maven.model.Model`. Das im Projekt definierte POM erbt alle im von Maven bereitgestellten *Super-POM* definierten Eigenschaften. Das Super-POM `pom-4.0.0.xml` befindet sich im Archiv `maven-modelbuilder-3.0.jar` im Package `org.apache.maven.project`.

Die Bestandteile des POM lassen sich in fünf Bereiche unterteilen:

- Koordinaten
- Projektbeziehungen
- Projektinformationen
- Projekteinstellungen
- Projektumgebung

Wie die einzelnen POM-Elemente den Bereichen zugeordnet werden, ist sicherlich Geschmackssache, so zählt die Maven-Homepage das Packaging zu den Koordinaten und fasst die Bereiche Koordinaten und Beziehungen mit dem Tag `properties` im Bereich *Basics* zusammen. In dem lesenswerten Artikel *The Maven2 POM demystified* [Mav] zählt *Eric Redmond* die Elemente `packaging` und `properties` hingegen zum Bereich *Build*.

Jedes POM enthält innerhalb des `project`-Tags das Element `modelVersion`, das für Maven 2 und 3 immer den Wert `4.0.0` hat. Ein elementares POM muss neben dem `modelVersion`-Tag lediglich `groupId`, `artifactId` und `version` enthalten, alle weiteren Einstellungen werden vom Super-POM geerbt. Standard-Packaging ist `jar`. Ein minimales POM für ein Projekt könnte also so aussehen:

```
<project>
  <modelVersion>4.0.0</modelVersion>
  <groupId>de.mavenbuch.beispiele</groupId>
  <artifactId>beispiel-projekt</artifactId>
  <version>1.0-SNAPSHOT</version>
</project>
```

6.1 Koordinaten

Die Koordinaten bezeichnen die Version eines Artefakts eindeutig. Dadurch ist es möglich, das Artefakt in anderen Projekten zu referenzieren.

6.1.1 Elemente

- **groupId**: ein eindeutiger Bezeichner für eine Organisation oder ein Projekt
- **artifactId**: der Bezeichner des Artefakts. Dies ist im Allgemeinen auch der Name des Archivs.
- **version**: die aktuelle Version des Artefakts
- **packaging**: Sollte kein `packaging` angegeben sein, wird `jar` verwendet. Möglich sind verschiedene Formate wie
  - **pom**: Es wird kein Archiv erzeugt. Das Projekt kann als Parent-Projekt verwendet werden oder um Module zu deklarieren.
  - **jar**: die Standardeinstellung. Während der Phase `package` wird das Goal `jar:jar` aufgerufen und ein Java-Archiv (JAR) erzeugt.
  - **war**: Web-Application-Archive. Während der Packaging-Phase wird das Goal `war:war` aufgerufen und eine `*.war`-Datei erzeugt.
  - **maven-archetype**: für Projekt-Schablonen (*Archetype Templates*) (siehe Abschnitt 18.4)
  - **maven-plugin**: für Maven-Plugins. Kapitel 15 erklärt, wie man eigene Plugins schreibt.
  - **ear**: für Java-Enterprise-Archive. Das `packaging ear` ist mit dem Goal `ear:ear` verknüpft und erzeugt eine `*.ear`-Datei.
  - **ejb**: erzeugt ein Deploy-fähiges JAR für verschiedene, konfigurierbare EJB-Versionen mit Hilfe des `maven-ejb-plugins`
  - **rar**: Resource Adapter Archive, ein Java-Archiv, das Informationen enthält, mit denen sich eine Java-Applikation mit einem Enterprise-Information-System verbinden kann. In der Phase `package` wird das Goal `rar:rar` aufgerufen (für weitergehende Informationen siehe `http://maven.apache.org/plugins/maven-rar-plugin/`).

  Es existieren zusätzliche Packaging-Typen, wie `sar`, `par`, `har` etc. Weitere und auch eigene Typen lassen sich mit alternativen Lifecycles integrieren.

Um ein Artefakt zu adressieren, wird in den `dependencies` gelegentlich noch eine fünfte Koordinate angegeben, der `classifier`. Dieser kann zum Beispiel durch das JAR- und das Assembly-Plugin erzeugt werden, Näheres beschreibt Abschnitt 12.3.5.

6.2 Projektbeziehungen

In diesem Bereich des POM werden die Beziehungen des Projekts zu anderen Projekten definiert.

6.2.1 Abhängigkeiten

Im Element dependencies werden die Abhängigkeiten des Projekts zu externen Bibliotheken beschrieben. Es kann eine beliebige Anzahl von dependency-Tags enthalten.

```
<project>
...
  <dependencies>
    <dependency>
      <groupId>junit</groupId>
      <artifactId>junit</artifactId>
      <version>4.5</version>
      <scope>test</scope>
    </dependency>
  </dependencies>
...
<project>
```

Jedes dependency-Tag muss mindestens die Koordinaten des referenzierten Artefakts enthalten. Mögliche Elemente des dependency-Tags sind:

```
<dependencies>
  <dependency>
    <groupId>GROUPID</groupId>
    <artifactId>ARTIFACT.ID</artifactId>
    <classifier>CLASSIFIER</classifier>
    <version>VERSION</version>
    <type>(jar(default)|war|ear|maven-plugin|pom|...)</type>
    <scope>(compile|runtime|test|system|provided)</scope>
    <systemPath>Nur für Scope system!</systemPath>
    <optional>(true|false)</optional>
    <exclusions>
      <exclusion>
        <groupId></groupId>
        <artifactId></artifactId>
      </exclusion>
```

```
    </exclusions>
  </dependency>
  ...
</dependecies>
```

Kapitel 7 beschreibt ausführlich die Konfiguration der Abhängigkeiten.

6.2.2 Vererbung

Projekteinstellungen können vererbt werden. Dazu müssen erbende Projekte das Tag `parent` angeben, das die Koordinaten des Parent-Projekts enthält:

```
<project>
  <modelVersion>4.0.0</modelVersion>
  <parent>
    <artifactId>beispiele-parent</artifactId>
    <groupId>de.mavenbuch.beispiele</groupId>
    <version>1.0</version>
  </parent>
  ...
</project
```

Zusätzlich kann das `parent`-Element auch das Tag `relativePath` enthalten, falls direkt auf das Verzeichnis eines *Parent-Projekts* verwiesen werden soll. *Parent-Projekte* müssen als Packaging `pom` aufweisen. Zu den vererbungsrelevanten Tags zählt auch `dependencyManagement`, das eine Liste von `dependency`-Elementen enthält. Abhängigkeiten, die im `dependencyManagement` deklariert sind, werden nicht automatisch in das aktuelle und die erbenden Projekte eingebunden. Es dient lediglich dazu, Konfigurationen und Versionen für Abhängigkeiten vorzugeben, falls diese in Projekten Verwendung finden. Das Element `dependencyManagement` und das dahinter stehende Konzept werden ausführlich in Kapitel 7 beschrieben.

6.2.3 Aggregation

Projekte mit dem *packaging* `pom` können Module enthalten. Als *Modul* werden Projekte bezeichnet, die mit dem aktuellen Projekt ausgeführt werden sollen. Es müssen zwischen den Modulen keine Abhängigkeiten bestehen, das moduldeklarierende Projekt (Reaktor-Projekt) muss also nicht als `parent` in den Modulen eingetragen sein. Wird ein Maven-Befehl im deklarierenden Projekt aufgerufen, wird er rekursiv für alle Module ausgeführt. Aggregationen werden mittels des Elements `modules` deklariert, das wiederum eine Reihe von `module`-Tags enthalten kann. Das Element `module` wiederum enthält eine relative Pfadangabe:

```
<modules>
  <module>persistence</module>
  <module>../web-ui</module>
  <module>controller</module>
<modules>
```

Als Module kommen alle Projekttypen (Packaging-Typen) in Frage, Module können also ihrerseits wieder Module deklarieren.

6.3 Projektinformationen

Unter *Projektinformationen* lassen sich deskriptive Elemente des POM zusammenfassen. Sie haben keinen direkten Einfluss auf den Build-Vorgang, sondern können von Plugins benutzt werden, um die Dokumentation zu generieren.

- **`name`**: beschreibender Name des Projekts oder Artefakts
- **`description`**: eine kurze Beschreibung des Projekts
- **`url`**: die URL, unter der die Webseite des Projekts erreichbar ist
- **`licences`**: die Lizenzen, unter denen das Projekt veröffentlicht wird
- **`inceptionYear`**: das Veröffentlichungsjahr des Projekts
- **`developers`**: eine Liste der Entwickler, die an dem Projekt beteiligt waren
- **`contributors`**: Mitarbeiter, die an dem Projekt, aber nicht an der direkten Programmierung beteiligt waren. Die Daten im Element `contributor` unterscheiden sich von denen im `developer`-Tag in erster Linie durch das Fehlen einer ID für das Versionskontrollsystem (kurz *SCM – Source Control Management*).
- **`organization`**: die Organisation oder Firma, die hinter dem Projekt steht

6.3.1 Lizenzen

Hier wird die Lizenz für das Projekt selbst, nicht für etwaige Abhängigkeiten angegeben. Es ist möglich, mehrere Lizenzen anzugeben, wobei mir ehrlich gesagt gerade kein Grund einfallen will, warum. Die möglichen Elemente des `licence`-Tags sind

- **`comments`**: Hier kann ein beliebiger Kommentar eingegeben werden.
- **`name`**: der Name der Lizenz
- **`url`**: Die URL, unter der die Lizenzbedingungen abgerufen werden können. Generiert man mittels `mvn site` die Projektdokumentation, wird der unter der URL abgelegte Lizenztext in die Dokumentation eingebunden.
- **`distribution`**: gibt an, wie das Artefakt vertrieben wird:
  - **`repo`**: Das Artefakt kann von einem Maven-Repository heruntergeladen werden.
  - **`manual`**: Das Artefakt muss manuell heruntergeladen und installiert werden.

Ein Lizenzeintrag für die *Apache Software License (APL)*, unter der auch Maven erscheint, sieht zum Beispiel so aus:

```
<licenses>
  <license>
    <name>The Apache Software License, Version 2.0</name>
    <url>http://www.apache.org/licenses/LICENSE-2.0.txt</url>
    <distribution>repo</distribution>
  </license>
</licenses>
```

6.3.2 Team-Informationen

Unter Team-Informationen fallen zwei Tag-Gruppen: `contributors` und `developers`. Als *Developer* werden Personen aufgefasst, die *commit*-Rechte im Versionskontrollsystem haben. *Contributors* haben dieses Recht nicht.

- **`id`**: die SCM-ID des Entwicklers, zum Beispiel der *Subversion*-Login-Name. Im Element `contributor` steht dieses Tag nicht zur Verfügung!
- **`name`**: der Name der Person
- **`email`**: E-Mail-Adresse
- **`url`**: die URL der Homepage der Person
- **`organization`**: die Organisation, der die Person angehört
- **`organizationUrl`**: die URL der Organisation
- **`roles`**: Die Rollen der Person im Projekt. `roles` enthält beliebig viele `role`-Elemente, die die Rolle als Freitext beschreiben.
- **`timezone`**: die Zeitzone, in der die Person lebt oder arbeitet. Erlaubt sind Werte zwischen -11 und 12.
- **`properties`**: zusätzliche, frei definierbare Eigenschaften

Beispiel

```
<developers>
  <developer>
    <id>mspiller</id>
    <email>mspiller@mavenbuch.de</email>
    <name>Martin Spiller</name>
    <organization>NEUSTA GmbH</organization>
    <organizationUrl>http://www.neusta.de</organizationUrl>
    <properties>
      <icq>####</icq>
```

```
      <skype>####</skype>
    </properties>
    <roles>
      <role>Entwickler</role>
      <role>Autor</role>
      <role>Kaffee kochen</role>
    </roles>
    <timezone>+1</timezone>
    <url>http://www.mavenbuch.de</url>
  </developer>
  ...
</developers>
```

Das Resultat dieses Eintrags in der Maven-generierten Webseite zeigt Abbildung 6.1.

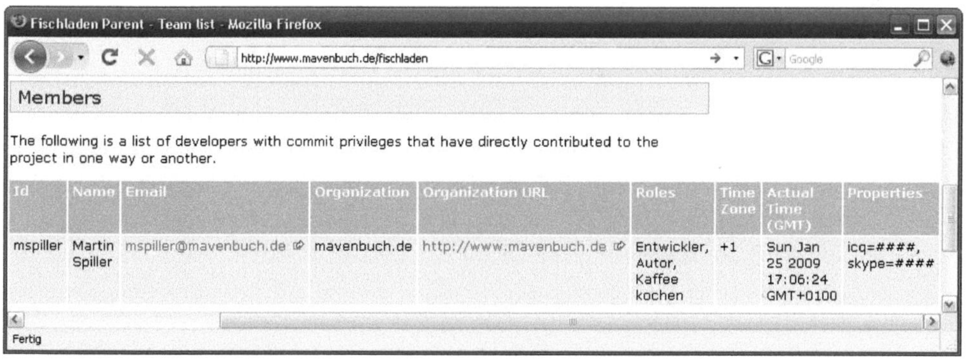

Abb. 6.1: Die Sektion MEMBERS im durch Maven generierten Projektreport

6.3.3 Organisation

Der Eintrag `organization` beschreibt die Organisation bzw. Firma, die für das Projekt verantwortlich ist.

- **`name`**: Name der Organisation
- **`url`**: URL des Web-Auftritts der Organisation

```
<organization>
  <name>NEUSTA GmbH</name>
  <url>http://www.neusta.de</url>
</organization>
```

6.4 Build-Einstellungen

Der Bereich *Build-Einstellungen* umfasst die POM-Elemente, die für den eigentlichen Maven-Ablauf wichtig sind: in der Sektion `build` die Verzeichnisse und Plugins für die Ausführung von Maven und in der Sektion `reporting` die Plugins, die für das Erstellen der Reports verwendet werden.

6.4.1 properties

Das Element `properties` erlaubt die Definition eigener Platzhalter, auf die überall im POM zugegriffen werden kann. Maven erlaubt den Zugriff auf fünf Typen von Properties:

- `${project.*}` – alle Einstellungen des POM
- `${settings.*}` – alle Einstellungen der `settings.xml`
- `${env.*}` – Umgebungsvariablen des Betriebssystems
- Alle Systemvariablen, auf die mittels `System.getProperties()` zugegriffen werden kann
- Properties, die im Element `project.properties` festgelegt wurden

Im Element `properties` lassen sich eigene Einstellungen ablegen, beispielsweise Elemente, die mehrfach in der Konfiguration verschiedener Plugins verwendet werden sollen, oder Standardeinstellungen, die durch Profile modifiziert werden sollen. Properties werden definiert, indem der Schlüssel als Tag-Name angegeben wird und der Wert als Text:

```
<properties>
  <environment>development</environment>
</properties>
```

Kapitel 11 führt in die Verwendung von Properties ein.

6.4.2 build

Im Element `build` wird alles deklariert, was Maven wissen muss, um das Projekt zu kompilieren und das Zielarchiv zu erstellen. Hier sind die Verzeichnisse für Sourcen und Kompilate definiert und hier werden die zum Bauen verwendeten Plugins definiert.

plugins und pluginManagement

Im Element `plugins` werden Plugins aufgeführt und konfiguriert, die während des Build-Vorgangs eingesetzt werden sollen. Im Element `pluginManagement` werden, analog zum `dependencyManagement`, Plugins für die Verwendung in erbenden Projekten konfiguriert. Das Element `pluginManagement` enthält ein Tag `plugins`, das die gleichen Einstellungen erlaubt wie `build.plugins`. Eine ausführlichere Beschreibung von `plugins` und `pluginManagement` enthält Kapitel 10.

Elemente

- **`artifactId`**: der Bezeichner des Plugins
- **`groupId`**: die Gruppen-Koordinate des Plugins. Für die so genannten *Core-Plugins* mit der *groupId* `org.apache.maven.plugins` kann dieses Element weggelassen werden.
- **`version`**: die Version des Plugins. Sie sollte grundsätzlich angegeben werden, um die Wiederholbarkeit der Buildvorgänge zu garantieren. Seit Maven 3.0 wird zudem eine Warnung ausgegeben, sollten sich bei Plugin-Deklarationen keine Versionsangaben finden.
- **`configuration`**: Plugin-abhängige Konfigurationsdaten
- **`extensions`**: gibt an, ob das Plugin den Lifecycle erweitert und einen neuen Packaging-Typ definiert. Standard ist `false`.
- **`inherited`**: gibt an, ob die Konfiguration an andere Projekte vererbt werden soll. Standard ist `true`.
- **`dependencies`**: gibt Abhängigkeiten für dieses Plugin an. Dies können zum Beispiel Konfigurationsmodule (siehe Abschnitt 18.6.1) sein. Für eine Beschreibung des `dependency`-Tags siehe Abschnitt 6.2.1 und Kapitel 7.
- **`executions`**: In diesem Element werden Goals des Plugins mit Phasen des Build-Lifecycles verknüpft. Es enthält `execution`-Elemente:
  - **`id`**: eindeutiger Bezeichner für die `execution`. Die `id` kann weggelassen werden, wenn nur ein `execution`-Element für das aktuelle Plugin verwendet wird. Um vor allem bei der Verwendung in Vererbungshierarchien nicht den Überblick zu verlieren, sollte jedoch immer eine `id` vergeben werden.
  - **`configuration`**: Plugin-abhängige Konfigurationsdaten für diese Ausführung
  - **`goals`**: enthält `goal`-Elemente, die jeweils einen Namen eines auszuführenden Goals enthalten
  - **`inherited`**: gibt an, ob die Konfiguration an erbende Projekte weitergegeben werden soll. Standard ist `true`.
  - **`phase`**: der Name der Phase, während der das oder die Goals ausgeführt werden sollen

Beispiel

Im folgenden Beispiel wird das PMD-Plugin konfiguriert, während der Phase `verify` die Goals `pmd:check` und `pmd:cpd-check` auszuführen und dabei die Regeldatei `PMDRules.xml` zu verwenden:

```
<plugins>
  <plugin>
    <groupId>org.apache.maven.plugins</groupId>
    <artifactId>maven-pmd-plugin</artifactId>
    <version>2.5</version>
    <configuration>
      <targetJdk>1.5</targetJdk>
      <rulesets>
        <ruleset>PMDRules.xml</ruleset>
      </rulesets>
    </configuration>
    <executions>
      <execution>
        <id>pmd.check</id>
        <goals>
          <goal>check</goal>
          <goal>cpd-check</goal>
        </goals>
        <phase>verify</phase>
      </execution>
    </executions>
  </plugin>
  ...
</plugins>
```

extensions

Mit `extensions` lässt sich der Klassenpfad des Projekts erweitern. Das Element `extension` enthält lediglich die Koordinaten `groupId`, `artifactId` und `version`. Ich verwende `extensions` zum Beispiel, um Konfigurationsmodule einzubinden:

```
<build>
  <extensions>
    <extension>
      <groupId>de.mavenbuch</groupId>
      <artifactId>qa-resources</artifactId>
      <version>1.1</version>
    </extension>
  </extensions>
...
```

Verzeichnisse

Alle Quell- und Zielverzeichnisse sind bereits im *Super-POM* angegeben. Man kann sie ändern, meiner Meinung nach widerspricht das aber dem Prinzip *Konvention über Konfiguration* (und ich glaube auch nicht, dass man sich damit langfristig einen Gefallen tut).

- **`sourceDirectory`**: das Java-Quellverzeichnis. Standard ist `src/main/java`.
- **`testSourceDirectory`**: das Verzeichnis für Unit-Tests. Standard ist `src/test/java`.
- **`scriptSourceDirectory`**: das Verzeichnis für Skripte. Der Inhalt wird nach `${project.build.outputDirectory}` kopiert. Standard ist `src/main/scripts`.
- **`directory`**: Zielverzeichnis für generierte Dateien. Standard ist `target`.
- **`outputDirectory`**: Zielverzeichnis für kompilierte (Java-)Dateien/Klassen. Dieses Verzeichnis wird durch die Variable `${project.build.outputDirectory}` referenziert. Standardwert ist `target/classes`.
- **`testOutputDirectory`**: Zielverzeichnis für kompilierte Unit-Test-Klassen. Dieses Verzeichnis wird durch die Variable `${project.build.testOutputDirectory}` referenziert. Standardwert ist `target/test-classes`.
- **`resources`**: Es können eine beliebige Menge von `resource`-Elementen verwendet werden, die angeben, wo Ressourcen, wie Grafiken und Konfigurationsdateien, gespeichert sind. Der Inhalt der Ressourcen-Verzeichnisse wird nach `${project.build.outputDirectory}` kopiert. Standard-Ressourcen-Verzeichnis ist `src/main/resources`. Das Element `resource` hat folgende Subelemente:
  - **`directory`**: das Verzeichnis, das die Ressourcen enthält
  - **`filtering`**: Es ist möglich, Platzhalter in Ressourcen durch die entsprechenden Werte zu ersetzen. Dieser Mechanismus wird als *Resource-Filtering* bezeichnet und in Abschnitt 11.2 beschrieben. Standard ist `false`.
  - **`include`**: Muster, um Dateien und Verzeichnisse einzuschließen
  - **`exclude`**: Muster, um Dateien und Verzeichnisse auszuschließen
  - **`targetPath`**: Mit `targetPath` kann erzwungen werden, dass die Dateien in ein bestimmtes Verzeichnis unterhalb von `${project.build.outputDirectory}` kopiert werden. Dies kann sinnvoll sein, wenn Konfigurationsdateien oder Grafiken in einem bestimmten Package liegen sollen.

  Im folgenden Beispiel werden die XML- und Properties-Dateien durch Resource-Filtering modifiziert. Die PNG-Grafiken werden davon ausgenommen und in das Package `de.myapp.gui` kopiert:

```
<build>
  <resources>
    <resource>
```

```
      <directory>src/main/resources/</directory>
      <filtering>true</filtering>
      <excludes>
        <exclude>*.png</exclude>
      </excludes>
    </resource>
    <resource>
      <directory>src/main/resources/</directory>
      <filtering>false</filtering>
      <excludes>
        <exclude>*.xml</exclude>
        <exclude>*.properties</exclude>
      </excludes>
      <targetPath>de/myapp/gui</targetPath>
    </resource>
  </resources>
</build>
```

- **testResources**: enthält das Element testResource, das genauso wie resource konfiguriert wird. Das Zielverzeichnis für Test-Ressourcen ist ${project.build.testOutputDirectory}.

Weitere Elemente

- **filters**: enthält eine Liste von filter-Elementen, in denen Properties-Dateien angegeben werden, die für das Resource-Filtering verwendet werden können (siehe Abschnitt 11.2).
- **finalName**: der endgültige Name des erstellten Archivs. Standard ist ${project.artifactId}-${project.version}. Vor allem für Web-Archive kann es sinnvoll sein, den Standardnamen zu überschreiben.
- **defaultGoal**: bestimmt ein automatisch auszuführendes Goal, das verwendet wird, falls Maven ohne Parameter aufgerufen wird. Dieses Element sollte nicht verwendet werden.

6.4.3 reporting

Im Element reporting werden die Plugins, die während des Site-Zyklus ausgeführt werden, angegeben und konfiguriert. Plugin-Einstellungen aus der Sektion build sind in reporting unbekannt. In Maven 2 sind Plugin-Konfigurationen aus der Sektion reporting auch für Build-Plugins gültig. Auch auf der Kommandozeile ausgeführte Goals werden durch Einträge in reporting beeinflusst.

Wichtig

In Maven 3 ist die Plugin-Konfiguration in `reporting` für Build-Plugins nicht mehr wirksam! Der Reporting-Workflow in Maven 3 wurde komplett überarbeitet. Es ist nun vorgesehen, dass das Reporting in der `configuration`-Sektion der Deklaration des Site-Plugins (`maven-site-plugin`) konfiguriert wird. Die aktuelle Version (3.0-beta-3) des Site-Plugins für Maven 3 unterstützt aber weiterhin die Konfiguration im Element `reporting`. Details entnehmen Sie bitte Kapitel 17.

`reporting` enthält lediglich ein Element `plugins`, das mit wenigen Ausnahmen genauso verwendet wird wie in der Sektion BUILD:

- Die Elemente `executions` und `extensions` kommen in `reporting.plugins.plugin` nicht vor.
- Es gibt ein zusätzliches Element `reportSets`, mit dem verschiedene Reports mit verschiedenen Konfigurationen erzeugt werden können. Dies entspricht dem Tag `executions` bei den Build-Plugins. `reportSets` enthält ein oder mehrere `reportSet`-Tags, die wiederum folgende Elemente enthalten:
  - **`id`**: eindeutiger Bezeichner. Hier gilt wie schon in der Beschreibung für `executions`: Vergeben Sie eine `id`, auch wenn das erst mal nicht notwendig erscheint.
  - **`configuration`**: Plugin-abhängige Konfiguration
  - **`inherited`**: gibt an, ob die Konfiguration vererbt werden soll (Standard: `true`)
  - **`reports`**: enthält `report`-Tags, die Plugin-abhängige Namen von Reports enthalten. Das Javadoc-Plugin unterstützt zum Beispiel die Reports `javadoc` und `test-javadoc`.

Kapitel 17 enthält Konfigurationsanleitungen und Beispiele für die Sektion `reporting`.

6.5 Projektumgebung

Die Umgebung des Projekts wird in zwei Bereiche aufgeteilt: die Build-Umgebung und die Maven-Umgebung.

6.5.1 Build-Umgebung

Die Build-Umgebung beschreibt Bereiche des Projekts, die auf anderen Servern liegen können und nicht mit Maven realisiert werden. Darunter fallen Versionskontrolle, Bug-Tracking, Continuous Integration und Mailing-Listen. Die folgenden Abschnitte beschreiben die Tags, mit denen die Build-Umgebung beschrieben wird.

issueManagement

Im `issueManagement` werden Informationen über das verwendete *Bug-Tracking-*System verwendet. Die Informationen haben in Maven keine Verwendung und werden lediglich im Reporting ausgewertet. Angegeben werden die Tags `system` und `url`:

```
<issueManagement>
  <system>Bugzilla</system>
  <url>http://bugzilla.mavenbuch.de</url>
</issueManagement>
```

ciManagement

Im Tag `ciManagement` werden Informationen über das verwendete *Continuous Integration*-System angegeben. Es gibt *Continuous Integration*-Server, die die Informationen auswerten und in die Konfiguration der Projekte aufnehmen (zum Beispiel *Continuum*).

Das Tag `ciManagement` verfügt über folgende Elemente:

- **`system`**: das verwendete *Continuous Integration*-System
- **`url`**: URL des Continuous-Integration-Servers
- **`notifiers`**: Das Element enthält `notifier`-Tags, die beschreiben, wann welche Benachrichtigungen durch den Server versandt werden sollen.
- **`configuration`**: Hier lassen sich serverspezifische Konfigurationen angeben.
- **`type`**: der systemabhängige Benachrichtigungsmechanismus. Für *Continuum* kann dies zum Beispiel `mail`, `jabber` oder `irc` sein.

sowie die Elemente `sendOnError`, `sendOnFailure`, `sendOnSuccess` und `sendOnWarning`, die jeweils `true` oder `false` enthalten können.

Die in diesem Tag angegebenen Informationen finden sich außerdem in den Projektinformationen der durch *Maven* generierten Projektseite.

Stellvertretend für alle *Continuous Integration*-System3 ist hier ein Beispiel für eine *Continuum*-Konfiguration:

```
<ciManagement>
  <system>continuum</system>
  <url>http://ciserver:8080/continuum</url>
  <notifiers>
    <notifier>
      <type>mail</type>
      <sendOnError>true</sendOnError>
      <sendOnFailure>true</sendOnFailure>
```

```
      <sendOnSuccess>false</sendOnSuccess>
      <sendOnWarning>false</sendOnWarning>
      <configuration>
        <address>continuum@ciserver</address>
      </configuration>
    </notifier>
  </notifiers>
</ciManagement>
```

Anhang A.3 enthält eine kurze Einführung in *Apache Continuum.*

mailingLists

Mit `mailingLists` lassen sich verschiedene *Mailing-Listen* für das Projekt konfigurieren. Das Tag hat rein informativen Charakter: Die Informationen werden während des Site-Zyklus ausgelesen und in die Projektdokumentation eingebunden, so dass man von der Webseite des Projekts Links zu den elementaren Funktionen der Mailing-Listen-Verwaltung hat. Im Subelement `mailingList` werden Informationen und `mailto`-Links für die verschiedenen mit Mailing-Listen verknüpften Aktionen aufgeführt:

- **`name`**: Name der Mailing-Liste
- **`post`**: Link, um Nachrichten an die Mailing-Liste zu senden
- **`subscribe`**: Link, um sich in die Liste einzutragen
- **`unsubscribe`**: Link, um sich aus der Liste auszutragen
- **`archive`**: URL eines Archivs, das die Historie der Liste verwaltet
- **`otherArchive`**: URL eines alternativen Archivs

Die `mailingList`-Sektion für die *Maven User List* aus dem POM für Maven 2.0.9 sieht zum Beispiel so aus:

```
<mailingLists>
  <mailingList>
    <name>Maven User List</name>
    <subscribe>users-subscribe@maven.apache.org</subscribe>
    <unsubscribe>users-unsubscribe@maven.apache.org</unsubscribe>
    <post>users@maven.apache.org</post>
    <archive>http://mail-archives.apache.org/mod_mbox/maven-users\
    </archive>
    <otherArchives>
      <otherArchive>http://www.mail-archive.com/\
                  users@maven.apache.org/</otherArchive>
      <otherArchive>http://www.nabble.com/Maven---\
```

```
                    Users-f178.html</otherArchive>
      <otherArchive>http://maven.users.markmail.org/</otherArchive>
    </otherArchives>
  </mailingList>
...
</mailingLists>
```

Abbildung 6.2 zeigt das Ergebnis dieses Eintrages nach dem Aufruf von `mvn site`.

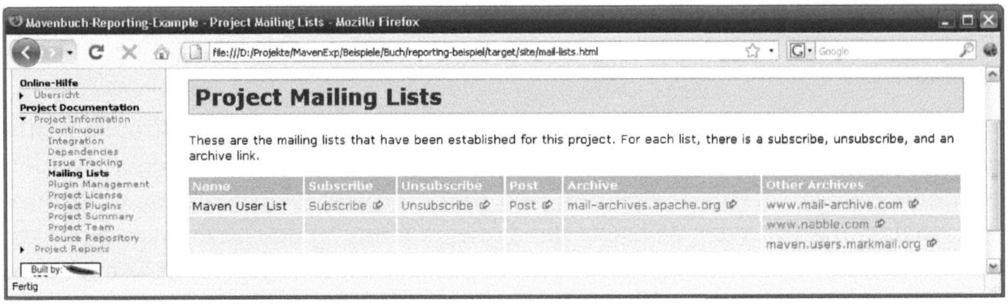

Abb. 6.2: Auflistung der Mailing-Listen im Projektreport

Die Links unter `subscribe`, `unsubscribe` und `post` werden in der Form `mailto:${<Eintrag>}` erzeugt.

SCM

Das `scm`-Element enthält die URLs des Versionskontrollsystems. Angegeben werden können drei URLs:

- **`connection`**: für die Angabe einer *read-only*-Verbindung zum SCM
- **`developerConnection`**: für die URL, die die Entwickler verwenden. Diese sollte im Allgemeinen Schreibrechte garantieren.
- **`url`**: die URL für einen durch einen Browser lesbaren Zugang
- **`tag`**: das aktuelle SCM-Tag. Vorgabe ist `HEAD`.

Mehrere Plugins verwenden die angegebenen Informationen: das Maven-SCM-Plugin, das Release-Plugin und das Changelog-Plugin. Kapitel 13 liefert eine ausführliche Beschreibung sowohl des SCM-Plugins als auch des Formats der anzugebenden `connection`. Das Release-Plugin wird in Kapitel 14 unter die Lupe genommen und das Changelog-Plugin in Abschnitt 17.4.4 des Reporting-Kapitels.

6.5.2 Maven-Umgebung

Der letzte Bereich des POM beschreibt die Maven betreffenden Projekt-Einstellungen, wie zu verwendende Repositories, Profile und die Zielserver für das Deployment. Diese Einstellungen haben nicht direkt mit dem Build zu tun, liefern aber Voraussetzungen, die Maven zum Funktionieren benötigt.

Das Element `prerequisites` kann lediglich das Tag `maven` enthalten, das für die Angabe der minimalen Maven-Version gedacht ist.

Repositories und Plugin-Repositories

In den Sektionen `repositories` und `pluginRepositories` werden die entfernten Repositories angegeben, die Maven zum Download von Abhängigkeiten bzw. Plugins verwendet. Konfiguration und Einsatz von Repositories werden in Kapitel 9 erörtert. Als Beispiel sei hier die Deklaration des `central`-Repositorys aus dem Super-POM angeführt, die alle Maven-Projekte erben:

```
<project>
  ...
  <repositories>
    <repository>
      <id>central</id>
      <name>Maven Repository Switchboard</name>
      <layout>default</layout>
      <url>http://repo1.maven.org/maven2</url>
      <snapshots>
        <enabled>false</enabled>
      </snapshots>
    </repository>
  </repositories>

  <pluginRepositories>
    <pluginRepository>
      <id>central</id>
      <name>Maven Plugin Repository</name>
      <url>http://repo1.maven.org/maven2</url>
      <layout>default</layout>
      <snapshots>
        <enabled>false</enabled>
      </snapshots>
      <releases>
        <updatePolicy>never</updatePolicy>
      </releases>
    </pluginRepository>
  </pluginRepositories>
  ...
</project>
```

Die Elemente von `repository` und `pluginRepository` unterscheiden sich nicht. Beide erlauben die Angabe folgender Tags:

- **id**: eindeutiger Bezeichner des Repositorys
- **name**: Name des Repositorys
- **url**: URL des Repositorys
- **layout**: (veraltet) `default` für Maven-2-Repositories oder `legacy`, falls das Repository die Maven-1-Verzeichnisstruktur verwendet. Maven 3 unterstützt keine legacy-Repositories mehr, das Element ist somit hinfällig.
- **snapshots**: gibt an, ob das Repository Snapshot-Versionen bereitstellt:
  - **enabled**: `true` oder `false`
  - **updatePolicy**: gibt an, in welchen Abständen nach neuen Versionen geguckt werden soll. Mögliche Werte sind `always`, `daily` (Vorgabe), `interval:NNN` (in Minuten) und `never`.
  - **checksumPolicy**: gibt an, wie mit abweichenden Checksummen verfahren werden soll. Mögliche Werte sind `ignore`, `fail` und `warn` (Vorgabe).
- **releases**: gibt an, ob das Repository *Releases* bereitstellt. Die Konfiguration ist identisch mit der des Tags `snapshots`.

distributionManagement

Dieses Element gibt an, wie und wohin Releases, Snapshots und Site in der Phase `deploy` des Build-Zyklus bzw. der Phase `site-deploy` des Site-Zyklus kopiert werden sollen und wo das Artefakt heruntergeladen werden kann.

Es existieren folgende Subelemente:

- **repository**: Hier werden die Daten für das Repository angegeben, in das die endgültige Version des Artefakts deployed werden soll. Angegeben wird die `id` des Repositorys, der Name, das Layout und die `url`.
- **snapshotRepository**: Hier werden die Daten des Repositorys angegeben, in die Snapshot-Versionen deployed werden. Zusätzlich zu den unter `repository` möglichen Angaben kann unter Maven 2 hier das Element `uniqueVersion` angegeben werden. Verwendet man den Wert `true`, wird ein Zeitstempel an den Artefakt-Namen gehängt. Maven 3 verwendet grundsätzlich Zeitstempel für alle Snapshot-Deployments. Das Element `uniqueVersion` wird von Maven 3 dementsprechend ignoriert.
- **downloadUrl**: die URL, unter der das Artefakt heruntergeladen werden kann
- **relocation**: Umzugsinformationen: Sollte das Projekt zwischenzeitlich umbenannt worden sein oder die `groupId` gewechselt haben, kann hier angegeben werden, wo es hingezogen ist. Neben den neuen Koordinaten kann hier eine Nachricht im Subelement `message` angegeben werden.

- **status**: Der Status des Artefakts im Repository. Dieser Eintrag wird normalerweise nicht manuell gesetzt, sondern automatisch durch den Repository-Manager. Mögliche Werte sind none (Standard); deployed, wenn das Artefakt durch Maven 2 deployed wurde; converted, wenn das POM durch den Repository-Manager aus einem Maven-1-Projekt konvertiert wurde; partner, falls das Artefakt von einem anderen Maven-Repository bezogen wurde; oder verified, wenn das Artefakt als korrekt verifiziert wurde.

Das distributionManagement für einen Repository-Manager im lokalen Netz könnte zum Beispiel so aussehen:

```
<distributionManagement>
  <repository>
    <id>internal</id>
    <url>http://192.168.178.31:8080/archiva/repository/internal/
      </url>
  </repository>
  <snapshotRepository>
    <id>snapshots</id>
    <url>http://192.168.178.31:8080/archiva/repository/snapshots/
      </url>
  </snapshotRepository>
  <site>
    <id>site</id>
    <name>beispiel-site</name>
    <url>http://192.168.178.31:8080/beispiel-site/</url>
  </site>
</distributionManagement>
```

In Maven 2 muss zusätzlich der Transport (wagon) angegeben werden:
`<url>dav:http:// ...`

Es ist auch möglich, die Protokolle *ftp*, *file* und *scp* zu verwenden, wie hier in der distributionManagement-Sektion des maven-plugin-parent-POM:

```
<distributionManagement>
  <snapshotRepository>
    <id>snapshots</id>
    <name>Maven Central Plugins Development Repository</name>
    <url>
      scpexe://repo1.maven.org/home/projects/maven/repository-staging/
snapshots/maven2
    </url>
  </snapshotRepository>
```

```
    <repository>
      <id>repo1</id>
      <name>Maven Central Plugins Repository</name>
      <url>
        scpexe://repo1.maven.org/home/projects/maven/repository-\
          staging/to-ibiblio/maven2
      </url>
    </repository>
    <site>
      <id>website</id>
      <url>scp://minotaur.apache.org/www/maven.apache.org/plugins/</url>
    </site>
  </distributionManagement>
```

Profile

Mit Profilen lässt sich der Build-Prozess an verschiedene Gegebenheiten anpassen. Profile lassen sich durch Kommandozeilenparameter oder in Abhängigkeit von der Build-Umgebung aktivieren. Die Kernelemente zur Aktivierung und Identifizierung eines Profils sind:

- **`id`**: eindeutiger Bezeichner für das Profil
- **`activation`**: Bedingungen, unter denen das Profil aktiviert wird. Mögliche Schalter für die Aktivierung sind die verwendete Java-Version, die Version oder Architektur des Betriebssystems, die Existenz oder Nichtexistenz einer Datei oder das Vorhandensein oder der Wert einer Variablen.

Innerhalb von Profilen lassen sich weite Teile der Umgebung anpassen, zum Beispiel die Elemente der folgenden Tags

- `build`
- `dependencies`
- `dependencyManagement`
- `reporting`
- `properties`
- `repositories`
- `pluginRepositories`
- `distributionManagement`

Kapitel 12 erklärt Konfiguration und Einsatz von Profilen ausführlich.

Dependencies

Dieses Kapitel beschreibt, wie Maven Abhängigkeiten behandelt und auflöst. Nach einer Beschreibung der POM-Elemente `dependencies` und `dependencyManagement` wird der Mechanismus beschrieben, mit dem Maven transitive Abhängigkeiten auflöst und Versionskonflikte behandelt.

7.1 Abhängigkeiten im POM

Klären wir zunächst den Begriff *Abhängigkeit*: Referenziert eine Klasse `A` eine andere Klasse `B`, so ist diese von ihr abhängig. Befindet sich `B` in einer anderen Bibliothek, so ist unser Projekt von dieser Bibliothek abhängig. Wenn in diesem Buch die Rede von Abhängigkeiten ist, so sind die Abhängigkeiten von Bibliotheken (also meistens *JARs*) im Sinne von *Maven dependencies* gemeint.

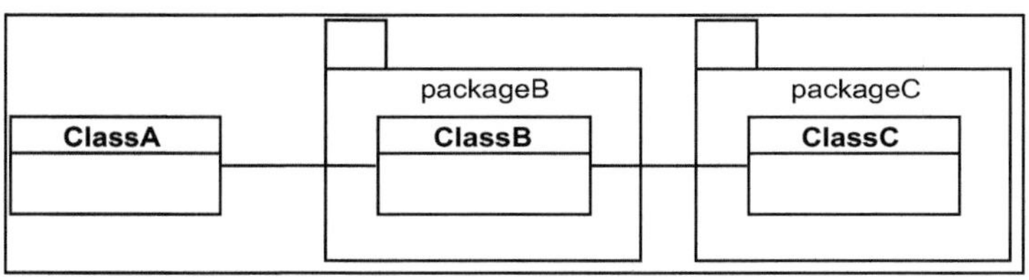

Abb. 7.1: Abhängigkeiten zwischen Klassen und Paketen

Durch wachsende Abhängigkeiten ergeben sich auch transitive, also indirekte Abhängigkeiten. In der Grafik zum Beispiel ist `ClassA` transitiv von `ClassC` abhängig. Die Auflösung und Verwaltung von Abhängigkeiten gehört zu den Kernfunktionalitäten eines Build-Management-Systems. In früheren Systemen mussten transitive Abhängigkeiten selbst ermittelt und manuell aufgelöst werden. Im Laufe der Zeit ist dann kaum noch erkennbar, welche Bibliotheken direkte und welche transitive Abhängigkeiten darstellen. Ein unschöner Nebeneffekt ist die wachsende Sammlung von JAR-Dateien im Projektverzeichnis. Maven geht einen anderen Weg. Bibliotheken werden für alle Projekte auf dem lokalen Rechner zentral im lokalen Repository verwaltet. Abhängigkeiten werden durch Einträge im POM-Element `dependencies` beschrieben und transitive Abhängigkeiten automatisch aufgelöst. Das setzt natürlich voraus, dass die Abhängigkeiten über ein vollständiges POM verfügen.

7.1.1 Das dependency-Tag

Das Tag `dependencies` kann eine beliebige Anzahl von `dependency`-Elementen enthalten.

```
<dependencies>
  <dependency>
    <groupId>Bezeichner der Gruppe</groupId>
    <artifactId>Bezeichner des Artefakts</artifactId>
    <type>Packaging des Artefakts:
      (jar(default)|war|ear|maven-plugin|pom|...)
      </type>
    <version>Version des Artefakts</version>
    <classifier>Klassifikation</classifier>
    <exclusions>
      <exclusion>
        <artifactId></artifactId>
        <groupId></groupId>
      </exclusion>
    </exclusions>
    <optional>(true|false(default))</optional>
    <scope>
      (compile (default)|runtime|test|system|provided)
    </scope>
    <systemPath>Pfad des JAR. Nur für  scope=system!</systemPath>
  </dependency>
  ...
</dependencies>
```

Koordinaten

Wie das Projekt selber werden auch die Abhängigkeiten über ihre Koordinaten identifiziert. Wie gehabt, sind die Kernkoordinaten `groupId`, `artifactId` und `version`. Diese Angaben dürfen nicht weggelassen werden, stellen aber auch die einzigen *Muss-Felder* in dieser Sektion dar. Am Beispiel *spring-core* soll veranschaulicht werden, wie Dependencies aufgelöst werden:

```
<dependency>
  <groupId>org.springframework</groupId>
  <artifactId>spring-core</artifactId>
  <version>2.5.5</version>
</dependency>
```

Im lokalen Repository findet sich das angegebene Artefakt `spring-2.5.1.jar` in folgendem Verzeichnis des lokalen Repositorys:

```
org/springframework/spring-core/2.5.5/
```

Die Punkte in der `groupId` werden, wie auch bei Java-Packages, als Verzeichnisstruktur aufgelöst.

Anstelle der Koordinate `packaging` wird im `dependency`-Element das Tag `type` verwendet, das mit `jar` vorbelegt ist.

Die fünfte Koordinate wird seltener benutzt und mit dem Tag *classifier* angegeben. Die Angabe `classifier` wird hinter die Versionsnummer gestellt, wenn der Name des Artefakts gebildet wird. Dieser Wert soll mehrere Artefakte unterscheiden, die aus der gleichen `pom.xml` entstanden sind und unterschiedlichen Inhalt haben.

Archive mit Klassifizierer werden normalerweise zusätzlich zu Artefakten erzeugt und als Anhang (*Attachment*) bezeichnet. Verbreitete Beispiele sind die Archive, die den Quellcode oder die Javadoc eines Artefakts zur Verfügung stellen:

- `spring-2.5.1-sources.jar`
- `spring-2.5.1-javadoc.jar`

Eine andere denkbare Variante wäre, ein Projekt in einer JDK-1.4- und einer JDK-1.5-kompatiblen Version zu veröffentlichen:

- `myApp-1.1-jdk14.jar`
- `myApp-1.1-jdk15.jar`

Wäre unser Projekt also abhängig von der Version für das JDK 1.4, sähe das `dependency`-Tag folgendermaßen aus:

```
<dependency>
  <groupId>de.mavenbuch</groupId>
  <artifactId>myApp</artifactId>
  <version>1.1</version>
  <classifier>jdk14</classifier>
</dependency>
```

`classifier` können zum Beispiel durch das Maven-Assembly-Plugin oder das Maven-JAR-Plugin erzeugt werden. In Kapitel 2 *Maven im Überblick* haben wir bereits `source`- und `javadoc`-Anhänge betrachtet, die mit dem Source- und dem Javadoc-Plugin erzeugt wurden.

Gültigkeitsbereiche

Nicht alle Abhängigkeiten werden während aller Phasen des Projekts benötigt. *JUnit* oder *TestNG* werden nur in der Entwicklungsphase verwendet, die Servlet-

API wird im Zweifelsfall bereits im Servlet-Container enthalten sein. Um diesen unterschiedlichen Gültigkeitsbereichen der Bibliotheken Sorge zu tragen, wird das Tag `scope` verwendet. Es kann folgende Werte enthalten:

- **`compile`**: Dies ist der Standardwert, der verwendet wird, wenn das `scope`-Tag weggelassen wird. Dependencies mit diesem Gültigkeitsbereich sind in allen Klassenpfaden verfügbar und werden als Abhängigkeit des Artefakts weitergegeben, um transitive Abhängigkeiten aufzubauen.
- **`provided`**: Dies wird für Bibliotheken verwendet, die normalerweise in einem Container oder im JDK vorhanden sind, wie zum Beispiel die *Servlet-API*, und nur für die Phasen `compile` und `test` explizit zur Verfügung gestellt werden müssen. Die Bibliothek wird nicht als transitive Abhängigkeit weitergegeben.
- **`runtime`**: Die Bibliothek wird nicht für die Übersetzung des Codes benötigt, sondern lediglich zur Laufzeit und in der Phase `test`.
- **`test`**: Die Bibliothek wird lediglich in den Phasen `test` und `test-compile` benötigt.
- **`system`**: Bibliotheken mit diesem Gültigkeitsbereich werden nicht aus einem Repository geladen, sondern müssen explizit durch das Element `systemPath` zur Verfügung gestellt werden. Im Allgemeinen ist es eine gute Idee, diesen Gültigkeitsbereich nicht zu verwenden. Sollten Sie Bibliotheken verwenden, die nicht in öffentlichen Repositories verfügbar sind, sollten diese in einem Firmen-Repository installiert (deployed) werden. Ausnahmen stellen hier die Bibliotheken des *JRE* dar, die auf jedem System vorhanden sein müssen und durch Variablen adressiert werden können:

```
<dependency>
  <groupId>com.sun</groupId>
  <artifactId>tools</artifactId>
  <version>1.6.0.11</version>
  <type>jar</type>
  <scope>system</scope>
  <systemPath>${java.home}/../lib/tools.jar
  </systemPath>
</dependency>
```

- **`import`**: kann nur in der Sektion `dependencyManagement` für Artefakte des Typs `pom` angewandt werden. `dependency.scope=import` bewirkt, dass die `dependencyManagement`-Sektion des importierten POM dem aktuellen Projekt zugefügt wird. Der Gültigkeitsbereich `import` wird erst seit Maven 2.0.9 unterstützt.

Ausnahmen

Abhängigkeiten, die das Projekt lediglich zum Kompilieren benötigt, aber nicht zur Laufzeit, können mit dem Tag `optional` gekennzeichnet werden. Damit wird

Projekten, die unser Artefakt als Abhängigkeit einbinden, mitgeteilt, dass die entsprechende Bibliothek nicht als transitive Abhängigkeit eingebunden werden muss. Wenn man zum Beispiel die Logging-Frameworks *commons-logging* und *Log4j* parallel verwendet, könnte man die Abhängigkeit zu Log4j optional setzen:

```
<dependency>
  <groupId>log4j</groupId>
  <artifactId>log4j</artifactId>
  <version>1.2.14</version>
  <optional>true</optional>
</dependency>
```

Um Versionskonflikte zu vermeiden, können mit `exclusions` transitive Abhängigkeiten ausgeschlossen werden. Das Element `exclusion` enthält lediglich die Elemente `groupId` und `artifactId`. Bemühen wir nochmal *spring-core* als Beispiel. Das Projekt hat eine Referenz auf `commons-logging-1.1.1`. Angenommen, wir verwenden eine andere Version und wollen die entsprechende Bibliothek ausschließen, sieht unser `dependency`-Eintrag folgendermaßen aus:

```
<dependency>
  <groupId>org.springframework</groupId>
  <artifactId>spring-core</artifactId>
  <version>2.5.5</version>
  <exclusions>
    <exclusion>
      <groupId>commons-logging</groupId>
      <artifactId>commons-logging</artifactId>
    </exclusion>
  </exclusions>
</dependency>
```

Ein klarer Nachteil von `exclusions` ist, dass sie gegebenenfalls für mehrere Abhängigkeiten gesetzt werden müssen.

Mit `optional` teilen wir also einem Projekt, das unser Artefakt einbindet, mit, dass es eine transitive Abhängigkeit nicht erzeugen muss. Mit `exclusions` hingegen teilen wir *unserem* Projekt mit, dass wir eine transitive Abhängigkeit nicht wollen.

7.1.2 dependencyManagement

Es macht oftmals keinen Sinn, im Parent-Projekt bereits alle Dependencies zu deklarieren, da nicht alle Bibliotheken von allen Modulen verwendet werden.

Trotzdem soll zentral festgelegt werden, welche Versionen und Konfigurationen zu verwenden sind.

Das Tag `dependencyManagement` erlaubt, Konfigurationen für Dependencies zu vererben, ohne die Dependency selber zu setzen. Der Vorteil liegt auf der Hand: Anstatt den Kindprojekten alle Abhängigkeiten vorzuschreiben, lege ich lediglich fest, welche Version und welche Konfiguration verwendet werden soll, wenn die Abhängigkeit tatsächlich deklariert wird. Für Dependencies, die schon im `dependencyManagement` aufgeführt sind, muss in `project.dependencies` lediglich `groupId` und `artifactId` angegeben werden. Die Einstellungen im `dependencyManagement` können durch `project.dependencies` überschrieben werden.

Das Tag enthält ein Element `dependencies`, das die gleichen Eigenschaften aufweist wie `project.dependencies`.

Betrachten wir als Beispiel die Deklaration der *Servlet*-API:

```
<dependencyManagement>
  <dependencies>
    <dependency>
      <groupId>javax.servlet</groupId>
      <artifactId>servlet-api</artifactId>
      <version>2.4</version>
      <scope>provided</scope>
    </dependency>
  </dependencies>
   ...
</dependencyManagement>
...
<dependencies>
  <dependency>
    <groupId>javax.servlet</groupId>
    <artifactId>servlet-api</artifactId>
  </dependency>
</dependencies>
```

Eine weitere Option des Tags `dependencyManagement` ist die Verwendung des oben beschriebenen Gültigkeitsbereiches `import`, um ganze `dependencyManagement`-Sektionen aus anderen POMs zu importieren:

```
<dependencyManagement>
  <dependencies>
    <dependency>
      <groupId>de.mavenbuch.beispiel</groupId>
```

```
        <artifactId>dependency-beispiel</artifactId>
        <version>1.1</version>
        <scope>import</scope>
      </dependency>
    </dependencies>
    ...
</dependencyManagement>
```

7.2 Versionsbereiche

Die Versionen von Abhängigkeiten sollten immer absolut angegeben werden. Durch die Verwendung eindeutiger Abhängigkeiten lassen sich unvorhergesehene Probleme mit neuen Bibliotheksversionen vermeiden. In manchen Fällen mag aber die *schwammige* Angabe von Versionen gewollt sein. Ein Utility-Paket, das lediglich als Abhängigkeit in anderen Projekten verwendet wird und dessen Abhängigkeiten transitiv aufgelöst werden müssen, kann zum Beispiel einen Bereich von Versionen angeben, mit denen die Ausführung funktioniert. In der Entwicklungsphase möchte ich automatisch alle *Minor Releases* eines Paketes verwenden, um *Bugfixes* nicht zu verpassen. Und mal ganz ehrlich, wenn ich rumbastle, dann möchte ich das mit den neuesten Versionen der verwendeten Frameworks tun.

Maven erleichtert die Deklaration von Versionen durch die mögliche Angabe von Versionsintervallen. Dabei kommt die mathematische Intervallschreibweise zum Zug:

- [1.0,1.8.3] – alle Versionen von `1.0` bis `1.8.3`
- (1.0,1.8.3] – alle Versionen ab `1.0` (aber nicht `1.0`) bis `1.8.3`
- [1.0,2) – alle Versionen von `1.0` bis `1.9.*`, aber nicht mehr Version 2
- [1.0,] – alle Versionen seit `1.0`

Außerdem kann der Wert `RELEASE` angegeben werden, so wird immer das aktuellste Release des Pakets verwendet. Wird `LATEST` angegeben, versucht Maven die zuletzt deployte Version vom entfernten Repository zu laden. Es wird nicht die zuletzt lokal deployte Version verwendet! Ist lokal `1.2-SNAPSHOT` vorhanden und im Repository `1.1-SNAPSHOT`, wird die Repository-Information genommen, da die Informationen für `LATEST` aus der vom Repository-Manager erzeugten Datei `maven-metadata.xml` stammen.

Aber wie löst Maven die Dependencies auf und findet heraus, welches die neueste Version ist? Beim Deployment eines Artefakts wird im Repository die Datei `maven-metadata.xml` in dem Verzeichnis angelegt bzw. modifiziert, das den Artefaktnamen trägt. Diese Datei enthält alle dem Repository-Manager bekannten Versionen. Für `commons-logging` sieht die Datei `http://repo1.maven.org/`

maven2/commons-logging/commons-logging/maven-metadata.xml zum Beispiel so aus:

```
<?xml version="1.0" encoding="UTF-8"?><metadata>
  <groupId>commons-logging</groupId>
  <artifactId>commons-logging</artifactId>
  <version>1.1.1</version>
  <versioning>
    <release>1.1.1</release>
    <versions>
      <version>1.0</version>
      <version>1.0.1</version>
      <version>1.0.2</version>
      <version>1.0.3</version>
      <version>1.0.4</version>
      <version>1.1</version>
      <version>1.1.1</version>
    </versions>
    <lastUpdated>20071128191817</lastUpdated>
  </versioning>
</metadata>
```

Das letzte bekannte Release ist die Version 1.1.1, das Tag lastUpdated enthält einen *Zeitstempel* der letzten Änderung. Dieser Umgang mit Versionsnummern setzt natürlich voraus, dass die metadata-Dateien korrekt sind. Bei seltsamem Verhalten und fehlerhafter Auflösung der Abhängigkeiten lohnt sich oft ein Blick auf das Artefakt-Verzeichnis im Repository und die enthaltene maven-metadata.xml. Im lokalen Repository finden sich die maven-metadata-Dateien ebenfalls. Hier wird für jedes entfernte Repository, in dem das Artefakt gesucht wurde, eine eigene Datei maven-metadata-<repository-id>.xml angelegt. Zum Beispiel maven-metadata-central.xml für das Standard-Repository Central.

Ist der Dateiinhalt fehlerhaft, kann Maven die richtigen Versionen nicht feststellen. So war zum Beispiel der Inhalt der *Log4J metadata*-Datei im Repository central (http://repo1.maven.org/maven2/) nicht korrekt (Stand: Ende 12/2008). Als aktueller Eintrag wurde 1.2.13 geführt, obwohl die Versionen 1.2.14 und 1.2.15 im Repository verfügbar waren. Im oben angegebenen Beispiel fehlt der Eintrag <latest>, das Artefakt kann also nicht mittels

```
<version>LATEST</version>
```

angesprochen werden, wohl aber mit

```
<version>RELEASE</version>.
```

Benutzt man einen Repository-Manager, stellt sich das Problem etwas anders. Verwendet man, entgegen der allgemeinen Empfehlung, nur ein Repository für Releases und Snapshots, finden sich in der `metadata`-Datei die richtigen Einträge:

```
<metadata>
  <groupId>de.mavenbuch.beispiele</groupId>
  <artifactId>version-beispiel</artifactId>
  <versioning>
    <latest>1.1-SNAPSHOT</latest>
    <release>1.0</release>
    <versions>
      <version>1.0-SNAPSHOT</version>
      <version>1.0</version>
      <version>1.1-SNAPSHOT</version>
    </versions>
    <lastUpdated>20090115085346</lastUpdated>
  </versioning>
</metadata>
```

In diesem Beispiel wurden die Versionen `1.0-SNAPSHOT`, `1.0` und `1.1-SNAPSHOT` deployed. Gibt man `LATEST` als Version an, erhält man `1.1-SNAPSHOT`, gibt man `RELEASE` an, erhält man `1.0`. Trennt man die Repositories, gibt es entsprechend zwei Metadata-Dateien. In welcher Reihenfolge diese angesprochen werden, ist nicht nachvollziehbar. Ich bekam jedenfalls sowohl für `LATEST` als auch für `RELEASE` immer das letzte Release ...

7.3 Transitive Abhängigkeiten

Eine der großen Stärken von Maven ist die Auflösung transitiver Abhängigkeiten. Mit anderen Build-Werkzeugen wie Ant oder Maven 1 müssen transitive Abhängigkeiten selbst gelöst werden. Verwendet ein Projekt also ein JAR als Referenz, muss erst mal herausgefunden werden, welche Abhängigkeiten dieses JAR wiederum hat. Im Zweifelsfall wird einfach der gesamte Inhalt des `lib`-Verzeichnisses der Abhängigkeit mit in das eigene Projekt kopiert. Nach kurzer Zeit ist es kaum noch nachvollziehbar, welche Bibliotheken direkte und welche indirekte Abhängigkeiten darstellen. Löscht oder ersetzt man nun eine der Abhängigkeiten, bleiben JAR-Dateien zurück, die von keiner Seite mehr referenziert werden. Eric Redmond verwendet in diesem Zusammenhang den schönen Begriff *Jarmargeddon* [Mav].

Maven löst diese Abhängigkeiten auf und da Abhängigkeiten nur ins lokale Repository kopiert werden, vermüllt nicht das Projektverzeichnis, sondern nur das lokale Repository. Das ist zwar auch nicht schön, lässt sich aber deutlich besser aufräumen. Im Zweifelsfall löscht man einfach alles und lässt es durch Maven neu downloaden.

Jetzt stellt sich natürlich die Frage, wie Maven die transitiven Abhängigkeiten auflöst. Was passiert bei Versionskonflikten? Maven verwendet immer die Version eines Artefakts, die dem Projekt am nächsten ist. Das heißt, es wird immer der kürzeste Weg durch den Abhängigkeitsgraphen gewählt. Direkte Abhängigkeiten haben also immer den Vorzug vor indirekten, und indirekte Abhängigkeiten ersten Grades werden vor solchen zweiten Grades genommen. Betrachten wir dazu ein einfaches Modell mit den Bibliotheken `A`, `B` und `C`. `B` liegt sowohl in Version `1.0` als auch in Version `2.0` vor. Nehmen wir an, Projekt `A` referenziert `B-1.0` und `C-1.0`, `C` wiederum referenziert `B-2.0`. Da `B-1.0` näher an `A` ist als `B-2.0`, wird Maven `B-1.0` den Vorzug geben, obwohl `B-2.0` aktueller ist.

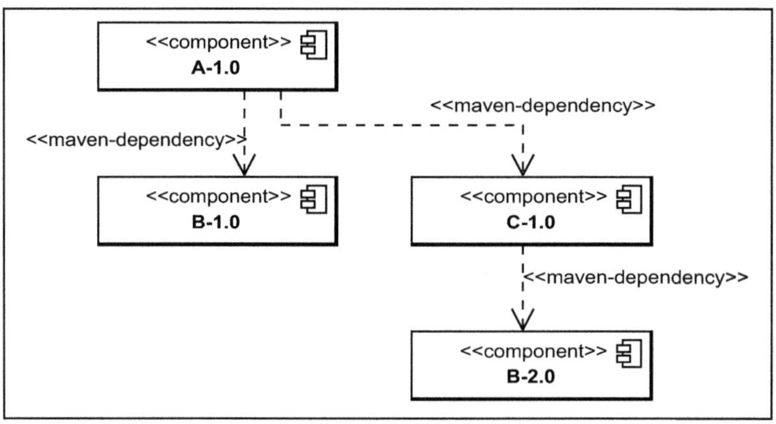

Abb. 7.2: Transitive Abhängigkeiten zwischen Bibliotheken

Wenn die Entfernung im Abhängigkeitsgraphen gleich ist, wird seit Maven 2.0.5 nach der Reihenfolge der Deklaration im POM gegangen. Es besteht natürlich die Möglichkeit, die Verwendung einer bestimmten Version zu erzwingen, indem diese als direkte Abhängigkeit eingetragen wird. Außerdem lassen sich transitive Abhängigkeiten explizit mit dem oben beschriebenen `exclusions`-Element des `dependency`-Tags ignorieren.

7.3.1 Der Gültigkeitsbereich transitiver Abhängigkeiten

Die folgende Tabelle stellt dar, wie sich die Gültigkeitsbereiche der transitiven Abhängigkeiten zum Projekt verhalten:

	B → C			
AB → CB	compile	provided	runtime	test
compile	compile	–	runtime	–
provided	provided	provided	provided	–
runtime	runtime	–	runtime	–
test	test	–	test	–

Tabelle 7.1: (Quelle: `http://maven.apache.org/guides/introduction/introduction-to-dependency-mechanism.html#Dependency_Scope`). Eine Lücke bedeutet, die Abhängigkeit wird ignoriert.

Es ist klar, dass Abhängigkeiten von `provided`-Abhängigkeiten, die den Gültigkeitsbereich `provided` haben, diesen auch als transitive Abhängigkeit aufweisen. Wenn zum Beispiel ein Applikationsserver eine Bibliothek mitliefert, wird er auch ihre Abhängigkeiten zur Verfügung stellen. Nicht ganz so einleuchtend ist die Tatsache, dass der Gültigkeitsbereich `compile` für `compile`-Abhängigkeiten wieder zu `compile` wird. Schließlich ist die Abhängigkeit ja bereits kompiliert. Es ist jedenfalls laut Maven-Homepage geplant, dies in einer der nächsten Versionen zu `runtime` zu ändern.

7.4 Das Dependency-Plugin

Das Dependency-Plugin `http://maven.apache.org/plugins/maven-dependency-plugin` bietet verschiedene Werkzeuge zum Umgang mit Abhängigkeiten, es kann sowohl alle benötigten Dependencies, Build- und Reporting-Plugins für ein Projekt herunterladen, als auch einen Abhängigkeitsbaum erstellen oder prüfen, welche der deklarierten Dependencies wirklich verwendet werden.

7.4.1 Goals

Hier werden die wichtigsten Goals des Dependency-Plugins beschrieben, für eine vollständige Beschreibung sei auf die Homepage des Plugins verwiesen. Sie können natürlich auch das Help-Plugin verwenden:

```
mvn help:describe \
     -Dplugin=org.apache.maven.plugins:maven-dependency-plugin
```

- **`analyze`**: analysiert die Abhängigkeiten und Ihre Referenzen und gibt aus, welche Bibliotheken benutzt und nicht deklariert und welche deklariert und nicht benutzt werden. So lassen sich schnell überflüssige Abhängigkeiten sowie fehlende Deklarationen finden.

- **analyze-report**: kann verwendet werden, um einen Report des analyze-Goals in die Dokumentation aufzunehmen. Binden Sie das Dependency-Plugin in die reporting-Sektion ein, um diesen Report automatisch erzeugen und einbinden zu lassen.
- **build-classpath**: gibt den Klassenpfad als String aus, der per Copy&Paste verwendet werden kann
- **copy-dependencies**: kopiert die Abhängigkeiten in ein mit -DoutputDirectory anzugebendes Verzeichnis. Die Ausgabe erfolgt nach ${project.build.directory}/dependency.
- **go-offline**: bereitet den Offline-Modus vor, indem alle Abhängigkeiten für das aktuelle Projekt inklusive Build- und Reporting-Plugins aus dem entfernten Repository ins lokale kopiert werden
- **list**: listet alle Abhängigkeiten auf
- **purge-local-repository**: löscht alle Abhängigkeiten für das aktuelle Projekt aus dem lokalen Repository und lädt sie neu. Wollen Sie die Abhängigkeiten einfach nur los sein, verwenden Sie zusätzlich den Schalter -DreResolve=false.
- **resolve**: löst alle Abhängigkeiten des Projekts auf und lädt sie ins lokale Repository
- **resolve-plugins**: löst alle Plugin-Abhängigkeiten des Projekts auf und lädt sie ins lokale Repository
- **sources**: löst alle Abhängigkeiten eines Projekts auf und lädt zusätzlich die Source-JARs aus dem entfernten Repository
- **tree**: stellt den Abhängigkeitsbaum für das aktuelle Projekt dar
- **unpack:** entpackt die angegebenen Artefakte in ein Zielverzeichnis
- **unpack-dependencies**: entpackt die Projektabhängigkeiten in ein anzugebendes Zielverzeichnis

Das folgende Beispiel zeigt, wie mit unpack goal ein Zip-Archiv in das Test-Build-Verzeichnis entpackt wird.

```
<plugin>
  <artifactId>maven-dependency-plugin</artifactId>
  <executions>
    <execution>
      <phase>generate-test-resources</phase>
      <goals>
        <goal>unpack</goal>
      </goals>
      <configuration>
        <artifactItems>
```

```
          <artifactItem>
            <groupId>net.sf.docbook</groupId>
            <artifactId>docbook-xsl</artifactId>
            <classifier>resources</classifier>
            <type>zip</type>
            <!-- <overWrite>false</overWrite> -->
            <outputDirectory>${project.build.testOutputDirectory}</outputDirec
              tory>
            </artifactItem>
          </artifactItems>
        </configuration>
      </execution>
    </executions>
  </plugin>
```

Man beachte, dass die Version des Zip-Archivs im Beispiel nicht angegeben wird, sie erfolgt stattdessen im Element `dependencyManagement`.

7.5 Welche Koordinaten, Käpt'n?

So praktisch die Geschichte mit den Dependencies auch ist, stehe ich in dem Moment, in dem ich ein neues Projekt anlege, schnell vor dem Problem, wissen zu müssen, wie die Koordinaten für eine bestimmte Abhängigkeit lauten. Sie können natürlich googeln, das ist naheliegend, aber auch oftmals unbefriedigend.

Der Optimalfall

Im Optimalfall ist das Paket mit Maven gebaut und verfügt über eine Maven-generierte Homepage, sie gehen also entspannt in die Rubrik PROJECT INFORMATION, rufen den Link PROJECT SUMMARY auf und schreiben die Koordinaten ab. Da der Optimalfall selten eintritt, wenn man ihn am dringendsten benötigt, überlegen wir uns also einen Alternativ-Plan.

Lokaler Repository-Manager

Sollten Sie Zugriff auf einen Repository-Manager haben, bietet es sich an, dort nach dem Paketnamen zu suchen. Sowohl *Apache Archiva* [arc] als auch *Nexus* [nex] bieten eine praktische Suchfunktion, die Ergebnisse enthalten ein fertiges `dependency`-Tag, das Sie per Copy&Paste in Ihre `pom.xml` einfügen können.

mavenrepository.com

Mein früherer Favorit für die Suche nach Koordinaten war die Webseite `http://www.mavenrepository.com`. Man gibt den gewünschten Paketnamen ein und bekommt eine Auswahl an passenden Fundstellen, normalerweise kommt man so problemlos an eine Copy&Paste-Vorlage für seinen `dependency`-Eintrag.

repository.sonatype.org

Von der Maven-Homepage führt ein Link auf `http://repository.sonatype.org`. Dort lassen sich `central` und verschiedene andere Repositories nach Klassenname, Koordinaten und Prüfsumme durchsuchen. Als Ergebnis bekommt man sowohl Download-Links für POM und Archiv als auch einen formatierten `dependency`-Eintrag. Unter der URL `http://mavencentral.sonatype.com/` findet sich eine alternative Suchmaske.

7.5.1 Drittmittel

Sollte das Paket in öffentlichen Repositories nicht verfügbar sein, weil es durch den Autor nicht freigegeben wurde oder kommerziellen Ursprungs ist, muss es installiert werden. Die Benennung dieser so genannten *3rd-Party dependencies* liegt in Ihrer Obhut. Lediglich für SUNs Java-Bibliotheken, die teilweise aus lizenzrechtlichen Gründen nicht auf `central` verfügbar sind, gibt es Richtlinien, die in Anhang C.5 dokumentiert sind.

Generell empfiehlt es sich, vor allem wenn im Team gearbeitet wird, einen Repository-Manager zu verwenden, um ein Firmen-Repository aufzubauen. Sonst müssen *3rd-Party Dependencies* auf jedem Entwickler-Rechner installiert werden. Ein Vorgang, der der grundlegenden Philosophie von Maven widerspricht und außerdem fehleranfällig ist. Die *Bei mir geht's aber*-Erfahrungen hatten wir doch abgehakt. Wie Sie ein Paket in ein Repository installieren, wird in Abschnitt 9.5 gezeigt.

Kapitel 8

Projektbeziehungen

Maven kennt mehrere Arten von Projektbeziehungen, die bereits in Kapitel 6 *POM* vorgestellt wurden: Abhängigkeiten, dargestellt durch `dependencies`, Vererbung (`parent`, `dependencyManagement` und `pluginManagement`) sowie die Aggregation (`modules`). Dieses Kapitel gibt noch einmal einen kurzen Überblick über die Projekt-Vererbung bei Maven, um dann in die Aggregation mit Multimodul-Projekten einzusteigen.

8.1 Vererbung

Zur Vererbung braucht an dieser Stelle nicht mehr viel erwähnt zu werden. Alle POMs erben vom Super-POM. Jedes Projekt mit `packaging pom` kann wiederum in anderen Projekten als *Parent-Projekt* angegeben werden. Alle Einstellungen des Projekts werden dabei vererbt. Die Elemente `dependencyManagement` und `pluginManagement` sind dabei besonders für die Konfiguration von Kindprojekten geeignet. So ist es möglich, für komplexe Projekte Grundvoraussetzungen zu schaffen und die eigentlichen `pom.xml`-Dateien überschaubar zu halten. Für Firmen und Organisationen bietet es sich an, *Corporate POMs* zu erstellen, die firmeneinheitliche Konfigurationen für Qualitätsmanagement, Reporting und andere Projektaspekte enthalten.

Um Projekteinstellungen zu vererben, muss im erbenden Projekt der Eintrag

```
<parent>
  <artifactId>parent artifactId</artifactId>
  <groupId>parent groupId</groupId>
  <version>version des Parent-Projekts</version>
</parent>
```

stehen. Die Angabe von `version` und `groupId` im erbenden Projekt ist nun optional. Wird nichts angeben, werden automatisch die Einstellungen des Elternprojekts übernommen. Zusätzlich kann auf die Werte des Elternprojekts mit `${parent.*}` zugegriffen werden. So kann zum Beispiel mit `${parent.version}` die Version des Elternprojekts abgefragt werden. Ob die Module die Version des Parent übernehmen oder eine eigene definieren, ergibt sich dabei oft aus den Projektgegebenheiten.

8.2 Aggregation – Multimodul-Projekte

Maven erlaubt es, mehrere Projekte mittels des Tags `modules` als ein logisches Modul zusammenzufassen. Die so verbundenen Projekte müssen nicht miteinander verwandt oder durch Dependencies aneinandergekoppelt sein. Sie müssen nicht einmal das deklarierende Projekt als `parent` angeben. Die einzige Verbindung steckt in der Modul-Deklaration. Das deklarierende Projekt wird in der Literatur als *Multimodul*-Projekt, *Aggregator*-Projekt und auch *Reaktor*-Projekt bezeichnet. Wird im Verzeichnis des Reaktors Maven aufgerufen, wird der Befehl rekursiv für alle Module und deren Submodule ausgeführt. Dabei spielt die Deklarationsreihenfolge im `modules`-Element keine Rolle. Maven analysiert das Aggregat und führt die Module in der richtigen Reihenfolge aus, so dass Abhängigkeiten zu den auf sie verweisenden Modulen gebaut werden.

Tipp

Verwendet man im Verzeichnis eines Projekts mit Packaging pom den Befehl `mvn archetype:generate`, wird Maven das neue Projekt als Modul in die existierende `pom.xml` eintragen und dem neu erstellten Projekt das bestehende als `parent` zuweisen.

8.2.1 Fischladen

Betrachten wir ein einfaches Beispiel zur Aggregation. Das Projekt *Fischladen Parent* enthält drei Module, die unterhalb des Parent-Verzeichnisses liegen:

```
fischladen
|
+--fischladen-business
|
+--fischladen-persistence
|
+--fischladen-web
```

`fischladen-web` enthält eine Web-Anwendung für die Darstellung, *`fischladen-business`* enthält die Geschäftslogik und *`fischladen-persistence`* enthält das Datenmodell.

```
<project>
  <modelVersion>4.0.0</modelVersion>
```

```
  <groupId>de.mavenbuch.beispiele</groupId>
  <artifactId>fischladen</artifactId>
  <version>1.0-SNAPSHOT</version>
  <packaging>pom</packaging>

  <modules>
    <module>fischladen-web</module>
    <module>fischladen-business</module>
    <module>fischladen-persistence</module>
  </modules>
  ...
</project>
```

`fischladen-web` ist von `fischladen-business` und `fischladen-persistence` abhängig, das Business-Modul ist ebenfalls von `fischladen-persistence` abhängig. Alle drei Module haben das Reaktor-Projekt *Fischladen Parent* als `parent` deklariert.

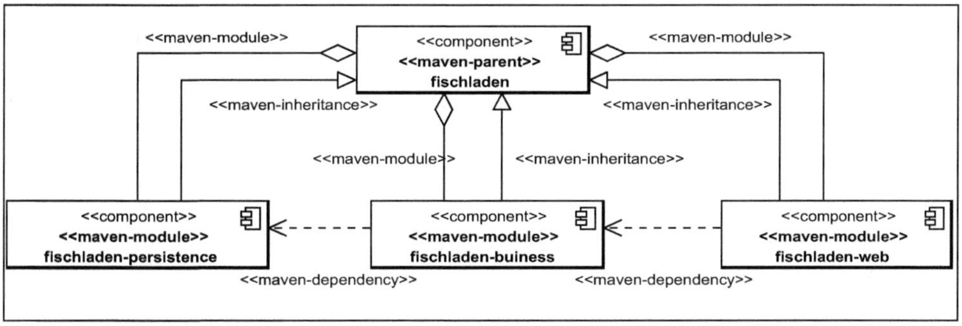

Abb. 8.1: Abhängigkeiten zwischen den Modulen des Projekts *Fischladen*

Rufen wir nun `mvn package` im Verzeichnis `Fischladen` auf, analysiert Maven die Projektabhängigkeiten und baut die Module in der notwendigen Reihenfolge:

```
[INFO] Scanning for projects...
[INFO] Reactor build order:
[INFO]   Fischladen Parent
[INFO]   Fischladen Persistence Layer
[INFO]   Fischladen Business Layer
[INFO]   Fischladen Webapp
[INFO] ------------------------------------------------------------
[INFO] Building Fischladen Parent
...
```

Da die Module unterhalb des Reaktor-Projektverzeichnisses liegen, müssen sie in diesem Fall nicht vorher installiert oder deployed sein. Bevor jedoch mit `mvn site` die Projektdokumentation erzeugt werden kann, müssen die einzelnen Module im lokalen Repository installiert sein. Dazu wird im Reaktor-Projekt `mvn install` aufgerufen. Abschnitt 17.7 weist auf einige Besonderheiten im Zusammenhang mit Multimodul-Projekten hin.

Auch zyklische Referenzen erkennt Maven selbstständig: Erweitert man das Persistenz-Modul um eine `dependency` zu *`fischladen-web`*, bricht der Build-Vorgang ab:

```
INFO] Scanning for projects...
[INFO] ------------------------------------------------------
[ERROR] BUILD FAILURE
[INFO] ------------------------------------------------------
[INFO] The projects in the reactor contain a cyclic reference:
Edge between
'Vertex{label='de.mavenbuch.beispiele:fischladen-persistence'}'
 and 'Vertex{label='de.mavenbuch.beispiele:fischladen-web'}'
introduces to cycle in the graph
de.mavenbuch.beispiele:fischladen-web -->
de.mavenbuch.beispiele:fischladen-business -->
de.mavenbuch.beispiele:fischladen-persistence -->
de.mavenbuch.beispiele:fischladen-web
...
```

Der große Vorteil von Multimodul-Projekten liegt in der gemeinsamen Ausführung der Maven-Goals. Die Module eines Projekts können gemeinsam getestet, installiert und veröffentlicht werden. Die Dokumentation kann für alle Bestandteile gemeinsam generiert werden und verweist aufeinander. Viele Plugins bieten zudem einen Parameter *aggregate* an, der es erlaubt, dass das Goal zusammenfassend für den kompletten Reaktor ausgeführt wird. Reporting-Plugins fassen dann zum Beispiel die Reports für alle Module in der Dokumentation des Reaktor-Plugins zusammen. Dies ist zum Beispiel bei der Generierung von Qualitätsanalyse-Reports sinnvoll.

## Kapitel 9

Repositories

9.1 Lokale und entfernte Repositories

Maven verwaltet alle Abhängigkeiten und Plugins in einem Verzeichnisbaum, der als *Repository* bezeichnet wird. Hierbei wird zwischen zwei Repository-Arten unterschieden: lokalen (*local*) und entfernten (*remote*) Repositories. Wird ein Maven-Goal aufgerufen, so prüft Maven bei jeder Abhängigkeit, auf die es stößt, ob die benötigte Datei im lokalen Repository vorhanden ist. Wird die Datei lokal nicht gefunden, werden der Reihe nach die definierten entfernten Repositories durchsucht. Wird die Abhängigkeit gefunden, wird sie in das lokale Repository kopiert. Per Voreinstellung verwendet Maven das entfernte Repository `central`: `http://repo1.maven.org/maven/`

9.2 Repository-Struktur

In den Repositories werden Abhängigkeiten anhand der Koordinaten aufgelöst: für jeden `dependency`-Eintrag

```
<dependency>
  <groupId>gruppenname</groupId>
  <artifactId>artefaktname</artifactId>
  <version>versionsnummer</version>
</dependency>
```

wird im lokalen Repository das benötigte JAR in folgendem Verzeichnis gesucht:

```
/gruppenname/artefaktname/versionsnummer
```

In diesem Verzeichnis befinden sich nach dem Download mindestens sechs Dateien:

- `artefaktname-versionsnummer.jar`
- `artefaktname-versionsnummer.jar.sha1`
- `artefaktname-versionsnummer.jar.md5`
- `artefaktname-versionsnummer.pom`
- `artefaktname-versionsnummer.pom.sha1`
- `artefaktname-versionsnummer.pom.md5`

Neben der eigentlichen Bibliothek `artefaktname-versionsnummer.jar` findet sich hier das dazugehörige POM `artefaktname-versionsnummer.pom`, das verwendet wird, um die transitiven Abhängigkeiten aufzulösen, und `md5`- und `sha1`-Dateien, anhand derer die Korrektheit der Daten überprüft wird. Gegebenenfalls liegen hier auch noch JARs, die die Sourcen und Javadocs des Artefakts enthalten:

- `artefaktname-versionsnummer-sources.jar`
- `artefaktname-versionsnummer-javadoc.jar`

9.3 Repositories verwenden

9.3.1 Das lokale Repository

Die Deklaration eines lokalen Repositorys wird in der Datei `settings.xml` vorgenommen:

```
<settings>
...
  <localRepository>D:/java/Maven2/repository</localRepository>
...
</settings>
```

Fehlt dieser Eintrag, legt Maven das lokale Repository im Verzeichnis `%USERPROFILE%\.m2\repository` unter Windows bzw. `~/.m2/repository` unter Linux an.

In einem lokalen Repository fallen, je nach Verwendung von Maven, schnell mehrere Hundert MByte Daten an, es empfiehlt sich durchaus, das lokale Repository außerhalb des Benutzerprofils anzulegen, vor allem wenn sich der verwendete Rechner in einem Firmennetzwerk befindet und das Benutzerprofil zentral gespeichert wird.

9.3.2 Entfernte Repositories

Rein formal unterscheidet man zwischen drei Repository-Typen, die im POM definiert werden:

1. `repositories` – Repositories für Dependencies
2. `pluginRepositories` – Repositories für Plugins
3. `distributionManagement` – Ziel-Repositories für das Deployment

Rein praktisch gesehen verweisen im Allgemeinen die ersten beiden Einträge auf die gleichen Repositories. Die unter 3. aufgeführten Repositories werden sich je nach Projekt innerhalb eines Firmennetzwerkes befinden. Verwenden Sie einen eigenen (oder firmeninternen) Repository-Manager, können durchaus alle Einträge auf den gleichen Server verweisen.

Wichtig

Maven 3 sucht Build-Extensions, Plugins und die Abhängigkeiten von Plugins nur auf den Servern, die in der Sektion `PluginRepositories` eingetragen sind.

Maven verwendet von sich aus das in der Super-POM als *`central`* definierte Repository `http://repo1.maven.org/maven2`. Will man dieses Repository ersetzen oder ergänzen, gibt es dazu drei Möglichkeiten:

- ganz normal im POM
- als Mirror in der `settings.xml`
- mittels Profilen in POM oder Settings

Wir betrachten zunächst die ersten beiden Möglichkeiten. Näheres zum Thema Profile folgt in Kapitel 12.

Repository-Deklaration in der settings.xml

Hier lassen sich so genannte *Mirrors* angeben, Server, die anstelle des voreingestellten Repositorys verwendet werden. Im folgenden Beispiel wird anstelle von `central` der als `mirror1` deklarierte Server verwendet.

```
<settings>
...
  <mirrors>
    <mirror>
      <id>mirror1</id>
      <url>http://repo.mavenbuch.de/maven2</url>
    <mirrorOf>central</mirrorOf>
  </mirror>
...
</settings>
```

Das Feld `mirrorOf` enthält die `id` des entsprechenden Repositorys. Gibt man das Sternsymbol * als Wert an, so werden alle Anfragen an `mirror1` gestellt und keine weiteren Repositories verwendet. Es lassen sich auch mehrere Repository-IDs als Komma-separierte Liste angeben.

Repository-Deklaration im POM

Hier lassen sich Repositories sowohl für JARs als auch für Plugins deklarieren. Das folgende Beispiel zeigt, wie man innerhalb des POM das zusätzliche Repository `dev.java.net` angibt:

```
<project>
  ...
  <!-- usage of external repositories -->
  <repositories>
    <repository>
      <id>dev.java.net</id>
      <name>Java.net Repository for Maven</name>
      <url>http://download.java.net/maven/2/</url>
      <layout>default</layout>
    </repository>
  </repositories>
  ...
</project>
```

Authentifizierung

Erwartet ein Repository Login-Daten, so müssen diese in der Datei `settings.xml` angegeben werden:

```
<settings>
...
  <servers>
    <server>
      <id>my-repo</id>
      <username>loginname</username>
      <password>93h31m</password>
    </server>
    ...
  </servers
...
<settings>
```

Diese Einstellungen können seit Maven 2.1 auch verschlüsselt werden, Abschnitt 4.4 zeigt, wie.

Repository-Konfiguration

- **`id`**: eindeutiger Bezeichner des Repositorys, dieser wird auch für die Angabe von Login-Daten in der `settings.xml` benötigt.
- **`layout`**: Mögliche Werte sind
  - **`default`**: für Maven-2-Repositories
  - **`legacy`**: für Maven-1-Repositories. Dieser Eintrag wird seit Maven 3 nicht mehr unterstützt. Sollten Sie immer noch Maven-1-Repositories verwenden,

sollten Sie den Zugriff über einen Repository-Manager wie Nexus oder Archiva realisieren.

- **name**: Name des Repositorys
- **releases**: Hier wird angegeben, ob und wie Releases durch das Repository bereitgestellt werden. Folgende Unterelemente stehen zur Verfügung:
  - **checksumPolicy**: gibt an, wie verfahren werden soll, wenn die Checksumme des Artefakts nicht mit der angegebenen Checksumme übereinstimmt: `ignore` – Ignorieren, `fail` – Abbrechen des Build-Vorgangs oder `warn` – (Standard) Fortsetzen des Build-Vorgangs bei Ausgabe einer Warnung.
  - **enabled**: `true` oder `false`
  - **updatePolicy**: gibt an, in welchen Abständen nach Updates gesucht wird:
  - **always**: immer – sollte für Snapshot-Repositories gewählt werden
  - **daily** (Standard): täglich
  - **interval:MMM**: wird in Minuten angegeben
  - **never**: niemals

  Um das Repository für den Download von Releases freizuschalten, kann auch lediglich das Tag `<releases />` verwendet werden. Für die Subelemente werden dann die Standardwerte angenommen. Es empfiehlt sich aber der Übersicht halber, den ausführlichen Weg zu nehmen.
- **snapshots**: gibt an, ob das Repository Snapshot-Versionen unterstützt. Es gelten die gleichen Konfigurationselemente wie für die Sektion `releases`. Auch hier reicht es, das Element `<snapshot />` zu verwenden.
- **url**: die URL des Repositorys

central deaktivieren

Es ist wichtig zu wissen, dass die angegebenen Repositories immer *zusätzlich* zu *central* angegeben werden. Soll *central* auf keinen Fall verwendet werden, muss dies explizit angegeben werden:

```
<project>
  ...
  <repositories>
    <!-- disable central -->
    <repository>
      <id>central</id>
      <name>Maven Central Repository</name>
      <url>http://repo1.maven.org/maven2</url>
      <snapshots>
```

```
      <enabled>false</enabled>
    </snapshots>
    <releases>
      <enabled>false</enabled>
    </releases>
  </repository>
  ...
  <pluginRepositories>
    ...
    <!--  disable central -->
    <pluginRepository>
      <id>central</id>
      <name>Maven Central Repository</name>
      <url>http://repo1.maven.org/maven2</url>
      <snapshots>
        <enabled>false</enabled>
      </snapshots>
      <releases>
        <enabled>false</enabled>
      </releases>
    </pluginRepository>
  </pluginRepositories>
</repositories>
...
</project>
```

Es sollte reichen, ein eigenes Repository mit der `id central` anzugeben, um den Zugriff auf das Original-Central zu unterbinden. Ich habe jedoch von Problemen mit dieser Taktik bei älteren Maven-Versionen (vor 2.0.9) gehört und rate deshalb davon ab.

9.3.3 Plugin-Repositories

Plugins werden zwar wie andere Abhängigkeiten auch ins lokale Repository kopiert, es gibt im POM aber einen eigenen Abschnitt `pluginRepositories`, in dem Repositories für Plugins definiert werden müssen. In den hier definierten Repositories werden Plugins, ihre Abhängigkeiten und build-extensions gesucht. Seit Maven 3 werden diese Ressourcen ausschließlich aus Plugin-Repositories geladen.

Will man also ein weiteres (oder anderes) Repository für Plugins angeben, um beispielsweise Snapshot-Versionen bestimmter Plugins verwenden zu können, so muss das Element `<pluginRepositories>` angegeben werden:

```
<project>
  ...
  <pluginRepositories>
    <pluginRepository>
      <id>Codehaus-Snapshots</id>
      <url>http://snapshots.repository.codehaus.org/</url>
      <snapshots>
        <enabled>true</enabled>
      </snapshots>
      <releases>
        <enabled>false</enabled>
      </releases>
    </pluginRepository>
    <pluginRepository>
      <id>central</id>
      <name>Maven Central Repository</name>
      <url>http://repo1.maven.org/maven2</url>
      <snapshots>
        <enabled>false</enabled>
      </snapshots>
      <releases>
        <enabled>true</enabled>
      </releases>
    </pluginRepository>
  </pluginRepositories>
  ...
</project>
```

Ansonsten gilt für Plugin-Repositories das Gleiche wie für *normale* Repositories.

9.3.4 Distribution Management

Für das Deployment von Artefakten muss ebenfalls ein eigener Repository-Typ definiert werden. Dies geschieht im Element `distributionManagement`. Das Element verfügt über mehrere Subelemente, von denen zwei auf Repositories verweisen:

- **`repository`**: für das Deployment von Releases
- **`snapshotRepository`**: für das Deployment von SNAPSHOT-Versionen.

Das Element `site` des `distributionManagement` wird in Abschnitt 17.8.1 beschrieben.

Ist das `distributionManagement` richtig konfiguriert, kann mit

```
mvn deploy
```

die aktuelle Version des Artefakts in das angegebene Repository deployed werden.

9.4 Eigene Repositories

Es gibt verschiedene Gründe, einen eigenen Repository-Server aufzubauen:

- Performance. Bei jedem Maven-Aufruf werden die Projektabhängigkeiten und Plugin-Versionen gegen das im POM definierte Repository geprüft.
- Es wird ein Ziel für das Deployment eigener Bibliotheken benötigt, schließlich sollen die Entwickler im Team auch die gleichen Versionen verwenden.
- Eventuell sind die entfernten Repositories vorübergehend nicht erreichbar.
- Zudem spielen eventuell Geheimhaltungsgründe eine Rolle: Bei jedem Maven-Build werden Update-Anfragen an die zentralen Repositories gesendet, auch für organisationsinterne Bibliotheken.

Nun gibt es verschiedene Möglichkeiten, dies umzusetzen:

- Man kann ein Verzeichnis auf einem lokalen, von allen Programmierern erreichbaren Server zur Verfügung stellen, das als Repository für eigene und 3rd-Party-Bibliotheken gilt. In diesem Fall ist im Allgemeinen der parallele Zugriff auf eines der zentralen Repositories notwendig. Der Zugriff auf diesen Rechner kann mittels *WebDAV* erfolgen.
- Man kann einen Maven-Repository-Server installieren und diesen sowohl als Proxy und Cache für die zentralen Repositories verwenden als auch als lokales Deployment-Ziel.

  Zurzeit gibt es fünf Produkte, die diese Anforderung erfüllen:

  - Apache Archiva [arc]
  - Nexus [nex]
  - Artifactory [art]
  - DSMP [dsm]
  - Maven Proxy [mvn]

All diese Maven-2-Repositories bieten sowohl Caching- als auch Proxy-Funktionalität, Archiva, Nexus und Artifactory darüber hinaus auch Sicherheitsrichtlinien für das Deployment und den Zugriff auf die Repositories. So lassen sich (physisch) getrennte Repositories sowohl für verschiedene Projekte als auch für Snapshot- und Release-Deployment erstellen.

In Anhang A.2 wird am Beispiel *Apache Archiva* die Konfiguration eines lokalen Repository-Servers erklärt und was dabei beachtet werden sollte. [Son] enthält außerdem eine detaillierte Anleitung zur Konfiguration von Nexus.

Grundsätzlich sollte man Folgendes beim Einrichten von lokalen Repository-Managern beachten:

- Alle Anwender und Projekte sollten Leserechte für das Repository `central` bzw. den dafür eingerichteten Proxy (Mirror für das zentrale Maven-Repository) haben.
- Es sollte pro Projekt getrennte Repositories für Snapshots und Releases geben.
- Es sollte unterschiedliche User-Konten für Entwickler und Release-Manager geben.
  - User dürfen Snapshots schreiben und lesen und Releases lediglich lesen.
  - Release-Manager haben auf beiden Repositories Schreib- und Leserechte.

  Durch diese Trennung wird das unkontrollierte Erzeugen von Release-Versionen unterbunden und außerdem verhindert, dass einzelne Entwickler Release-Versionen wieder überschreiben, falls dies nicht durch den Repository-Manager unterbunden wird.

Die Deklaration eigener Repositories sollte immer im POM stattfinden (siehe auch Kapitel 12).

Da im Super-POM bereits das Repository `central` deklariert ist, gilt dieses für jedes Maven-Projekt, solange es nicht explizit abgeschaltet wurde.

Es gibt mehrere Möglichkeiten, `central` abzustellen:

- Mirror-Definition in der `settings.xml` (`<mirrorOf>central</mirrorOf>`)
- Deklaration eines anderen Repositorys mit der `id` `central`
- erneute Deklaration des Repositorys `central`, wobei `releaseEnabled` und `snapshotenabled` auf `false` gesetzt werden

Ich empfehle auf jeden Fall die dritte Methode, da diese für alle Anwender, unabhängig von deren persönlichen Einstellungen, bindend ist. Die zweite Version funktionierte außerdem mit manchen Maven-Versionen vor 2.0.9 nicht richtig.

Sie sollten keineswegs vergessen, auch die Plugin-Repositories zu setzen und vor allem `central` hier ebenfalls zu überschreiben oder zu deaktivieren.

9.5 Bibliotheken installieren

Sollen Bibliotheken verwendet werden, die nicht in öffentlichen Repositories verfügbar sind, müssen Sie diese im lokalen Repository bzw. einem lokalen Repository-Manager installieren.

9.5.1 Installation im lokalen Repository

Im Folgenden wird beschrieben, wie eine Bibliothek im lokalen Repository installiert wird.

Um ein JAR im lokalen Repository zu installieren, wird das Goal `install-file` des *install*-Plugins verwendet:

```
mvn install:install-file -Dfile=<dateipfad>
                         -DgroupId=<group-id>         \
                         -DartifactId=<artifact-id> \
                         -Dversion=<version>          \
                         -Dpackaging=<packaging>
```

Um zum Beispiel das Archiv `numerics_2.1.2.jar` zu installieren, ist folgender Aufruf möglich:

```
mvn install:install-file -Dfile=./numerics_2.1.2.jar \
                         -DgroupId=numerics           \
                         -DartifactId=numerics        \
                         -Dversion=2.1.2              \
                         -Dpackaging=jar
```

Man beachte, dass das ursprüngliche JAR einen Unterstrich im Namen hat, der nicht der Maven-Konvention entspricht. Das durch Maven installierte Archiv wird aber den angegebenen Koordinaten entsprechend `numerics-2.1.2.jar` heißen. Wenn wir nun in das lokale Repository gucken, gibt es dort im Verzeichnis `numerics/numerics/2.1.2/` die Datei `numerics-2.1.2.jar`, aber kein POM. Benötigt das Archiv keine weiteren Abhängigkeiten, können wir der Einfachheit halber ein POM erzeugen lassen: Geben wir beim Aufruf von `mvn install:install-file` zusätzlich den Parameter `-DgeneratePom=true` an, wird automatisch ein rudimentäres POM erzeugt. Für das Beispiel von eben wäre das die Datei `numerics-2.1.2.pom` im lokalen Repository:

```
<?xml version="1.0" encoding="UTF-8"?><project>
  <modelVersion>4.0.0</modelVersion>
  <groupId>numerics</groupId>
  <artifactId>numerics</artifactId>
  <version>2.1.2</version>
  <description>POM was created from install:install-file</description>
</project>
```

Das POM kann auch manuell erzeugt und mittels des Parameters `-DpomFile=NAME` mit installiert werden.

9.5.2 deploy im entfernten Repository

Für das Deployment eines Archivs in einem entfernten Repository wird das `deploy-file` als Goal des *Deploy*-Plugins verwendet:

```
mvn deploy:deploy-file   -Dfile=<dateipfad>          \
                         -DgroupId=<group-id>        \
                         -DartifactId=<artifact-id> \
                         -Dversion=<version>         \
                         -Dpackaging=<packaging>     \
                         -Durl=<repository-url>      \
                         -DrepositoryId=
```

Die Parameter sind die gleichen wie beim Install-Plugin, es kommt jedoch die Repository-URL und -ID dazu. Der Parameter `repositoryId` wird benötigt, um aus den Settings die Login-Informationen auszulesen. Um also die `numerics`-Bibliothek zu deployen, benötigen wir folgenden Aufruf:

```
mvn deploy:deploy-file   -Dfile=./numerics_2.1.2.jar \
                         -DgroupId=numerics          \
                         -DartifactId=numerics       \
                         -Dversion=2.1.2             \
                         -Dpackaging=jar             \
                         -Durl=http://localhost:8080/archiva/repository/
                               3rd-party  \
                         -DrepositoryId=3rd-party
```

Im Gegensatz zum Install-Plugin wird hier automatisch ein POM erzeugt. Um ein eigenes POM mit zu deployen, wird der Parameter `-DpomFile=<pom-pfad>` verwendet. Bei *Apache-Archiva* ab Version 1.1 kann auch die Web-Oberfläche verwendet werden, um Dateien zu deployen, was sich deutlich bequemer gestaltet.

## Kapitel 10

Plugins

Maven ist ein Framework zum Ausführen von Plugins. Ob es sich um das Kompilieren von Sourcen, das Löschen von generierten Dateien oder das Erstellen der Javadoc-Dateien handelt – die Aufgaben werden durch Plugins erledigt. Die ersten Abschnitte dieses Kapitels beschreiben das Ausführen von Plugins. Im Anschluss werden die Konfigurationsmöglichkeiten im POM erläutert.

10.1 Ausführen von Plugins

Plugins können direkt auf der Kommandozeile ausgeführt oder in einen der Lifecycles eingebunden werden. Im Zweifelsfall gilt Folgendes: Wenn ich ein Plugin nicht konfigurieren muss und nicht ständig benötige, reicht ein Aufruf über die Kommandozeile; verwende ich ein Plugin regelmäßig und benötige eine Konfiguration, sollte das Plugin im POM deklariert werden.

10.1.1 Ausführen auf der Kommandozeile

Für den Aufruf eines Goals müssen die *groupId*, die *artifactId* und das auszuführende *Goal* angegeben werden:

```
mvn <groupId>:<artifactId>[<pluginVersion]:<goal>
```

Die `groupId` des Plugins muss unter bestimmten Voraussetzungen nicht angegeben werden: Für die Core- und Extra-Plugins mit den *groupIds* `org.apache.maven.plugins` und `org.codehaus.mojo` kann die `groupId` weggelassen werden. Außerdem besteht die Möglichkeit, in den *Settings* in der Sektion `pluginGroups` eigene Plugin-Gruppen zu deklarieren, für die dann ebenfalls die `groupId` weggelassen werden kann. Dies gilt dann aber lediglich für den aktuellen Rechner bzw. Anwender. Siehe hierzu auch Abschnitt 15.1.3, in dem die Namenskonventionen für Maven-Plugins beschrieben werden.

Parameterübergabe

Generell können Parameter beim Aufruf des Plugins in der Form

```
-D<parametername>=<wert>
```

übergeben werden. Die Plugins können jedoch auch projektspezifisch im POM definiert werden. Die Parameter werden in der Sektion `build.plugins.plug-in.configuration` angegeben. Die Struktur innerhalb des Elements `configuration` ist Plugin-abhängig. Normalerweise gilt aber folgende Konvention:

```
<plugin>
  ...
  <configuration>
    <parametername>parameterwert</parametername>
    ...
  </configuration>
  ...
</plugin>
```

Eine allgemeine Beschreibung zur Deklaration und Konfiguration von Plugins im POM liefert Abschnitt 10.2.

10.1.2 Automatisches Ausführen von Plugins

Plugins, die in der POM-Sektion `reporting` aufgeführt sind, werden automatisch beim Generieren der Reports (also beim Aufruf von `mvn site`) ausgeführt. Plugins, die in der Sektion `build` aufgeführt sind, werden nur automatisch aufgerufen, wenn sie mit einer Lifecycle-Phase verknüpft sind. Dies geschieht in der Konfiguration des Plugins in der Sektion `plugin.executions`, wie im folgenden Beispiel für das PMD-Plugin:

```
<plugin>
  <groupId>org.apache.maven.plugins</groupId>
  <artifactId>maven-pmd-plugin</artifactId>
  <executions>
    <execution>
      <goals>
        <goal>check</goal>
        <goal>cpd-check</goal>
      </goals>
      <phase>compile</phase>
    </execution>
  </executions>
</plugin>
```

In diesem Beispiel werden während der Build-Phase `compile` die Goals `check` und `cpd-check` ausgeführt. Es können sowohl beliebig viele `execution`-Elemente hinzugefügt als auch innerhalb eines `execution`-Elements beliebig viele Goals einer Phase zugeordnet werden. Die dritte Möglichkeit, Plugins auszuführen, ergibt sich dadurch, dass Plugins von sich aus mit einer bestimmten Lifecycle-Phase verknüpft sein können. Sie müssen lediglich im POM deklariert werden. In Kapitel 15 wird diese Möglichkeit detailliert beschrieben.

10.2 Deklaration im POM

Plugins können sowohl in der `build`- als auch in der `reporting`-Sektion des POM deklariert werden. Beide Sektionen können das Element `plugins` enthalten, in dem eine beliebige Anzahl von Plugins deklariert werden kann. Seit Maven 3 werden die Einträge der `reporting`-Sektion nicht mehr für den Build Lifecycle berücksichtigt!

10.2.1 Elemente

Angegeben werden müssen mindestens die Koordinaten `groupId` und `artifactId`. Die Version sollte trotzdem auf jeden Fall angegeben werden, um die Wiederholbarkeit von Builds zu garantieren. Maven 3 gibt Warnungen für alle deklarierten Plugins ohne explizite Versionsangabe aus.

- **`extensions`**: Stellt das Plugin eine Erweiterung der Lifecycle-Phase dar? (Typ: `boolean`)
- **`inherited`**: Soll die Deklaration des Plugins an andere POMs vererbt werden? (Typ: `boolean`)
- **`dependencies`**: die Abhängigkeiten dieses Plugins. Für die enthaltenen `dependency`-Elemente gelten die gleichen Regeln wie für `project.dependencies`.
- **`configuration`**: Plugin-abhängige Konfiguration, die Dokumentation des Plugins sollte Angaben über die Konfigurationsmöglichkeiten enthalten.
- **`goals`**: wird ignoriert (*deprecated*)

executions

Das Tag `executions` enthält eine Liste der Ausführungspunkte des Plugins, die mit Lifecycle-Phasen verknüpft sind. Hier können Goals des Plugins in einer bestimmten Phase ausgeführt werden. Das Element `executions` kann beliebig viele Elemente des Typs `execution` enthalten. Dieses kann wiederum folgende Sektionen enthalten:

- **`configuration`**: Plugin-abhängige Konfiguration, die Dokumentation des Plugins sollte Angaben über die Konfigurationsmöglichkeiten enthalten.
- **`goals`**: Liste der auszuführenden Goals
  - **`goal`**: Name des auszuführenden Goals

- **id**: Bezeichner für diesen Ausführungspunkt
- **inherited**: Soll die Aktivierung an andere POMs vererbt werden? (Typ: boolean)
- **phase**: Name der Lifecycle-Phase, in der die Goals ausgeführt werden sollen

Zusätzlich besteht die Möglichkeit, in der Sektion build/pluginManagement Plugin-Konfigurationen für vom aktuellen POM erbende Projekte anzugeben.

Tipp

Auf der Kommandozeile ausgeführte Plugins haben automatisch die Ausführungs-Id default-cli. Sie können also in einem execution-Element unter dieser Id eine Konfiguration angeben, die nur für die Ausführung auf der Kommandozeile gilt.

10.2.2 Die Sektion pluginManagement

In der Sektion pluginManagement sollten Plugins deklariert und konfiguriert werden, die nicht mit Lifecycle-Phasen des Projekts verknüpft sind. Zwar lassen sich auch nicht mit einer Phase verknüpfte Plugins in der plugins-Sektion konfigurieren, der Übersichtlichkeit halber sollte davon aber abgesehen werden. Eine optimale Konfiguration würde beinhalten, die Deklaration und Konfiguration der Plugins in der Sektion pluginManagement vorzunehmen und in der Sektion plugins lediglich die Ausführungsanweisungen (excecutions) unterzubringen. Eine andere Herangehensweise wäre, die Sektion pluginManagement für Plugins zu verwenden, die explizit aufgerufen werden und nicht an eine bestimmte Phase gekoppelt sein müssen, wie zum Beispiel das Eclipse-Plugin.

Definiere ich ein Plugin in der plugins-Sektion des Parent-POM, kann ich das Plugin ohne Angabe der groupId in einem erbenden Projekt aufrufen. Alle Konfigurationen, die nicht durch

```
<inherited>false</inherited>
```

gekennzeichnet sind, werden übernommen.

Definiere ich ein Plugin in der Sektion pluginManagement, ist es nicht von vornherein in den erbenden Projekten bekannt. Will ich das entsprechende Plugin aufrufen, muss ich entweder beim Aufruf via Kommandozeile die groupId angeben oder ich deklariere das Plugin in der build-Sektion des entsprechenden POM. Allerdings muss lediglich groupId und artifactId des Plugins angegeben werden, die restlichen Einstellungen werden aus dem Parent-POM übernommen.

Die Sektion `pluginManagement` bietet sich also – analog zu `dependencyManagement` – an, um Plugins zu konfigurieren, die nicht in allen erbenden Projekten verwendet werden müssen. Erbende Projekte haben das Recht, die Einstellungen zu überschreiben. Die Reihenfolge in der Beachtung der Konfiguration ist folgende:

1. erbendes POM
2. `plugins`
3. `pluginManagement`

Dieses Verhalten ermöglicht zum Beispiel, für Parent-POM und erbende Projekte unterschiedliche Konfigurationen des gleichen Plugins im Parent-POM zu definieren, indem ich für die Einstellungen im `plugins`-Element

```
<inherited>false</inherited>
```

angebe. Somit gelten die Einstellungen im `pluginManagement` für die erbenden Projekte, die Einstellungen im `plugins`-Element für das Parent-POM.

Eine weitere Möglichkeit wäre, die Sektion `pluginManagement` zur Konfiguration aller verwendeten Plugins zu verwenden und in der Sektion `plugins` lediglich die Ausführungspunkte zu deklarieren. Dieses Vorgehen hat einen weiteren Vorteil: Beim Aufruf von `mvn site` wird auch eine Seite PLUGIN MANAGEMENT erzeugt, die eine Liste aller Plugins enthält, die innerhalb der POM-Vererbungshierarchie mittels `pluginManagement` definiert sind. Plugins, die lediglich in der Sektion `build/plugins` definiert sind, werden nicht berücksichtigt.

10.2.3 Plugin-Repositories

Wie Dependencies werden Plugins beim Aufruf erst im lokalen Repository gesucht und dann auf einem externen. Allerdings gibt es für Plugins eigene Repository-Einstellungen im POM, das Element `pluginRepositories` kann eine beliebige Anzahl von `pluginRepository`-Elementen enthalten, die die gleichen Konfigurationsmöglichkeiten bieten wie das Element `repository`.

10.2.4 Versionen und Update von Plugins

Mit der Maven-Version 2.0.9 gibt es keine automatischen Updates von Plugins. Ist keine Plugin-Version angegeben, wird immer die aktuelle Version aus dem lokalen Repository verwendet. Um eine aktuellere Version zu erhalten, muss entweder im POM die entsprechende Version eingetragen sein – gewünschte Version (was ich ausdrücklich empfehle), `RELEASE` oder `LATEST` – oder es muss im lokalen Repository die vorhandene Plugin-Version gelöscht werden.

Hinweis

Maven 3 unterstützt die Angabe von RELEASE oder LATEST nicht mehr!

Wie bereits mehrfach erwähnt, empfehle ich die Erstellung eines Firmen-POM (*corporate POM*), in deren `build/pluginManagement` die gewünschten Plugin-Versionen gesetzt werden. Damit umgeht man einen großen Nachteil von Maven 2 – die Möglichkeit, mit dem gleichen Projekt unterschiedliche Ergebnisse zu erhalten, je nachdem welche Plugin-Versionen auf dem Rechner vorhanden sind, auf dem der Aufruf erfolgt. Denkbar ist nämlich Folgendes: Im Projekt wird das Plugin *XY* verwendet, im POM ist jedoch keine Version definiert. Entwickler *A* ruft auf seinem System zum ersten Mal Maven auf, die aktuelle Version des Plugins *XY* wird heruntergeladen. Am nächsten Tag ruft Entwickler *B* Maven auf, allerdings wurde in der Nacht die neue Version von *XY* veröffentlicht, *B* erhält also eine andere Version als *A*. Handelt es sich bei *XY* um ein wesentliches Plugin, kann das durchaus unangenehme Folgen haben.

Seit Version 2.0.9 sind die wichtigsten Plugins im Super-POM festgeschrieben. Bis dahin war es durchaus möglich, dass für das gleiche Projekt auf unterschiedlichen Rechnern unterschiedliche Versionen des Compiler-Plugins verwendet wurden. Anhang C.3 enthält eine Auflistung der festgelegten Plugin-Versionen in Maven.

10.2.5 Externe Konfiguration – Konfigurationsmodule?

Sollen Konfigurationsdateien über mehrere Module oder Projekte verwendet werden, so bietet sich die Verwendung von externen Konfigurationen an: Legen Sie ein Projekt für die Konfigurationsdateien an und speichern Sie die entsprechenden Dateien unterhalb des Ressourcen-Verzeichnisses `src/main/resources`. In dem Projekt, das die Konfigurationsdateien verwenden soll, binden Sie nun das Konfigurationsmodul als *`extension`* ein:

```
<project>
  ...
  <build>
  ...
     <extensions>
      <extension>
        <groupId>de.mavenbuch.review</groupId>
        <artifactId>review-resources</artifactId>
        <version>1.0-SNAPSHOT</version>
      </extension>
```

```
    </extensions>
  </build>
...
</project>
```

Innerhalb des Elements `extension` können lediglich die Koordinaten der Erweiterung angegeben werden. Durch die Verwendung von `extension` wird der Build-Pfad des Projekts erweitert. Je nach Plugin ist es auch möglich, ein Konfigurationsmodul als Dependency innerhalb der Plugin-Deklaration anzugeben. In Multimodul-Projekten reicht es, die Erweiterung im Parent-POM anzugeben.

Wichtig

Build-Extensions werden in den unter `pluginRepositories` angegebenen Repositories gesucht. In Maven 2 wurde zusätzlich in den »normalen« Repositories gesucht, Maven 3 tut dies nicht.

Wichtig

Bitte beachten Sie, dass in einem Multimodul-Projekt ein Konfigurationsmodul nicht auf das Parent-POM verweisen darf, in dem es als `extension` deklariert ist (zyklische Referenz!).

10.3 Das Maven-AntRun-Plugin

Sollten Sie doch auf einen der seltenen Fälle stoßen, in denen kein Maven-Plugin vorhanden oder das vorhandene Plugin fehlerhaft ist, haben Sie immer noch die Möglichkeit, auf den reichen Fundus an Ant-Tasks zuzugreifen. Mit Hilfe des *Maven-AntRun-Plugins* können Ant-Tasks auch in Maven ausgeführt werden:

```
<plugin>
  <artifactId>maven-antrun-plugin</artifactId>
  <executions>
    <execution>
      <phase> <!-- Lifecycle-Phase --> </phase>
      <configuration>
        <tasks> <!-- Ant task. --> </tasks>
      </configuration>
      <goals>
        <goal>run</goal>
      </goals>
```

```
    </execution>
  </executions>
</plugin>
```

Innerhalb des `task`-Elements können sämtliche Angaben stehen, die sonst innerhalb der `target`-Tags in einer Ant-`build.xml`-Datei angegeben werden.

Da ich seit einigen Jahren nicht mehr mit Ant gearbeitet habe, erspare ich Ihnen und mir etwaiges Gerate und verweise direkt auf `http://maven.apache.org/plugins/maven-antrun-plugin/` für weitere Informationen.

Properties und Filtering

Alle Elemente des POM lassen sich innerhalb von Maven mittels Properties ansprechen. Zusätzlich bietet Maven Zugriff auf die Elemente der Settings, alle Umgebungsvariablen des Betriebssystems sowie auf die Systemvariablen, die sich unter Java mittels `System.getProperties()` abfragen lassen. Dieses Kapitel enthält eine Auflistung von möglichen Properties und Beispiele, wie man sie einsetzen kann.

Mit *Resource-Filtering* lassen sich Eigenschaften in Dateien mittels Variablen setzen. Dieses Kapitel führt in das Thema ein und zeigt einige Beispiele. Weitere Informationen und Beispiele gibt es unter anderem in Kapitel 12 und Abschnitt 14.2.

11.1 Maven-Properties

Grundsätzlich werden alle Properties in der Form `${PROPNAME}` angesprochen.

11.1.1 Projekt-Properties

Jedes Element des POM kann auch als Property angesprochen werden. Da in Kapitel 6 die Elemente des POM bereits behandelt wurden, werden im Folgenden nur ein paar elementare Beispiele aufgeführt.

Manche Variablen, wie `${project.name}`, liefern einfache Strings zurück. Werden jedoch komplexere Gebilde abgefragt, wird gegebenenfalls eine Implementierung aus der *Maven Model API* zurückgeliefert. So liefert `${project.build}` ein Objekt der Klasse `org.apache.maven.model.Build` zurück, `${project}` selbst ist vom Typ `org.apache.maven.model.Model`. Die Schnittstellenbeschreibung der *Maven Model API* findet sich unter `http://maven.apache.org/ref/current/maven-model/apidocs/index.html`.

Namensvergabe

Ein klassisches Beispiel ist die Verwendung der `artifactId` als endgültiger Archivnamen, um zum Beispiel bei Web-Anwendungen die Vergabe der Versionsnummer im Namen der `.war`-Datei zu verhindern:

```
<finalName>${artifactId}</finalName>
```

Verzeichnisse

Verweisen Sie auf Maven-Build- oder -Source-Verzeichnisse, sollten Sie die entsprechenden Properties verwenden statt `src/main/java` oder `target/classes`:

- **`project.build.sourceDirectory`**: das Source-Verzeichnis (Standard: `src/main/java`)
- **`project.build.scriptSourceDirectory`**: das Verzeichnis für Skripte (Standard: `src/main/java`)
- **`project.build.testSourceDirectory`**: das Test-Source-Verzeichnis (Standard: `src/test/java`)
- **`project.build.outPutDirectory`**: das Build-Verzeichnis (Standard: `target/classes`)
- **`project.build.testOutputDirectory`**: das Test-Build-Verzeichnis (Standard: `target/test-classes`)
- **`project.build.directory`**: das Ausgabe-Verzeichnis (Standard: `target/`)
- **`project.build.resources`**: das Verzeichnis für Ressourcen (Standard: `src/main/resources`)
- **`project.build.testResources`**: das Verzeichnis für Test-Ressourcen (Standard: `src/test/resources`)
- **`basedir`**: verweist auf das Verzeichnis, das die Datei `pom.xml` enthält

Multimodul-Projekte

In Multimodul-Projekten können Projekt-Properties auf mehrere Arten eingesetzt werden: Bei der Deklaration von Dependencies zu Modulen aus dem gleichen Reaktor können Properties verwendet werden, um `groupId` und Version anzugeben:

```
<dependency>
  <groupId>${project.groupId}</groupId>
  <artifactId>modulName</artifactID>
  <version>${project.version}</version>
</dependency>
```

In Untermodulen kann mittels `${project.parent.*}` auf die Eigenschaften des Parent-Projekts zugegriffen werden.

11.1.2 Settings-Properties

Auch auf die in der `settings.xml` definierten Werte kann zugegriffen werden. Analog zu den Projekt-Properties werden hier Objekte der Klassen aus der *Maven Settings API* zurückgegeben. Die Schnittstellenbeschreibung findet sich unter `http://maven.apache.org/ref/current/maven-settings/apidocs/`.

Beispiele

- **`settings.offline`**: gibt an, ob der Offline-Mode in der Settings-Datei aktiviert wurde
- **`settings.localRepository`**: gibt den Pfad des lokalen Repositorys aus
- **`settings.activeProfiles`**: enthält die Liste der in den Settings aktivierten Profile
- **`settings.servers`**: eine Liste der definierten Server. Die Liste vom Typ `ArrayList` enthält Objekte der Klasse `org.apache.maven.settings.Server`.

11.1.3 Umgebungsvariablen

Alle Umgebungsvariablen, die in dem Kontext, in dem Maven läuft, definiert sind, können mittels `${env.*}` verwendet werden. Es bietet sich aber an, anstatt mancher Umgebungsvariablen die System-Properties zu verwenden. Gerade zwischen Unix- und Windows-Systemen gibt es teils deutliche Unterschiede in den Umgebungsvariablen.

- **`env.PATH`**: enthält den Befehlspfad (`PATH`) des aktuellen Betriebssystemkontextes
- **`env.JAVA_HOME`**: verweist auf das Java-Installationsverzeichnis. Dieses ist aber nicht auf jedem System gesetzt. Es ist daher sicherer, stattdessen die Systemvariable `${java.home}` zu verwenden.
- **`env.M2_HOME`**: verweist auf das Maven-Installationsverzeichnis
- **`env.HOME`**: verweist auf das User-Home-Verzeichnis. Da dies von System zu System unterschiedlich sein kann, sollte hier die System-Property `${user.home}` verwendet werden.

Die Umgebungsvariablen und System-Properties lassen sich auch durch das Help-Plugin auflisten:

```
mvn help:system
```

11.1.4 System-Properties

Als *System-Properties* werden die Properties der JVM bezeichnet, die in einem Java-Programm durch `System.getProperties()` abrufbar sind. Für das JDK 1.6.0_11 sind das 52 Werte. Darunter fallen zum Beispiel

- **`file.separator`**: der betriebssystemabhängige Trenner für Verzeichnisse (\ unter Windows, / unter *nix-Systemen)
- **`java.class.path`**: der Classpath der aktuellen Anwendung
- **`java.class.version`**: Versionsnummer des *Class Format* (zum Beispiel `50.0` für Java 1.6, `49.0` für Java 1.5 und `47.0` für das JDK 1.3.1)

- **`java.home`**: das Installationsverzeichnis des verwendeten JDK/JRE
- **`java.library.path`**: Suchpfad für Java-Bibliotheken
- **`java.runtime.name`**: Name der Java Runtime, für das JRE 1.6 ist der Wert `Java(TM) SE Runtime Environment`
- **`java.runtime.version`**: Version des verwendeten JRE
- **`java.specification.name`**: Name der aktuellen Spezifikation (`Java Platform API Specification`)
- **`java.specification.vendor`**: Herausgeber der Spezifikation
- **`java.specification.version`**: Version der Spezifikation (aktuell 1.6)
- **`java.vendor`**: Hersteller des JDK/JRE (zum Beispiel `Sun Microsystems Inc.`)
- **`java.vendor.url`**: URL des Herstellers (zum Beispiel `http://java.sun.com/`)
- **`java.version`**: Version des verwendeten JDK/JRE
- **`java.vm.name`**: Name der virtuellen Maschine (JVM) (zum Beispiel `Java HotSpot(TM) Client VM`)
- **`java.vm.vendor`**: Hersteller der JVM (zum Beispiel `Sun Microsystems Inc.`)
- **`java.vm.version`**: Version der JVM
- **`line.separator`**: Zeilenumbruch, `\n` unter *nix oder `\r\n` unter Windows
- **`os.arch`**: Betriebssystem-Architektur
- **`os.name`**: Name des Betriebssystems
- **`os.version`**: Version des Betriebssystems
- **`path.separator`**: Pfadtrenner (`:` unter *nix, `;` unter Windows)
- **`user.country`**: Ländereinstellung des aktuellen Anwenders (zum Beispiel `DE`)
- **`user.dir`**: aktuelles Verzeichnis
- **`user.home`**: Home-Verzeichnis des aktuellen Anwenders
- **`user.language`**: Spracheinstellung des Anwenders (zum Beispiel `de`)
- **`user.name`**: Name des Anwenders

Wie bereits im vorherigen Abschnitt erwähnt, sollten wegen der Übertragbarkeit der Software *System Properties* der Vorzug vor Umgebungsvariablen gegeben werden.

11.1.5 Properties definieren

In der Sektion `project.properties` können eigene Properties definiert werden. Diese können zum Beispiel zur Plugin-Konfiguration oder zur Aktivierung von Profilen verwendet werden. Die im POM definierten Properties können wiederum mit den oben genannten Properties gefüllt werden, wie im folgenden Beispiel der Wert von `current.locale`:

```
<project>
  ...
  <properties>
    <project.build.sourceEncoding>UTF-8
       </project.build.sourceEncoding>
    <current.locale>${user.language}_${user.country}</current.locale>
  </properties>
  ...
</project>
```

11.2 Resource Filtering

Maven erlaubt in Dateien, die sich in Ressourcen-Verzeichnissen befinden, die Namen von Properties durch ihre Werte zu ersetzen. Dieser *Filtering* genannte Mechanismus wird durch das Resources-Plugin während der Build-Zyklus-Phase `process-resources` durchgeführt. Per Voreinstellung ist das Filtering deaktiviert, um nicht versehentlich Einstellungen zu überschreiben.

Um die Filterung zu aktivieren, muss ein Eintrag im Element `build.resources` erfolgen:

```
<build>
  <resources>
    <resource>
      <directory>src/main/resources/</directory>
      <filtering>true</filtering>
    </resource>
  </resources>
</build>
```

Das Verzeichnis muss angegeben werden. Analog kann das Filtering auch im Element `build.testResources` für die Properties der Unit-Tests aktiviert werden. Ist das Filtering aktiviert, werden alle bekannten Properties ersetzt.

Betrachten wir dazu ein Beispiel mit folgender `pom.xml`:

```
<project>
  <modelVersion>4.0.0</modelVersion>
  <groupId>de.mavenbuch.beispiele</groupId>
  <artifactId>filtering-beispiel</artifactId>
```

```
  <version>1.0-SNAPSHOT</version>
  <name>archetype-beispiel</name>
  <url>http://www.mavenbuch.de</url>

  <build>
    <resources>
      <resource>
        <directory>src/main/resources/</directory>
        <filtering>true</filtering>
      </resource>
    </resources>
  </build>
</project>
```

Aus der Datei `beispiel.properties` im Verzeichnis `src/main/resources` mit folgendem Inhalt

```
## Properties für ${name}
#  Koordinaten : ${groupId}:${artifactId}:${version}
#  Archivtyp   : ${packaging}
#  Archivname  : ${project.build.finalName}.${packaging}
## JDK         : ${java.version}
```

wird durch den Aufruf

```
mvn resources:resources
```

die Datei `target/classes/beispiel.properties` erzeugt:

```
## Properties für archetype-beispiel
#  Koordinaten : de.mavenbuch.beispiele:filtering-beispiel:1.0-SNAPSHOT
#  Archivtyp   : jar
#  Archivname  : filtering-beispiel-1.0-SNAPSHOT.jar
## JDK         : 1.6.0_11
```

11.2.1 Filterdateien

Properties können auch aus externen Filterdateien gelesen werden. Im Element `build.filters` kann eine Reihe von Filterdateien angegeben werden.

Erweitern wir nun das POM des Beispiels von eben um die Deklaration einer Filterdatei:

```
<build>
  <resources>
    <resource>
      <directory>src/main/resources/</directory>
      <filtering>true</filtering>
    </resource>
  </resources>
  <filters>
    <filter>src/main/filters/filter.properties</filter>
  </filters>
</build>
```

und legen folgende Filterdatei an:

```
server.url=http://localhost:8080/filters
server.user=mspiller
server.password=93h31m
```

Nun können wir die Datei `beispiel.properties` erweitern:

```
## Properties für ${name}
#  Koordinaten : ${groupId}:${artifactId}:${version}
#  Archivtyp   : ${packaging}
#  Archivname  : ${project.build.finalName}.${packaging}
## JDK         : ${java.version}

url=${server.url}
user=${server.user}
password=${server.password}
```

und erhalten nach dem Aufruf von `mvn resources:resources` folgenden Inhalt in unserer Zieldatei:

```
## Properties für archetype-beispiel
#  Koordinaten : de.mavenbuch.beispiele:filtering-beispiel:1.0-SNAPSHOT
#  Archivtyp   : jar
#  Archivname  : filtering-beispiel-1.0-SNAPSHOT.jar
## JDK         : 1.6.0_11

url=http://localhost:8080/filters
user=mspiller
password=93h31m
```

11.2.2 Excludes

Sollen nur bestimmte Dateien oder Dateitypen gefiltert werden, werden diese mit den Tags `include` bzw `exclude` angegeben. Generell gilt: Ist kein `include` angegeben, werden automatisch alle Dateien eingeschlossen. Ist kein `exclude` angegeben, wird automatisch keine Datei ausgeschlossen. Vor allem wenn das Resource-Verzeichnis Binärdateien, wie zum Beispiel Grafiken, enthält, müssen diese explizit vom Filtering ausgeschlossen werden. Da das `exclude`-Element die angegebenen Dateien nicht nur vom Filtering, sondern komplett aus den Ressourcen ausschließt, muss ein zweites `resource`-Element definiert werden, das die impliziten Dateien wieder einschließt und die gefilterten Dateien ausschließt:

```
<build>
  <resources>
    <resource>
      <directory>src/main/resources/</directory>
      <filtering>true</filtering>
      <excludes>
        <exclude>*.png</exclude>
      </excludes>
    </resource>
    <resource>
      <directory>src/main/resources/</directory>
      <filtering>false</filtering>
      <excludes>
        <exclude>*.xml</exclude>
        <exclude>*.properties</exclude>
      </excludes>
    </resource>
  </resources>
</build>
```

Zusammen mit der Verwendung von Profilen lassen sich mit dem Filtering-Mechanismus kontextabhängige Konfigurationsdateien generieren. Ein Beispiel dazu bietet Abschnitt 12.3.4.

11.2.3 Web-Applikationen

Wird das Packaging `war` verwendet, um eine Web-Anwendung zu erstellen, besteht die Möglichkeit, zusätzliche Web-Ressourcen zu definieren. Herkömmliche, in `resources` angegebene Dateien, werden in das `classes`- und `WEB-INF/classes`-Verzeichnis kopiert. Web-Ressourcen hingegen landen im Webapp-Verzeichnis.

Im folgenden Beispiel wird das Projektverzeichnis `src/main/web-resources` als Web-Ressource angegeben und das Filtering aktiviert:

```
<plugin>
  <artifactId>maven-war-plugin</artifactId>
  <configuration>
    <webResources>
      <resource>
        <directory>src/main/web-resources</directory>
        <filtering>true</filtering>
      </resource>
    </webResources>
  </configuration>
</plugin>
```

Mit dem Tag `targetPath` kann ein zusätzliches Zielverzeichnis unterhalb des Web-Verzeichnisses angegeben werden. Die komplette Referenz und weitere Konfigurationsbeispiele finden sich auf `http://maven.apache.org/plugins/maven-war-plugin/`.

Kapitel 12

Profile

Die Portierbarkeit und die Universalität von Maven sind ja schön und gut, aber im Zweifelsfall hat man es in einem Projekt mit verschiedenen Umgebungen zu tun, in denen das Projekt kompilierbar und lauffähig sein muss. Die Entwicklung findet eventuell unter Windows statt und verwendet Tomcat, während der Integrationstest auf einer Unix-Maschine mit einem BEA-Server abläuft. Dazu kommt die endgültige Zielmaschine, ganz zu schweigen von den unterschiedlichen Datenbanken in den einzelnen Kontexten. Diese unterschiedlichen Rahmenbedingungen lassen sich durch Maven-Profile bewerkstelligen.

12.1 Profilarten

Maven bietet zwei Möglichkeiten, Profile zu definieren:

- in der Datei `settings.xml`
- im POM

Maven 2 unterstützt zusätzlich die Definition von Profilen in der Datei `profiles.xml`.

Für außerhalb des POM spezifizierte Profile dürfen nur folgende Einstellungen gesetzt werden:

- Repositories
- Plugin-Repositories
- Properties

Durch diese Einschränkung wird verhindert, dass durch nutzerspezifische Einstellungen allgemeingültige Projekteigenschaften überschrieben werden.

In POM-Profilen stehen folgende Elemente zur Verfügung:

- `build`
- `dependencies`
- `dependencyManagement`
- `distributionManagement`
- `pluginRepositories`
- `modules`
- `plugins`

- `properties`
- `reporting`
- `repositories`

Genau betrachtet stehen nur die Elemente des POM nicht zur Verfügung, die unveränderliche Eigenschaften des Projekts beschreiben:

- die Koordinaten (`version`, `groupId`, `artifactId`)
- das `packaging`
- `name` und `description`
- SCM
- Continuous Integration (`ciManagement`)
- Teammitglieder: `developers` und `contributors`
- Bug-Tracking-Mechanismus (`issueTracking`)

Somit ist es zum Beispiel möglich, für die Produktionsumgebung die Plugins für entwicklungsrelevante Reports abzuschalten und nur die Generierung der Anwenderdokumentation zuzulassen oder je nach Umgebung verschiedene Datenbankeinstellungen, Log-Level und Dependencies zu verwenden. Für Teams an verschiedenen Standorten lassen sich unterschiedliche Repositories (siehe auch Abschnitt 9.4) konfigurieren.

12.2 Profilaktivierung

Profile werden innerhalb des Elements `profiles` deklariert. Sie müssen grundsätzlich eine `id` enthalten und sollten das Element `activation` enthalten.

Es gibt vier Möglichkeiten, Profile zu aktivieren:

- Aktivierung über die Kommandozeile
- Aktivierung in den Settings
- Aktivierung als Standard
- umgebungsabhängige Aktivierung

12.2.1 Aktivierung über die Kommandozeile

Der direkteste Weg, Profile zu aktivieren, ist über den Kommandozeilenparameter `-P` gefolgt von einer kommaseparierten Liste von Profilnamen:

```
mvn -Pprofil1,profil2 compile
```

aktiviert `profil1` und `profil2`. Ab Maven 2.0.10 kann man mittels des Ausrufezeichens ein Profil auch gezielt ausschalten:

```
mvn -Pprofil1,!profil2 compile
```

aktiviert `profil1` und deaktiviert `profil2`.

12.2.2 Aktivierung in den Settings

Profile können in der `settings.xml` mittels des `activeProfile`-Elements aktiviert werden. Die aufgeführten Profile müssen dabei nicht in der `settings.xml` definiert sein.

```
<settings>
  ...
  <activeProfiles>
    <activeProfile>profil1</activeProfile>
  </activeProfiles>
  ...
</settings>
```

12.2.3 Aktivierung als Standard

Profile können generell als aktiviert gesetzt werden:

```
<profile>
  ...
  <activation>
    <activeByDefault>true</activeByDefault>
  </activation>
  ...
```

Auf diese Art können mehrere Profile aktiviert werden, sobald jedoch ein anderes Profil *von außen*, also durch einen Schalter, die `settings.xml` oder sonst wie aktiviert wird, werden alle Profile, die die Einstellung `activeByDefault=true` verwenden, deaktiviert! Die Aktivierungseinstellungen können allerdings kombiniert werden:

```
<activation>
  <id>development</id>
  <activeByDefault>true</activeByDefault>
  <property>
    <name>deploy.level</name>
    <value>development</value>
  </property>
</activation>
```

Das Profil `development` ist als Standard aktiviert. Außerdem wird das Profil aktiviert, wenn Maven mit dem Schalter `-Ddeploy.level=development` aufgerufen wird.

12.2.4 Umgebungsabhängige Aktivierung

Profile können in Abhängigkeit zur Build-Umgebung automatisch aktiviert werden. Dazu müssen innerhalb der Profildeklaration `activation`-Abschnitte vorhanden sein, in denen die Aktivierungsbedingungen angegeben werden. Es ist möglich, die Aktivierung von mehreren Faktoren, wie der Java-Version, dem verwendeten Betriebssystem, der Existenz einer Datei oder dem Wert einer Umgebungsvariablen, abhängig zu machen.

Java-Version

Das Profil wird in Abhängigkeit von der verwendeten Java-Version mit dem Tag `jdk` aktiviert:

```
<activation>
  <activeByDefault>false</activeByDefault>
  <jdk>1.4</jdk>
</activation>
```

Betriebssystem

Die Aktivierung ist abhängig vom verwendeten Betriebssystem. Im Element `os` lassen sich weitere Details wie Version und Betriebssystemfamilie angeben:

```
<activation>
  <activeByDefault>false</activeByDefault>
  <os>
    <arch>x86</arch>
    <family>Windows</family>
    <name>Windows XP</name>
    <version>5.1</version>
  </os>
</activation>
```

Wenn Sie sich über die Angabe zu `arch`, `name` oder `version` nicht sicher sind, fragen Sie diese aus den System-Properties `os.arch`, `os.name`, `os.version` ab: `System.getProperty("os.arch")`.

Property

Die Aktivierung ist abhängig von Existenz und/oder Wert einer Variablen. Diese Variable muss außerhalb des POM und der Settings deklariert sein. Möglich ist also die Verwendung des Kommandozeilenparameters -D oder der Verweis auf eine Umgebungsvariable.

```
<profile>
  <id>propertyProfile</id>
  <activation>
  <activeByDefault>false</activeByDefault>
    <property>
      <name>target.jdk</name>
    </property>
  </activation>
</profile>
```

In diesem Fall wird das Profil aktiviert, wenn `target.jdk` vorhanden ist, also via Kommandozeile mittels `mvn -Dtarget.jdk=...` übergeben wurde. Soll das Profil durch eine Umgebungsvariable aktiviert werden, muss dem Namen `env.` vorangestellt werden:

```
<profile>
  <id>propertyProfile</id>
  <activation>
  <activeByDefault>false</activeByDefault>
    <property>
      <name>env.target.jdk</name>
    </property>
  </activation>
</profile>
```

Soll die Aktivierung außerdem vom Wert abhängig sein, verwendet man zusätzlich das Element `value`:

```
<profile>
  <id>propertyProfile</id>
  <activation>
  <activeByDefault>false</activeByDefault>
    <property>
      <name>env.target.jdk</name>
      <value>1.5</value>
    </property>
  </activation>
</profile>
```

Datei

Die Aktivierung ist abhängig vom (Nicht-)Vorhandensein einer oder mehrerer Dateien.

```
<profiles>
  <profile>
    <id>archiva</id>
    (...)
    <activation>
      <file>
        <exists>${user.home}/.m2/archiva.xml</exists>
      </file>
    </activation>
    (...)
  </profile>
</profiles>
```

12.2.5 Und wer ist jetzt aktiv?

Aber woher weiß ich denn nun, welche Profile aktiv sind? Dabei hilft das `maven-help-plugin`:

```
mvn help:active-profiles
```

Geerbte Profile aus Parent-POMs werden hier übrigens nicht angezeigt, auch wenn sie aktiv sind.

12.3 Einsatzmöglichkeiten für Profile

12.3.1 Standortabhängige Ressourcen

Je nach Standort kann, mittels Prüfung von Netzwerkressourcen, ein Profil aktiviert werden, das den Zugriff auf bestimmte Ressourcen wie Repositories, Datenbankserver etc. steuert.

Hinweis

Wird mittels

```
<file><exists>\\rechnername\pfad</exists><file>
```

die Existenz einer Netzwerkressource geprüft, kann in großen Netzen die Prüfung sehr (sehr) lange dauern. Es hat sich als nützlich erwiesen, hier stattdessen die folgende Schreibweise

```
<file><exists>//rechnername/pfad</exists><file>
```

zu verwenden.

12.3.2 Module

Je nach Zielplattform können bestimmte Programmteile ausgetauscht werden:

- Konfigurationsmodule
- Oberflächenimplementierungen, zum Beispiel eine GUI statt WEB-UI
- verschiedene Implementierungen der Persistenzschicht
- etc.

12.3.3 Dependencies

Über Profile im POM können auch Dependencies gesetzt werden. In Abhängigkeit zum verwendeten JDK könnte zum Beispiel ein bestimmter SAX-Parser eingebunden werden. Denkbar ist auch die Verwendung unterschiedlicher JDBC-Treiber durch Profile.

12.3.4 Properties für verschiedene (Test-)Umgebungen

Es können zum Beispiel die Login-Daten, die JDBC-URL und der Treibername gesetzt und mittels Ressource-Filterung gesetzt werden sowie der entsprechende JDBC-Treiber mittels `dependency` verwendet werden. In den `log.properties` können verschiedenen Loglevel für verschiedene Testumgebungen gesetzt werden, zum Beispiel

Entwicklung	TRACE
Integrationstest	INFO
Kundentest	WARN
Produktion	ERROR

Das Ganze könnte dann so aussehen:

Zunächst aktivieren wir das Resource-Filtering ...

```
<build>
  <resources>
    <resource>
      <directory>src/main/resources</directory>
      <filtering>true</filtering>
    </resource>
  </resources>
</build>
```

... und definieren ein Logging-Framework und was wir sonst so brauchen.

```
<dependencies>
  ...
  <dependency>
    <groupId>commons-logging</groupId>
    <artifactId>commons-logging</artifactId>
    <version>1.1.1</version>
    <type>jar</type>
  </dependency>
  ...
</dependencies>
```

Nun kommen die Profile: Wir setzen Properties für die Entwicklung, es wird eine lokale Derby-Datenbank verwendet, der Logging-Level wird auf TRACE gesetzt. Dieses Profil ist als Standard aktiv:

```
<profile>
  <id>entw</id>
  <activation>
    <activeByDefault>true</activeByDefault>
  </activation>
  <properties>
    <jdbc.driver>org.apache.derby.jdbc.EmbeddedDriver
    </jdbc.driver>
    <jdbc.url>jdbc:derby:${basedir}/data
    </jdbc.url>
    <jdbc.user>defaultUser</jdbc.user>
    <jdbc.password>defaultPassword</jdbc.password>
    <log.level>TRACE</log.level>
  </properties>
  <dependencies>
    <dependency>
      <groupId>org.apache.derby</groupId>
      <artifactId>derbyclient</artifactId>
      <version>10.4.2.0</version>
    </dependency>
  </dependencies>
</profile>
```

... schließlich definieren wir ein Profil für die Produktionskonfiguration:

Das Profil ist natürlich nicht automatisch aktiv, es werden die entsprechenden Properties gesetzt, das Logging wird auf den Level ERROR beschränkt und für die Produktionsdatenbank wird ein Oracle-Treiber eingebunden:

```
<profile>
  <id>prod</id>
  <activation>
    <activeByDefault>false</activeByDefault>
  </activation>
  <properties>
    <jdbc.driver>oracle.jdbc.driver.OracleDriver
    </jdbc.driver>
    <jdbc.url>
      jdbc:oracle:thin:@MyDbComputerNameOrIP:1521:ORCL
    </jdbc.url>
    <jdbc.user>${prod.jdbc.user}</jdbc.user>
    <jdbc.password>${prod.jdbc.password}
    </jdbc.password>
    <log.level>ERROR</log.level>
  </properties>

  <dependencies>
    <dependency>
      <groupId>log4j</groupId>
      <artifactId>log4j</artifactId>
      <version>1.2.14</version>
    </dependency>
    <dependency>
      <groupId>oracle</groupId>
      <artifactId>ojdbc</artifactId>
      <version>10.1</version>
    </dependency>
  </dependencies>
</profile>
```

Dazu gehört jetzt eine Properties-Datei für die JDBC-Einstellungen im Verzeichnis `src/main/resources/`:

```
## JDBC Connection Settings
jdbc.driver=${jdbc.driver}
jdbc.url=${jdbc.url}
jdbc.user=${jdbc.user}
jdbc.password=${jdbc.password}
```

Eine Konfigurationsdatei für den Logger wird analog aufgebaut.

Wird nun Maven ohne Profil-Angabe aufgerufen, wird automatisch das Profil `entw` verwendet und die entsprechenden Daten durch das aktive Filtering eingetragen. Die Datei, die nach der `compile`-Phase im `target/classes`-Verzeichnis liegt, sieht so aus:

```
## JDBC Connection Settings
jdbc.driver=org.apache.derby.jdbc.EmbeddedDriver
jdbc.url=jdbc:derby:D:\Projekte\Mavenbuch\Beispiele\profil-beispiel/data
jdbc.user=defaultUser
jdbc.password=defaultPassword
```

In der `jdbc.url` ist auch der Platzhalter `$basedir` durch das entsprechende Verzeichnis ersetzt worden.

Ruft man nun

```
mvn -Pprod compile
```

auf, so werden die entsprechenden Daten aus dem Profil `prod` eingetragen.

Die Properties lassen sich auch in eigene Dateien schreiben, die mit dem Tag `build.filters` eingebunden werden. Näheres dazu beschreibt Abschnitt 11.2.1.

Datensicherheit

Haben Sie's gesehen? Natürlich schreibt man nicht die Zugangsdaten für die Produktionsdatenbank für alle sichtbar ins POM, sondern setzt wiederum Variablen: `${prod.jdbc.user}` und `${prod.jdbc.password}`.

Wo die Werte herkommen? Eine Möglichkeit besteht zum Beispiel darin, in der `settings.xml` des/der Verantwortlichen für das Produktionsdeployment ein Profil anzulegen, das die benötigten Daten enthält:

```
<settings>
  ...
  <profiles>
    <profile>
      <id>prod</id>
      <activation>
        <activeByDefault>false</activeByDefault>
      </activation>
      <properties>
        <prod.jdbc.user>PRODUSER</prod.jdbc.user>
```

```
      <prod.jdbc.password>PRODPASSWD</prod.jdbc.password>
    </properties>
  </profile>
  ...
</profiles>
...
</settings>
```

Wird hier ebenfalls die `id prod` verwendet, wird das Profil automatisch mit aktiviert. Zugegebenermaßen ist eine unverschlüsselte Datei im User-Profil auch nicht der richtige Ort für Zugangsdaten der Produktionsdatenbank, es sollte auf jeden Fall die in Abschnitt 4.4 beschriebene Verschlüsselung verwendet werden.

Die Daten können auch beim Aufruf als Parameter mitgegeben werden:

```
mvn -Pprod -Dprod.jdbc.user=superchecker -Dprod.jdbc.password=7074193h31m
```

12.3.5 Artefakte durch Klassifizierer kennzeichnen

Es kann auch abhängig von der verwendeten Java-Version ein `classifier` an den Namen des erzeugten Archivs angehängt werden. Dies kann nützlich sein, wenn ein Artefakt für ein älteres JDK mit anderen Abhängigkeiten erzeugt werden soll. Im folgenden Beispiel wird bei Verwendung eines 1.4-Compilers der *Klassifizierer* `jdk1.4` an die Versionsnummer angehängt. Außerdem werden einige zusätzliche Dependencies angehängt:

```
<profile>
  <id>jdk1.4</id>
  <activation>
    <activeByDefault>false</activeByDefault>
    <jdk>1.4</jdk>
  </activation>
  <build>
    <plugins>
      <plugin>
        <groupId>org.apache.maven.plugins</groupId>
        <artifactId>maven-jar-plugin</artifactId>
        <configuration>
          <classifier>jdk14</classifier>
        </configuration>
      </plugin>
    </plugins>
  </build>
```

```
  <dependencies>
    <dependency>
      <groupId>backport175</groupId>
      <artifactId>backport175</artifactId>
      <version>1.0</version>
    </dependency>
    ...
  </dependencies>
</profile>
```

12.4 Konflikte

12.4.1 Profile mit gleichem Namen

Theoretisch können in allen vier Dateien gleichnamige Profile existieren, dabei ist jedoch Folgendes zu beachten:

- Profile in der `profiles.xml` überschreiben gleichnamige Profile in der `pom.xml`.
- Profile in den User-Settings überschreiben gleichnamige Profile in den globalen Settings.
- Gleichnamige Profile in `settings.xml` und POM/`profiles.xml` sind möglich und ergänzen sich.

12.4.2 Gleichnamige Eigenschaften

Zwar erlaubt Maven gleichnamige Profile in Settings und POM, die Einstellungen ergänzen sich auch, wenn man zum Beispiel verschiedene Properties oder Repositories setzt. Versucht man jedoch, die gleichen Eigenschaften an mehreren Stellen zu setzen, gilt folgende Hierarchie:

1. `~/.m2/settings.xml`
2. `$M2_HOME/conf/settings.xml`
3. `profiles.xml` (nur Maven 2)
4. `pom.xml`

(Das heißt, der Wert in den Benutzer-Settings gewinnt.)

Beispiel

Angenommen, ich verwende in allen vier Dateien das Profil `home` und definiere jeweils eine Eigenschaft `test.value` mit den Werten:

- **~/.m2/settings.xml:** <test.value>user-settings</test.value>
- **$M2_HOME/conf/settings.xml:** <test.value>user-settings</test.value>
- **pom.xml:** <test.value>POM</test.value>
- **profiles.xml:** <test.value>profiles</test.value>

Für die User-Settings sähe das so aus:

```
<profile>
  <id>home</id>
  <activation>
    <file>
      <exists>\\zaphod\heads</exists>
    </file>
  </activation>
  <properties>
    <test.value>user-settings</test.value>
  </properties>
</profile>
```

Dann würde bei aktiviertem home-Profil der Wert `user-settings` für `test.value` gesetzt werden.

## Kapitel 13

Maven-SCM

13.1 Versionskontrolle mit dem SCM-Plugin

Source Code Management (SCM) ist ein zentraler Bestandteil der Softwareentwicklung. Die parallele Entwicklung an mehreren Versionen eines Projekts mittels *Branch* (Verzweigung), die Möglichkeit, auf ältere Zustände des Projekts zuzugreifen, oder das Markieren eines Projektstands mittels *Tags* gehören zu den Erfordernissen des Entwickleralltags. Auch Maven unterstützt über das SCM-Plugin diverse SCM-Werkzeuge. In diesem Kapitel wird das Zusammenspiel von Maven und Versionskontrollsoftware am Beispiel *Subversion* vorgestellt. Nachdem in Abschnitt 13.2 die unterstützten *Goals* vorgestellt wurden, beschäftigen wir uns in Abschnitt 13.4 mit der Konfiguration des *Versionskontrollsystems* und des Plugins. Abschließend soll an einem Beispiel gezeigt werden, wie sich unter Berücksichtigung der Lifecycles die Ausführung der SCM-Befehle an Projektzustände wie Codequalität oder Kompilierbarkeit koppeln lässt.

13.1.1 Wird mein Kontrollsystem unterstützt?

Maven unterstützt über verschiedene SCM-Provider des Maven-SCM-Plugins zurzeit (Version 1.1) folgende Versionskontrollsysteme:

- Bazaar
- CM Synergy
- CVS
- Mercurial (hg)
- Perforce
- StarTeam
- Subversion

Nur teilweise implementiert ist die Unterstützung folgender Versionskontrollsysteme:

- Accurev
- ClearCase
- Git
- File system
- Visual Source Safe
- Team Foundation Server

Welche Funktionen der Versionskontrollsysteme unterstützt werden, entnehmen Sie bitte der *SCM Providers Matrix* (`http://maven.apache.org/scm/matrix.html`)

13.2 Unterstützte Kommandos

Das Maven-SCM-Plugin verfügt über folgende *Goals*:

- **add**: Datei(en) dem SCM-Repository hinzufügen
- **bootstrap**: checkt eine *saubere Version* des Projekts aus und führt eine Liste von anzugebenden Goals aus
- **branch**: eine Verzweigung/einen Branch des Projekts erzeugen (nur *CVS, Subversion* und *GIT*)
- **changelog**: zeigt eine Liste aller Änderungen für das aktuelle Projekt an
- **checkin**: Alle Änderungen im aktuellen Projekt werden an das SCM-Repository übermittelt (*commit*).
- **checkout**: Der aktuelle Stand wird aus dem SCM-Repository in das Verzeichnis `target/checkout` des aktuellen Projekts kopiert.
- **diff**: listet die geänderten Dateien auf und zeigt die Unterschiede zwischen den lokalen Versionen und den aktuellen SCM-Versionen an
- **edit**: gibt die Datei(en) zum Editieren frei (*Perforce, ClearCase, VSS, CM Synergy*)
- **export**: lädt eine *saubere* Kopie aus dem SCM-Repository (nur *CVS* und *Subversion*)
- **login**: nur *CVS*
- **list**: erzeugt eine Liste aller Projektdateien aus dem SCM-Repository (nur *CVS, Subversion* und *GIT*)
- **status**: zeigt den Staus aller geänderten Dateien im SCM-Repository an
- **tag**: markiert das Projekt (zum Beispiel mit einer Versionsnummer)
- **unedit**: beendet den Edit-Modus (*Perforce, ClearCase, VSS, CM Synergy*)
- **update**: lädt die letzten Änderungen aus dem Repository
- **update-subprojects**: lädt Änderungen für alle Projekte in einem Multimodul-Projekt
- **validate**: überprüft die SCM-URL (*Connection-String* siehe Abschnitt 13.4)

In der Liste der unterstützten SCMs werden nicht alle Goals für alle SCMs unterstützt. Teilweise ist dies den unterschiedlichen Systemen und deren Verwaltungstechnik geschuldet. So wird der Perforce-Befehl `open for edit` durch das Goal `scm:edit` aufgerufen. Für CVS und Subversion gibt es keinen entsprechenden Befehl, also wird auch das Goal nicht unterstützt.

13.3 Anwendung des SCM-Plugins

Im Zweifelsfall benötigt man im Alltag lediglich die Goals `checkin`, `checkout` und `changelist`. Ich persönlich bevorzuge für das Setzen von Tags oder das Erzeugen von Branches ein Eclipse-Plugin oder eine GUI wie *TortoiseSVN* oder *P4Win*. Unter manchen Umständen ist dies vielleicht nicht möglich oder die Aktion soll automatisiert stattfinden. Hier bietet sich die Verwendung der Maven-Goals an. Das Release-Plugin zum Beispiel setzt mittels des SCM-Plugins Tags. Auch *Continuous Integration*-Server wie *Continuum* (siehe Abschnitt A.3) verwenden das SCM-Plugin, um auf SCM-Repositories zuzugreifen. Nicht zu verachten ist auch der Gedanke, das Setzen von Tags durch Maven durchführen zu lassen, da es möglich ist, die Ausführung des Tagging von der Qualität und Kompilierbarkeit des Codes sowie dem erfolgreichen Ausführen der Unit-Tests abhängig zu machen. Beispiele dazu gibt es in Abschnitt 13.5.1 und Kapitel 18.

13.3.1 Alles ist wandelbar

Die Unterstützung für Subversion ist inzwischen sehr gut, bei anderen Versionskontrollsystemen kann das allerdings auch ganz anders aussehen. Wie bei vielen Plugins empfiehlt es sich, die gewünschten Funktionen/Goals ausgiebig zu testen. Nicht alle Funktionen wurden auch für alle Kontrollsysteme implementiert. Durch ein neues Release des Plugins kann sich die Liste der unterstützten SCMs und ihrer Funktionalität ändern. Es lohnt sich allemal, die bereits erwähnte *SCM Providers Matrix* zu konsultieren.

13.4 Konfiguration

Für alle aufgelisteten Goals existieren diverse Parameter, um von URL über Benutzername bis zur gewünschten Version die Anfragen spezifizieren zu können. Für eine komplette Liste aller Parameter konsultieren Sie bitte die Plugin-Dokumentation `http://maven.apache.org/scm/maven-scm-plugin/index.html`.

Das Versionskontrollsystem wird im POM definiert:

```
<scm>
  <connection>scm:svn:http://mavenbuch.de/svn_repo/trunk
      </connection>
  <developerConnection>scm:svn:https://mavenbuch.de/svn_repo/trunk
      </developerConnection>
  <url>http://mavenbuch.de/view.cvs</url>
</scm>
```

Die connection definiert die öffentliche (im Zweifelsfall readonly-access) URL, die developerConnection den Entwicklerzugang.

Das SCM-Plugin verwendet als Standard für die meisten Goals die URL aus dem Element connection. Continuum zum Beispiel verwendet die developerConnection.

13.4.1 Aufbau der SCM-URL

Jede SCM-URL beginnt mit scm, nach einem Doppelpunkt folgt der Bezeichner des SCM, gefolgt von einem weiteren Doppelpunkt und der eigentlichen URL des SCM-Repositorys:

```
scm:<scm_provider><delimiter><Repository_URL>
```

Als delimiter dient normalerweise ein Doppelpunkt, es kann aber auch das Pipe-Symbol verwendet werden, falls die Repository-URL bereits einen Doppelpunkt enthält.

Beispiel-URLs

Subversion-URLs

```
scm:svn:https://somerepository.com/svn_repo/trunk
scm:svn:svn+ssh://${username}@repository/var/svn/maven_exp/trunk
```

Perforce-URL

```
scm:perforce:${username}@ipaddress:1666://repository-name
```

13.4.2 Subversion

Provider-Konfiguration

Die Konfiguration des SCM-Providers kann unter $user.home/.scm/svn-settings.xml angegeben werden, falls Einstellungen wie SSH-Tunnel-Definitionen nicht gefunden werden. Unter Windows sollte die Datei folgendermaßen aussehen:

```
<svn-settings>
  <configDirectory>C:/Dokumente und Einstellungen/%USER%\
      /Anwendungsdaten/Subversion</configDirectory>
</svn-settings>
```

Und unter Unix/Linux-Systemen so:

```
<svn-settings>
  <configDirectory>~/.subversion</configDirectory>
</svn-settings>
```

13.5 Beispiele

Checkin/Commit

```
mvn scm:checkin -Dmessage="added new example for scm"
```

Update

```
mvn scm:update
```

Möchten Sie eine bestimmte Version bearbeiten, müssen Sie Version und Versionstyp (*tag, branch* oder *revision*) angeben.

```
mvn scm:update -DscmVersion="0.1-alpha" -DscmVersionType="tag"
```

lädt den Stand mit der Tag-Version `0.1-alpha` aus dem SCM-Repository.

Um eine Revision oder einen Branch zu bearbeiten, verwenden Sie dementsprechend `scmVersionType revision` oder `branch` (Natürlich vorausgesetzt, Ihr SCM unterstützt diese Versionstypen!).

Auschecken

Der Aufruf von

```
mvn scm:checkout -DscmVersion="0.1-alpha" -DscmVersionType="tag"
```

checkt den Stand mit der Tag-Version `0.1-alpha` in das Verzeichnis `target/checkout` aus dem SCM-Repository aus.

Statusabfrage

```
mvn scm:status
```

Zeigt den Änderungsstatus der versionierten Dateien an. Das Anzeigeformat ist SCM-abhängig.

changelog

Anzeige aller Änderungseinträge:

```
mvn scm:changelog
```

Mit den Parametern `startDate` und `endDate` kann der Zeitrahmen eingegrenzt werden:

```
mvn scm:changelog  -DstartDate=2008-11-16 -DendDate=2008-11-18
```

Sollte Ihnen das Standarddatumsformat `yyyy-MM-dd` nicht behagen, können Sie mittels `userDateFormat` ein anderes angeben:

```
mvn scm:changelog  -DstartDate=16.11.2008 \
                   -DendDate=19.11.2008   \
                   -DuserDateFormat=dd.MM.yyyy
```

Anzeigen der verwalteten Dateien

```
mvn scm:list
```

Setzen eines Tags

```
mvn scm:tag -Dmessage="Version 1.0-alpha deployed" -Dtag="1.0-alpha"
```

Sollten Sie Subversion verwenden und sich nicht an das Standardverzeichnislayout (`trunk/tags/branches`) halten, müssen Sie das Tag-Verzeichnis mit `tagBase` angeben.

> **Hinweis: invalid url**
>
> Brechen das SCM- oder das Changelog-Plugin mit der folgenden Meldung ab, die SCM-URL sei ungültig, aber sie ist es ganz sicher nicht?
>
> ```
> Embedded error: Cannot run changelog command :
> The scm url is invalid.
>
> Embedded error: Can't load the scm provider.
> The scm url is invalid.
> ```
>
> Wenn Sie sicher sind, dass die URL in Ordnung ist, überprüfen Sie, ob das Verzeichnis `.scm` im Home-Verzeichnis existiert und die entsprechenden Dateien für das SCM-System enthält.

13.5.1 Automatisches Kennzeichnen von Releases

Um automatisch den Stand beim Release einer Version zu markieren, kann das tag-Goal direkt mit der Phase deploy gekoppelt werden:

```
<plugin>
  <artifactId>maven-scm-plugin</artifactId>
  <executions>
    <execution>
      <id>deploy-tag</id>
      <goals>
        <goal>tag</goal>
      </goals>
      <phase>deploy</phase>
      <configuration>
        <tag>${project.version}</tag>
        <addTimestamp>true</addTimestamp>
        <message>tagging current deploy</message>
      </configuration>
    </execution>
  </executions>
</plugin>
```

Ein Nachteil dieses Vorgehens ist mit Sicherheit, dass auch bei jedem SNAPSHOT-Deploy ein Tag gesetzt wird. Um die Übersicht nicht zu verlieren, wird deshalb zusätzlich ein Zeitstempel an das Tag angehängt. Wollen Sie lediglich Releases kennzeichnen, empfiehlt es sich, das Release-Plugin zu verwenden (siehe Abschnitt 14.1).

13.5.2 Sauberes Deployment mit scm:bootstrap

Um die aktuelle Version des Projekts im SCM zu testen oder zu deployen, ist es nicht nötig, das Projekt neu anzulegen oder den lokalen Entwicklungsstand zu löschen. Mit Hilfe des Goals bootstrap wird eine Version des Projekts in das Verzeichnis target/checkout ausgecheckt und ein anzugebendes Goal ausgeführt.

Der folgende Befehl checkt die HEAD-Version des Projekts aus und führt die Unit-Tests durch:

```
mvn scm:bootstrap -Dgoals=test
```

Es lassen sich auch mehrere Goals angeben, so lässt sich mittels

```
mvn scm:bootstrap -Dgoals=deploy,scm:tag
```

der aktuelle Projektstand deployen und gleichzeitig ein SCM-Tag setzen. Dies setzt allerdings voraus, dass sich im POM eine gültige Konfiguration des SCM-Plugins befindet, die ein Tag festlegt (zum Beispiel die aktuelle Version):

```
<plugin>
  <artifactId>maven-scm-plugin</artifactId>
   ...
  <configuration>
    <tag>${project.version}</tag>
    <message>tagging current deploy</message>
  </configuration>
  ...
</plugin>
```

Zusätzlich lässt sich für das `bootstrap`-Goal ein anderes Checkout-Verzeichnis mit dem Parameter `checkoutDirectory` angeben.

## Kapitel 14

Software veröffentlichen

14.1 Maven-Release-Plugin

Das Release, also die endgültige Veröffentlichung einer Software, hängt mit vielen Einzelschritten zusammen. Die Versionen müssen heraufgesetzt, im SCM müssen Tags gesetzt werden. Die Dependencies und Plugins dürfen nicht auf Snapshot-Versionen verweisen, um die Wiederholbarkeit der Veröffentlichung zu garantieren. Alle Dateien im Projektverzeichnis müssen einen klaren SCM-Status haben: Entweder sie sind unter SCM-Kontrolle oder sie werden explizit ignoriert (*ignore-list*).

Diese an und für sich kleinen Arbeitspakete bieten in ihrer Gesamtheit viele Fehlerquellen und machen dazu auch noch keinen Spaß. Zieht man dazu noch in Betracht, dass das Team am Ende des Projekts schon die ein oder andere geistige Verfallserscheinung zeigt, sollte so viel wie möglich automatisiert werden.

Das Maven-Release-Plugin fasst einige dieser Arbeitsschritte zusammen, die sonst im Einzelnen abgearbeitet werden müssten:

- Prüfen auf Snapshot-Abhängigkeiten
- Ändern der Version `X-SNAPSHOT` auf `X`
- Einchecken und Taggen des Projekts im SCM-Repository
- Auslieferung (deploy) des Release
- Setzen einer neuen Version `Y-SNAPSHOT`
- Einchecken der geänderten Dateien ins SCM-Repository

Der Ablauf des Deployments ist in zwei Schritte gegliedert, die durch zwei Goals des Plugins repräsentiert werden:

1. `prepare` prüft die Abhängigkeiten, setzt die Versionen, erzeugt Tags etc.
2. `perform` deployed die Ziel-Version der Artefakte in das entfernte Repository.

In der `pluginManagement`-Sektion des Super-POM für Maven 3.0.3 ist die Version *2.0* des Release-Plugins festgelegt. Soll eine aktuellere Version (zurzeit *2.1*) verwendet werden, muss dies im `build.pluginManagement`-Element des Projekts geschehen.

14.1.1 Die Vorbereitung des Release – release:prepare

Ruft man das Goal `release:prepare` auf, wird zunächst überprüft, ob im Projekt offene Modifikationen existieren, die noch mit dem SCM abgeglichen werden müssen. Darunter fallen auch Dateien, die weder unter SCM-Kontrolle stehen noch ignoriert werden.

Bis diese Punkte geklärt sind, bricht Maven mit einer Fehlermeldung ab.

Im nächsten Schritt werden die Ziel-Versionen aller Module des Reaktors und ein Release-Tag abgefragt:

```
[INFO] Checking dependencies and plugins for snapshots ...
What is the release version for "Fischladen Parent"?               \
   (de.mavenbuch.beispiele:fischladen) 1.0: :
What is the release version for "Fischladen Persistence Layer"? \
    (de.mavenbuch.beispiele:fischladen-persistence) 1.0: :
What is the release version for "Fischladen Business Layer"?    \
    (de.mavenbuch.beispiele:fischladen-business) 1.0: :
What is the release version for "Fischladen Webapp"?               \
    (de.mavenbuch.beispiele:fischladen-web) 1.0: :
What is SCM release tag or label for "Fischladen Parent"?          \
    (de.mavenbuch.beispiele:fischladen) fischladen-1.0: :
```

Als Nächstes werden die neuen Entwicklungsversionen des Reaktors abgefragt:

```
What is the new development version for "Fischladen Parent"?      \
     (de.mavenbuch.beispiele:fischladen) 1.1-SNAPSHOT: :
What is the new development version for "Fischladen Persistence  \
Layer"?                                                             \
     (de.mavenbuch.beispiele:fischladen-persistence) 1.1-SNAPSHOT: :
What is the new development version for "Fischladen Business Layer"?\
     (de.mavenbuch.beispiele:fischladen-business) 1.1-SNAPSHOT: :
What is the new development version for "Fischladen Webapp"?      \
     (de.mavenbuch.beispiele:fischladen-web) 1.1-SNAPSHOT: :
```

Danach führt das Plugin die `verify`-Phase des Build-Zyklus aus, um alle Unit- und Integrationstests auszuführen und sicherzustellen, dass das Projekt noch gebaut werden kann:

```
mvn clean verify --no-plugin-updates -P default,default
```

Um die Vorgaben ohne Nachfrage zu verwenden, kann der Parameter `-B` oder `-batch-mode` angegeben werden.

Während des Durchlaufs erledigt das Plugin folgende Arbeitsschritte:

1. In den Reaktor-Modulen werden die Versionen auf die gewünschten Release-Versionen gesetzt.
2. Die Datei `release.properties` wird im Verzeichnis des Reaktor-Projekts erzeugt. Sie enthält die angegebenen Daten.
3. Die `*connection`-Einträge im `scm`-Element des POM werden an das Tag angepasst.
4. Die geänderten `pom.xml`-Dateien werden ins SCM eingecheckt.
5. Das angegebene Tag wird im SCM für das Projekt gesetzt.
6. In allen Reaktor-Modulen wird die Version auf die neuen Entwicklungsversionen gesetzt.

Damit die Release-Vorbereitung auch wie gewünscht durchgeführt wird, kann der Parameter `-DdryRun=true` angegeben werden, dann werden die Änderungen nur in Dummy-Dateien durchgeführt. Für jedes Projekt des Reaktors wird eine Datei `pom.xml.tag` erzeugt, die der Release-Version der `pom.xml` entspricht, sowie eine `pom.xml.next`, die der nächsten Entwicklungs-(`-SNAPSHOT`-)Version entspricht. Bricht der Durchlauf wegen eines Fehlers ab, wird er beim nächsten Start an der gleichen Stelle fortgesetzt. Soll der Vorgang von Anfang an durchgeführt werden, muss der Schalter `-Dresume=false` gesetzt werden. Alternativ können die Daten mit `mvn release:clean` gelöscht werden.

Parameter

- **`arguments`**: kann verwendet werden, um zusätzliche Argumente an den intern aufgerufenen Maven-Build zu übergeben, um zum Beispiel die Aktivierung eines Profils zu erzwingen:

  ```
  <plugin>
    <artifactId>maven-release-plugin</artifactId>
    <version>2.1</version>
    <configuration>
      <arguments>-Pjdk16</arguments>
    </configuration>
  </plugin>
  ```

  Es können mehrere Argumente durch Leerzeichen getrennt angegeben werden.
- **`autoVersionSubmodules`**: `(true|false)` `true` erzwingt die Verwendung der Parentversion für alle Modul-Projekte. Standardwert ist `false`.
- **`developmentVersion`**: die zu verwendende Version in den Koordinaten der neuen Arbeitskopie

- **dryRun**: setzt man dryRun auf true, so werden die Änderungen nicht ans SCM übermittelt. Stattdessen werden Dateien pom.xml.next und pom.xml.tag erzeugt. Standardwert ist false.
- **resume**: (true|false) setzt die Ausführung des Goals an der Stelle des Abbruchs fort, falls der vorhergehende Vorgang durch einen Fehler abgebrochen wurde. Der Standardwert ist true.
- **username**: zur Angabe des SCM-Login-Namens
- **password**: zur Angabe des SCM-Passworts
- **tagBase**: Mit diesem Parameter kann für Subversion das *Tag Base*-Verzeichnis angegeben werden, falls nicht die Standardverzeichnisstruktur (trunk, branches, tags) im Repository verwendet wird.
- **preparationGoals**: Die Goals, die nach der Anpassung der Dateien, aber vor dem commit ausgeführt werden. Standard ist clean verify. Es können mehrere durch Leerzeichen getrennte Werte angegeben werden.
- **generateReleasePoms**: (true|false) erzeugt für jedes Reaktor-Modul release-pom.xml Dateien, die das Release-Plugin bei späteren Aufrufen anstelle der pom.xml verwendet. In der release-pom.xml sind alle Verzeichnisse und Dependencies angegeben, die das Projekt von anderen Projekten erbt. Da die release-pom.xml-Datei keine Plugin-Settings enthält, ist dies auch nur bedingt hilfreich. Standardwert ist false.
- **allowTimestampedSnapshots**: (true|false) erlaubt die Verwendung von Snapshot-Versionen, die mit einem Zeitstempel versehen sind. Da Repository-Manager unter Umständen Snapshot-Versionen nur eine begrenzte Zeit aufbewahren, ist diese Option mit Vorsicht zu genießen. Standardwert ist false.

Dies sind nur einige der möglichen Parameter. Eine vollständige Liste findet sich auf der Plugin-Homepage http://maven.apache.org/plugins/maven-release-plugin/prepare-mojo.html.

14.1.2 Die Ausführung des Release – release:perform

Das Goal release:perform deployed die durch release:prepare vorbereitete Version (in unserem Beispiel fischladen-1.0). Das heißt, die durch das Tag angegebene Version wird aus dem SCM ausgecheckt und mvn deploy site-deploy aufgerufen. Befindet sich keine release.properties-Datei im aktuellen Projekt, muss mit dem Parameter -DconnectionUrl=scm:... die URL des zu verwendenden SCM-Tags angegeben werden. Die Standardbefehle, die ausgeführt werden, sind deploy und site-deploy. Diese Goals können aber im POM des Projekts überschrieben werden. Soll zum Beispiel die Dokumentation nicht deployed werden, lautet der Eintrag:

```
<plugin>
  <artifactId>maven-release-plugin</artifactId>
  <configuration>
    <goals>deploy</goals>
  </configuration>
</plugin>
```

Hier lassen sich natürlich beliebige weitere Goals angeben.

Außerdem wird das im Super-POM definierte Profil `release` aktiviert. Dieses veranlasst unter anderem, dass mit dem Release auch die Projekt-Sourcen und Javadocs deployed werden.

Parameter

- **`goals`**: gibt die Goals an, die beim Deployment ausgeführt werden sollen. Standardwert ist `deploy site-deploy`. Die Werte werden durch Leerzeichen getrennt.
- **`tag`**: SCM-Tag der zu veröffentlichenden Version
- **`useReleaseProfile`**: (`true|false`) gibt an, ob das im Super-POM definierte Profil `release` aktiviert werden soll. Standardwert ist `true`.
- **`arguments`**: siehe Abschnitt 14.1.1
- **`tagBase`**: siehe Abschnitt 14.1.1
- **`username`**: siehe Abschnitt 14.1.1
- **`password`**: siehe Abschnitt 14.1.1

Weitere Parameter finden sich auf der Homepage des Release-Plugins `http://maven.apache.org/plugins/maven-release-plugin/perform-mojo.html`.

14.1.3 Weitere Goals

Das Plugin verfügt über vier weitere Goals, auf die hier nicht weiter eingegangen wird:

- **`clean`**: löscht die durch das `prepare`-Goal erzeugten Dateien
- **`rollback`**: macht die Änderungen eines vorherigen `release:prepare:`-Durchlaufs rückgängig. Die SCM-Tags bleiben dabei aber, zumindest was Subversion angeht, bestehen.
- **`stage`**: führt das Release in ein anzugebendes *staging*-Repository aus
- **`branch`**: erzeugt einen Branch des Projekts im SCM
- **`update-versions`**: ersetzt die Versionsnummern in den Koordinaten in allen POMs eines Single-Multi-Modul-Projekts.

So kann z.B. mit dem Befehl

```
mvn release:update-versions -DautoVersionSubmodules=true -Ddevelopment-
Version=1.0.1-SNAPSHOT
```

die Versionsnummer in allen Koordinaten eines Multi-Modul-Projekts auf die Version `1.0.1-SNAPSHOT` gesetzt werden.

Eine Beschreibung der Goals und weitere Beispiele finden sich unter `http://maven.apache.org/plugins/maven-release-plugin/`.

14.2 Assembly-Plugin

14.2.1 Was sind Assemblies?

Pakete und ihr Format werden durch das *Packaging* definiert. Allerdings sind diese Pakete, mal abgesehen von `ear`, `war` und ähnlichen Formaten in erster Linie dazu geeignet, durch Repositories verteilt zu werden. Durch das Source- und das Javadoc-Plugin lassen sich Archive mit API-Beschreibung und Quellcode generieren, diese sind aber auch nicht ideal, um beispielsweise als Download auf einer Webseite angeboten zu werden. Was uns noch fehlt, sind Distributionen, in denen sich verschiedene Inhalte kombinieren lassen, um zum Beispiel via Internet als Download ausgeliefert bzw. verteilt zu werden. Diese Lücke schließt das Assembly-Plugin (*Assembly* lässt sich in diesem Zusammenhang mit *Montage* – wie Zusammenbauen, nicht wie der unangenehme Wochentag – übersetzen). Das Assembly-Plugin verfügt mittlerweile nur noch über ein Goal: `assembly:single`, alle übrigen Goals wurden inzwischen als `deprecated` markiert und werden in einer der kommenden Plugin-Versionen entfernt. Während das Goal `assembly` dazu gedacht war, auf der Kommandozeile ausgeführt zu werden, kann `single` auch im POM im Element `plugin.executions` eingesetzt werden. Das `assembly`-Goal ist ein *Aggregations-Mojo*, es bezieht seine Informationen aus dem Parent-Projekt eines Reaktors. Würde es im `executions`-Element eines Parent-POM deklariert, würde dies unschöne Effekte, wie redundante Archive, ergeben. Das Assembly-Plugin ist eines der umfangreichsten Plugins im Maven-Umfeld. Dieses Kapitel gibt lediglich eine Einführung in das Konzept und die Verwendung des Assembly-Plugins.

Ein ausführliches Kapitel mit vielen Beispielen zur Konfiguration des Assembly-Plugins enthält auch [Son]. Auch die Online-Dokumentation des Plugins `http://maven.apache.org/plugins/maven-assembly-plugin/index.html` ist sehr ausführlich und enthält viele Beispiele.

14.2.2 Assembly-Deskriptoren

Assemblies werden mittels Assembly-Deskriptoren konfiguriert. Diese XML-Dateien geben an, welche Dateien des Projekts wie und in welchem Format gepackt werden sollen.

Tipp

Bevor Sie starten, noch ein Tipp, wenn auch kein besonders neuer: Verwenden Sie einen XML-Editor oder eine IDE und geben Sie beim Bearbeiten der Assembly-Deskriptoren stets die XSD an. Code-Vervollständigung macht das Bearbeiten einer XML-Datei gleich viel angenehmer. Der Anfang eines Assembly-Deskriptors sollte also so aussehen:

```
<assembly
  xmlns=http://maven.apache.org/plugins/maven-assembly-plugin/assembly/1.1.2
  xmlns:xsi=http://www.w3.org/2001/XMLSchema-instance
  xsi:schemaLocation="http://maven.apache.org/plugins/
                                    maven-assembly-plugin/assembly/1.1.2
            http://maven.apache.org/xsd/assembly-1.1.2.xsd">
...
```

Vordefinierte Assembly-Deskriptoren

Es gibt vier vordefinierte *Assembly-Deskriptoren*, die bereits einige wichtige Anwendungsfälle abdecken:

- **`bin`**: packt die durch die Build-Phase `package` erzeugten Artefakte aus dem `target`-Verzeichnis zusammen mit allen `README*`-, `LICENSE*`- und `NOTICE*`-Dateien aus dem Root-Verzeichnis des Projekts zusammen. Damit lässt sich schon mal eine einfache Binär-Distribution erstellen. Das Assembly wird in den drei Formaten
  - `.zip`
  - `.tar.gz`
  - `.tar.bz2`

  erzeugt und verwendet den *Classifier* `bin`. Die erzeugten Dateien tragen also den Namen

  `${artifactId}-${version}-bin.*`
- **`src`**: packt das Verzeichnis `src` und die Dateien `pom.xml`, `LICENSE*`, `README*` und `NOTICE*` zusammen. Das Archiv wird ebenfalls in drei Formaten erstellt: `.zip`, `.tar.gz` und `.tar.bz2`. Als Archivname wird

  `${artifactId}-${version}-src.*`

  verwendet. Dieser Deskriptor ist geeignet, um die Sourcen Personen zur Verfügung zu stellen, die keinen Zugriff auf das SCM haben.

- **project**: packt alle Projektdateien zusammen. Darunter fallen alle Daten außer dem `target`-Verzeichnis. Das Archiv wird in den drei oben genannten Formaten `.zip`, `.tar.gz` und `.tar.bz2` erstellt. Als Archivname wird

  `${artifactId}-${version}-project.*`

  verwendet. Im Gegensatz zu `src` wird alles außerhalb des `target`-Verzeichnisses eingepackt. Verwendet man ein abweichendes `outPutDirectory`, werden die kompilierten Klassen und andere generierte Dateien mit eingepackt. Module, deren Verzeichnisse sich innerhalb des Projektverzeichnisses befinden, werden mit gepackt.
- **jar-with-dependencies**: erstellt ein JAR, das alle Abhängigkeiten enthält. Dazu werden die JARs erst entpackt und dann zusammen mit den Klassen des Projekts in ein gemeinsames Archiv gepackt.

Um auf die Schnelle ein Source-Archiv des Projekts anzulegen, kann also der Befehl

```
mvn assembly:single -DdescriptorId=src
```

verwendet werden. Normalerweise soll das Erstellen von Projektarchiven jedoch stets nach dem gleichen Muster geschehen. Es bietet sich also an das Assembly Plugin im POM zu konfigurieren und mit einer Buildphase zu verknüpfen, im Allgemeinen mit *package*:

```
<plugin>
  <artifactId>maven-assembly-plugin</artifactId>
  <version>2.2.1</version>
  <configuration>
    <descriptorRefs>
      <descriptorRef>jar-with-dependencies</descriptorRef>
    </descriptorRefs>
  </configuration>
  <executions>
    <execution>
      <id>assembly-jar-Id</id>
      <phase>package</phase>
      <goals>
        <goal>single</goal>
      </goals>
    </execution>
  </executions>
</plugin>
```

Eigene Assembly-Deskriptoren

Eigene Assembly-Deskriptoren können im XML-Format erstellt werden. Die am Anfang des Buches aufgeführten Verzeichniskonventionen sehen vor, dass Assembly-Deskriptoren im Verzeichnis `src/main/assembly` abgelegt werden. In den folgenden Beispielen wird ein Assembly-Deskriptor namens `distribution.xml` verwendet, der im POM folgendermaßen angegeben wird:

```
<plugin>
  <artifactId>maven-assembly-plugin</artifactId>
  <version>2.2.1</version>
  <configuration>
    <descriptors>
      <descriptor>src/main/assembly/distribution.xml</descriptor>
    </descriptors>
  </configuration>
  <executions>
    <execution>
      <id>assembly-distribution-Id</id>
      <phase>package</phase>
      <goals>
        <goal>single</goal>
      </goals>
    </execution>
  </executions>
</plugin>
```

Tipp

Die vorgefertigten Assembly-Deskriptoren `src`, `bin`, `project` und `jar-with-dependencies` befinden sich im `assemblies`-Verzeichnis innerhalb der Archivdatei `maven-assembly-plugin-NNN.jar` im lokalen Repository im Verzeichnis `org/apache/maven/plugins/maven-assembly-plugin/NNN`.

Deskriptor-Elemente

Notwendige Grundinformationen für jedes Assembly sind `id` und `formats`. Die `id` wird als `classifier` für das fertige Assembly verwendet. `formats` gibt die Formate der erzeugten Archive an. Unterstützt werden in Version 2.2.1 des Plugins: `jar`, `zip`, `tar`, `tar.gz`, `tar.bz2`, `bzip2`, `gzip`, `rar`, `war`, `ear`, `sar` und `dir`. Da `id` und `format` in die Koordinaten des Assemblys eingehen, sollten sie mit Bedacht gewählt werden.

Die erzeugten Inhalte werden im Archiv innerhalb eines Verzeichnisses namens `${project.build.finalName}` abgelegt. Der Name des Verzeichnisses kann mit dem Tag `baseDirectory` geändert werden. Soll für eine `war`-Datei oder ein ausführbares JAR der Inhalt des Assemblys auf der obersten Ebene des Archivs liegen, kann die Erzeugung des Verzeichnisses mit

```
<includeBaseDirectory>false</includeBaseDirectory>
```

unterbunden werden.

Im Deskriptor können, wie im POM, Properties verwendet werden. Es werden alle Properties unterstützt, die auch im POM und im Resource Filtering (siehe Kapitel 11) verwendet werden können: Umgebungsvariablen (`${env.*}`), System-Properties (`${java.*}` etc.), POM-Elemente (`${project.*}`), POM-Properties und User-Properties.

14.2.3 Assembly-Inhalte festlegen

Zwar sind `id` und `format` offiziell die einzigen zwingend notwendigen Bestandteile eines Assemblys, aber wer will schon ein Archiv ohne Inhalt? Mal davon abgesehen, dass manche der Archivformate nicht erzeugt werden, wenn kein Inhalt angegeben wurde.

14.2.4 Dateien

Es gibt zwei Tags im Deskriptor, um Dateien hinzuzufügen: `files` und `fileSets`.

fileSet

Mit dem Tag `fileSets`, das wiederum eine Reihe von `fileSet`-Elementen enthält, werden Gruppen von Dateien angegeben. Es kann verwendet werden, um Dateien ein- oder auszuschließen. Das folgende Beispiel fügt alle JAR-Dateien des `target`-Verzeichnisses dem Assembly hinzu, spart dabei aber `source`- und `java`-doc-Anhänge aus:

```
<fileSets>
  <fileSet>
    <directory>${project.build.directory}</directory>
    <outputDirectory>/</outputDirectory>
    <includes>
      <include>${project.build.finalName}.jar</include>
    </includes>
    <excludes>
      <exclude>*-javadoc.jar</exclude>
      <exclude>*-sources.jar</exclude>
```

```
    </excludes>
    <filtered>false</filtered>
  </fileSet>
</fileSets>
```

`outPutDirectory` gibt das Zielverzeichnis innerhalb des Assemblys unterhalb des oben genannten *baseDirectorys* an. Wenn kein `include`-Element angegeben ist, werden alle gültigen Dateien eingeschlossen. Andersherum beim `exclude`: Ist kein Element angegeben, werden auch keine gültigen Dateien ausgeschlossen. Das Assembly-Plugin schließt von sich aus bereits eine Reihe von Dateien aus: Metadaten von CVS und Subversion, Backup-Dateien von vi, Emacs und Co. werden ignoriert. Um diese Filterung abzustellen, muss das Tag `useDefaultExcludes` auf `false` gesetzt werden.

Zusätzlich können für Unix-Systeme mit den Tags `fileMode` und `directoryMode` die Zugriffsrechte gesetzt werden. Diese müssen in der Oktalschreibweise angegeben werden:

```
<fileSets>
  <fileSet>
  ...
  <fileMode>755</fileMode>
  <directoryMode>755</directoryMode>
  ...
  <fileSet>
<fileSets>
```

erlaubt dem Besitzer Schreiben, Lesen und Ausführen, allen anderen Anwendern nur Lesen und Ausführen. Die Zeichen, die für den Zeilenumbruch verwendet werden, können mit `lineEnding` gesetzt werden. Unterstützt werden die Werte

- **`keep`**: Alles bleibt, wie es ist.
- **`dos`**: für MSDOS-Zeilenumbrüche
- **`unix`**: Unix-Umbrüche (\n)
- **`lf`**: für einen Zeilenvorschub (\n)
- **`crlf`**: für Wagenrücklauf und Zeilenvorschub (\r\n)

Hinweis für Maven 2

Mit der Version *2.2-Beta-2* des Plugins funktioniert die Filterung der Dateien bei Verwendung von `fileSet` nicht. In Version *2.2-beta-3* ist der Fehler behoben. Da die fehlerhafte Version des Plugins in Maven 2 vorgegeben ist, sollte das Plugin in der `pluginManagement`-Sektion mit Versionsangabe deklariert werden:

```
<build>
  <pluginManagement>
    <plugins>
      <plugin>
        <artifactId>maven-assembly-plugin</artifactId>
        <version>2.2.1</version>
      </plugin>
      ...
    </plugins>
  </pluginManagement>
</build>
```

In Maven 3.0.3 tritt das Problem nicht auf; hier ist Version 2.2-Beta-5 vorgegeben.

Hinweis

Das Element `useStrictFiltering` soll laut Online-Dokumentation, wenn auf `true` gesetzt, den Build abbrechen, falls eines der `include`-Patterns nicht aufgelöst werden kann, also die entsprechende Datei fehlt. Das scheint aber nicht zu funktionieren. Das Element wird auch nicht in der XSD aufgeführt.

files

Für die Angabe einzelner Dateien dient das Element `files`, das wiederum `file`-Tags enthält. Um zum Beispiel das JAR des Projekts und die Datei `RELEASE.txt` einzupacken, gibt man Folgendes an:

```
<files>
  <file>
    <filtered>false</filtered>
    <source>${project.build.directory}/${project.build.finalName}.jar
       </source>
    <outputDirectory>/</outputDirectory>
  </file>
  <file>
    <source>RELEASE.txt</source>
    <outputDirectory>/</outputDirectory>
    <filtered>true</filtered>
  </file>
</files>
```

Ansonsten unterstützt das `file`-Element das Tag `destName`, um den Namen des Ziels festzulegen, sowie die oben beschriebenen `fileMode` und `lineEnding`.

14.2.5 Dependencies

Dependencies lassen sich nicht mit den Datei-Elementen verwalten. Aus dem ganz einfachen Grund, dass es sich hier um abstrakte Größen handelt, die nicht physisch im Projektverzeichnis vorhanden sind. Um dem Archiv die benötigten Bibliotheken hinzuzufügen, wird das Element `dependencySets` verwendet, das wiederum aus `dependencySet`-Tags besteht. Dependencies können als Archiv oder entpackt dem Assembly hinzugefügt werden. Um nun alle benötigten Dependencies in das *lib*-Verzeichnis des Assembly-Archivs zu packen, genügt der Eintrag

```
<dependencySets>
  <dependencySet>
    <outputDirectory>lib</outputDirectory>
    <useProjectArtifact>false</useProjectArtifact>
  </dependencySet>
</dependencySets>
```

`useProjectArtifact` verhindert, dass das Projekt-Artefakt den Dependencies zugeordnet wird. Aus Gründen der Abwärtskompatibilität ist der Standardwert `true`. Ich empfehle aber, in jedem Fall `useProjectArtifact` den Wert `false` zuzuweisen.

Innerhalb der Sektion `dependencySet` kann beim Resource Filtering mit `${artifact.*}` auf die POM-Eigenschaften der Dependencies zugegriffen werden. Um zum Beispiel innerhalb des `lib`-Verzeichnisses die Bibliotheken nach ihren *groupIds* zu strukturieren, gibt man

```
<outputDirectory>lib/${artifact.groupId}</outputDirectory>
```

an.

Gültigkeitsbereiche

`dependencySet` bietet die Möglichkeit, Dependencies entsprechend ihres Gültigkeitsbereichs unterschiedlich zu behandeln. Normalerweise werden Abhängigkeiten, die den Gültigkeitsbereich `provided` aufweisen, nicht übernommen, da sie beispielsweise von einem Applikationsserver oder Servlet-Container gestellt werden.

Soll das erstellte Archiv sowohl in einem Container lauffähig sein als auch selbstständig gestartet werden können, müssten die `provided`-Bibliotheken ebenfalls im Archiv enthalten sein. Um aber keine Konflikte mit dem Container hervorzurufen, müssen sie von den Abhängigkeiten mit `scope runtime` getrennt werden. Das folgende Beispiel packt die Abhängigkeiten einer Web-Anwendung in das

WEB-INF/lib-Verzeichnis, die provided-Abhängigkeiten jedoch in das Verzeichnis WEB-INF/runnable-lib:

```
<assembly>
  ...
  <dependencySets>
    <dependencySet>
      <outputDirectory>/WEB-INF/lib</outputDirectory>
      <useProjectArtifact>false</useProjectArtifact>
    </dependencySet>
    <dependencySet>
      <scope>provided</scope>
      <outputDirectory>/WEB-INF/runnable-lib</outputDirectory>
      <useProjectArtifact>false</useProjectArtifact>
    </dependencySet>
  </dependencySets>
  ...
</assembly>
```

Packt man nun noch einen Embedded-Servlet-Container wie Jetty dazu, kann das Archiv sowohl in einen Servlet-Container deployed werden als auch selbstständig gestartet werden.

Dependencies entpacken

Mit dem unpack-Tag kann das Assembly-Plugin angewiesen werden, Dependencies auszupacken. Dies kann sinnvoll sein, wenn man ein komplettes JAR erzeugen will, das alle Abhängigkeiten enthält, wie zum Beispiel der Standard-Deskriptor jar-with-dependencies das tut. Das folgende Beispiel erzeugt ein JAR, das alle Abhängigkeiten und die Projektklassen (useProjectArtifact ist nicht gesetzt!) enthält:

```
<assembly>
  <id>uber-jar</id>
  <formats>
    <format>jar</format>
  </formats>
  <includeBaseDirectory>false</includeBaseDirectory>
  <dependencySets>
    <dependencySet>
      <unpack>true</unpack>
```

```
    </dependencySet>
  </dependencySets>
</assembly>
```

Dies lässt sich jetzt beliebig fortführen. Dependencies können mittels `includes` und `excludes` gefiltert, als Archiv oder ausgepackt dem Assembly hinzugefügt werden. Im Gegensatz zu Dateien werden Dependencies allerdings über ihre Koordinaten identifiziert:

```
<exclude>groupId:artifactId[:type][:classifier][:version]</exclude>
```

Das Tag `unpackOptions` bietet weitere Möglichkeiten, das Entpacken der Dependencies mittels `includes` und `excludes` zu steuern.

Sourcen und Javadoc

Das Element `useProjectAttachments` kann verwendet werden, um Projektanhänge wie Sourcen oder die API-Dokumentation hinzuzufügen. Um eine Distribution inklusive Schnittstellenbeschreibung im Verzeichnis `apidoc` zu erhalten, kann folgendes `dependencySet` verwendet werden:

```
<dependencySet>
  <useProjectAttachments>true</useProjectAttachments>
  <outputDirectory>apidoc</outputDirectory>
  <unpack>true</unpack>
  <excludes>
    <exclude>*:sources</exclude>
    <exclude>*:jar</exclude>
  </excludes>
  <useProjectArtifact>false</useProjectArtifact>
</dependencySet>
```

14.2.6 Module

Assemblies enthalten nicht unbedingt die Module eines pom-Projekts. Natürlich können über das Element `files` oder `fileSet` Module hinzugefügt werden, sofern sie unterhalb des Reaktor-Projektverzeichnisses liegen. Jedoch bietet die Sektion `moduleSets` weitaus mehr Möglichkeiten und schließt Module in anderen Verzeichnissen ein. Wie bei Dateien und Abhängigkeiten können Module gezielt ein- oder ausgeschlossen werden. Dabei werden Module in der Form `groupId:artifactId` angegeben.

Elemente

- **includes**: enthält include-Tags zum Einschließen von Modulen
- **excludes**: enthält exclude-Tags zum Ausschließen von Modulen
- **sources**: definiert, ob und wie Modul-Sourcen eingebunden werden
- **binaries**: definiert, ob und wie Modul-Binaries eingebunden werden
- **includeSubModules**: gibt an, ob Untermodule von Modulen eingeschlossen werden sollen. Vorgabe ist true.

Modul-Sourcen

In der Sektion sources wird angegeben, wie mit dem Quellcode der Module umgegangen werden soll. Betrachten wir dazu ein Beispiel und schließen bei der Gelegenheit gleich ein Modul von der Weitergabe aus.

Angenommen, wir möchten die Sourcen der Module unseres Projekts in das Assembly aufnehmen, ausgenommen den Inhalt des Pakets fischladen-mock, das lediglich für die Unit-Tests benötigt wird:

```
<moduleSets>
  <moduleSet>
    <excludes>
      <exclude>${project.groupId}:fischladen-mock
      </exclude>
    </excludes>
    <sources>
      <fileSets>
        <fileSet>
          <directory></directory>
          <includes>
            <include>**/src/**</include>
            <include>pom.xml</include>
          </includes>
          <excludes>
            <exclude>**/target/*</exclude>
            <exclude>**src/test/**</exclude>
          </excludes>
        </fileSet>
      </fileSets>
    </sources>
  </moduleSet>
</moduleSets>
```

In `sources` wird per `fileSets` angegeben, welche Verzeichnisse ein- oder ausgeschlossen werden sollen. Zusätzlich lässt sich per

```
<sources>
  <includeModuleDirectory>false</includeModuleDirectory>
  ...
```

der Inhalt der Module direkt im Assembly verlinken, also ohne dass ein Unterverzeichnis mit dem Modulnamen angelegt wird.

Weitere Konfigurationsmöglichkeiten und Beispiele finden sich auf der Webseite des Plugins.

Modul-Binaries

Mit dem `binaries`-Element können die erzeugten Artefakte der Module und ihre Abhängigkeiten eingebunden werden. Die Konfiguration ist ähnlich der des `dependencySet`-Tags. Zusätzlich lässt sich das Element `attachmentCassifier` angeben, mit dem Projektanhänge anhand ihres Klassifizierers ein- oder ausgeschlossen werden können. Mit `includeDependencies` schließlich lassen sich die Abhängigkeiten des Moduls explizit ausschließen.

Wollen wir also zusätzlich zu den oben eingepackten Sourcen auch die Javadoc in unserem Assembly haben, fügen wir folgenden Abschnitt zu unserem Assembly-Deskriptor hinzu:

```
<moduleSets>
...
  <moduleSet>
    <excludes>
      <exclude>${project.groupId}:fischladen-mock
      </exclude>
    </excludes>
    <binaries>
      <includeDependencies>false</includeDependencies>
      <attachmentClassifier>javadoc</attachmentClassifier>
      <outputDirectory>doc</outputDirectory>
      <unpack>false</unpack>
    </binaries>
  </moduleSet>
...
</moduleSets>
```

Mit <unpack>false</unpack> wird erreicht, dass die gepackten -javadoc.jar-Dateien in das Verzeichnis doc des Assemblys gelangen. Sollen die entpackten Daten verwendet werden, muss hier true angegeben oder das Tag weggelassen werden.

Auf diese Art und Weise können alle Artefakte und Anhänge sowie die Dependencies der Module in das Assembly aufgenommen werden. Wie bei dependencySet gibt es hier eine Besonderheit für das Resource Filtering. POM-Eigenschaften der Module können mittels ${module.*} im Deskriptor angesprochen werden.

Wichtig

Durch die Struktur des Assembly-Plugins wird im Zweifelsfall der Aufruf mvn assembly:assembly fehlschlagen, wenn Sie die binaries-Sektion verwenden. Die Fehlermeldung sieht ungefähr so aus:

```
[ERROR] BUILD ERROR
[INFO] ------------------------------------------------------------
[INFO] Failed to create assembly: Artifact:
       de.mavenbuch.beispiele:fischladen-business:jar:1.0-SNAPSHOT
(included by module) does not have an artifact with a file.
 Please ensure the package phase is run before the assembly is
 generated.
```

Interessanterweise taucht diese Fehlermeldung auf, obwohl Sie mvn package kurz vorher aufgerufen haben und die verlangten Dateien gut sichtbar im target-Verzeichnis des Moduls liegen. Sie müssen stattdessen

```
mvn package assembly:assembly
```

aufrufen, dann geht's. Weitere Informationen zu diesem ärgerlichen Effekt stehen in der FAQ-Liste des Assembly-Plugins http://maven.apache.org/plugins/maven-assembly-plugin/faq.html#module-binaries.

14.2.7 Repositories

Mit dem repositories-Tag lassen sich Repositories dem Archiv hinzufügen. Das erzeugte Repository beinhaltet alle Abhängigkeiten des Projekts. Neben den Artefakten werden auch POM-, md5-Dateien und, wenn gewünscht, auch die Metadata-Informationen hinzugefügt.

```
<repositories>
  <repository>
    <outputDirectory>maven2</outputDirectory>
    <includeMetadata>true</includeMetadata>
  </repository>
</repositories>
```

14.2.8 Assembly-Deskriptoren weiterverwenden

Es ist natürlich unsinnig, Deskriptoren jedes Mal neu zu erstellen oder zu kopieren. Sie können innerhalb eines Artefakts deployed werden, um sie wiederverwendbar zu machen. Dazu muss der Deskriptor allerdings im Verzeichnis `assemblies` des Artefakts liegen. Es bietet sich also an, ein Projekt zu erstellen, in dessen `src/main/resources/assemblies`-Verzeichnis der oder die Deskriptoren liegen, die deployed werden sollen.

Nehmen wir an, dass der Assembly-Deskriptor `distribution.xml` mit der `id` `distribution` in eben jenem Verzeichnis des Projekts

```
de.mavenbuch.beispiele:descriptor:1.0-SNAPSHOT
```

liegt und wir ihn soeben erfolgreich mit `mvn install` installiert haben. Nun können wir in jedem POM den Deskriptor ansprechen. Dazu muss das installierte Artefakt dem Assembly-Plugin als Dependency angegeben werden. Die Angabe des Deskriptors geschieht nun mit dem Tag `descriptorRef` anstatt mit `descriptor`, da wir nun auf einen *Classpath*-Eintrag verweisen statt auf eine lokale Datei:

```
<build>
  <pluginManagement>
    <plugins>
      <plugin>
        <artifactId>maven-assembly-plugin
        </artifactId>
        <version>2.2.1</version>
        <dependencies>
          <dependency>
            <groupId>de.mavenbuch.beispiele
            </groupId>
            <artifactId>assembly-descriptors
            </artifactId>
            <version>1.0-SNAPSHOT</version>
          </dependency>
        </dependencies>
        <configuration>
          <descriptorRefs>
            <descriptorRef>distribution</descriptorRef>
          </descriptorRefs>
        </configuration>
      </plugin>
```

```
    </plugins>
  </pluginManagement>
</build>
```

Der Verzeichnisname `assemblies` muss nicht angegeben werden!

14.3 Server Deployments mit dem Cargo-Plugin

Egal ob Sie ein komplexes JEE- oder ein schlankes Webprojekt bearbeiten, in vielen Projekten müssen Archive, sei es zu Test- oder Produktionszwecken, auf Server deployed werden. Mit dem Maven-Cargo-Plugin lassen sich sowohl die Deploymentvorgänge in den Buildprozess integrieren und automatisieren als auch von der Kommandozeile Enterprise-Applikationen auf Applikationsservern deployen und die Server verwalten (Homepage: `http://cargo.codehaus.org/Maven2+plugin`).

Zurzeit unterstützt das Cargo-Plugin laut Webseite folgende Servertypen:

- Geronimo
- Glassfish
- JBoss
- Jetty
- Jo!
- JOnAS
- JRun
- Orion/OC4J
- Resin
- Tomca
- WebLogic

Die Konfiguration des Plugins ist einfach, es müssen lediglich Servertyp und Adresse sowie einige Details zur zu verwaltenden Applikation angegeben werden. Als Beispiel gebe ich hier eine Konfiguration für einen Apache Tomcat 6 als Remote-Server an:

```
<plugin>
  <groupId>org.codehaus.cargo</groupId>
  <artifactId>cargo-maven2-plugin</artifactId>
  <configuration>
    <container>
      <containerId>tomcat6x</containerId>
      <type>remote</type>
```

```
      </container>
      <configuration>
        <type>runtime</type>
        <properties>
          <cargo.remote.username>${tomcat.admin.username}
          </cargo.remote.username>
          <cargo.remote.password>${tomcat.admin.passwd}
          </cargo.remote.password>
          <cargo.tomcat.manager.url>http://deploymentserver.maven-
               buch.de:8080/manager
          </cargo.tomcat.manager.url>
        </properties>
      </configuration>
      <deployer>
        <type>remote</type>
        <deployables>
          <deployable>
            <groupId>de.mavenbuch.beispiele</groupId>
            <artifactId>fischladen-web</artifactId>
            <type>war</type>
            <location>${project.build.directory}/${project.build.final-
                 Name}.${project.packaging}
            </location>
            <pingURL>http://deploymentserver.mavenbuch.de:8080/${pro-
                 ject.build.finalName}/index.jsp
            </pingURL>
          </deployable>
        </deployables>
      </deployer>
    </configuration>
</plugin >
```

Mit den Befehlen `cargo:deploy` und `cargo:undeploy` lassen sich die im POM konfigurierten Module installieren und entfernen. Die folgende Codezeile entfernt die aktuelle Anwendung vom Server, baut ein neues Artefakt und deployed dieses wiederum auf dem Server:

```
mvn cargo:undeploy clean package cargo:deploy
```

Das Cargo-Plugin bietet aber noch mehr Optionen, so ermöglichen z.B. die Goals `start` und `stop`, den angegebenen Server zu starten und zu stoppen. Verknüpft man diese Goals mit den Lifecycle-Phasen `pre-integrationtest` und `post-inte-`

grationtest, lassen sich Integrationstests ausführen, die einen Applikationsserver benötigen:

```
<plugin >
  <groupId>org.codehaus.cargo</groupId>
  <artifactId>cargo-maven2-plugin</artifactId>
  <version>1.1.0</version>
  <executions>
    <execution>
      <id>start-server</id>
      <phase>pre-integration-test</phase>
      <goals>
        <goal>start</goal>
        <goal>deploy</goal>
      </goals>
    </execution>
    <execution>
      <id>stop-server</id>
      <phase>post-integration-test</phase>
      <goals>
        <goal>undeploy</goal>
        <goal>stop</goal>
      </goals>
    </execution>
  </executions>
  <configuration>
    <container>
      <containerId>tomcat6x</containerId>
      <home>C:/java/apache-tomcat-6.0.32</home>
    </container>
    <configuration>
      <properties>
        <cargo.servlet.port>8000</cargo.servlet.port>
      </properties>
    </configuration>
  </configuration>
</plugin>
```

Im vorangegangenen Beispiel wird ein lokaler Tomcat 6 auf Port 8000 vor den Integrationstests gestartet, das Artefakt deployed, nach den Tests wieder undeployed und der Server wieder heruntergefahren.

Mit entsprechenden Profilen lassen sich so diverse Serverkonfigurationen (z.B. für die Ausführung von Integrationstests durch einen Continuous-Integration-Server) bereitstellen.

Tipp

Nach Abarbeitung der Goals wird der Server wieder beendet. Wollen Sie manuell Tests ausführen, geben Sie beim Aufruf auf der Kommandozeile den Parameter `-Dcargo.maven.wait=true` an. Der Server kann dann von einer anderen Konsole oder per Ctrl-C beendet werden. Sie können der Konfiguration im POM auch die Zeile `<wait>true</wait>` hinzufügen, dies hat aber den Effekt, dass der Server immer wartet, also auch der Buildvorgang nicht fortgesetzt wird.

Die Webseite des Cargo-Projekts bietet viele weitere Beispiele und Anleitungen für verschiedene Applikationsserver und Anwendungsfälle: `http://cargo.codehaus.org/Maven2+plugin`. So lassen sich z.B. auch Server installieren oder konfigurieren, `war`-Dateien zusammenführen oder komplette Serverpakete erzeugen.

Kapitel 15

Plugins schreiben

Dieses Kapitel beschreibt, wie man eigene Plugins schreibt. Abschnitt 15.1 behandelt die Interna von Maven-Plugins, die Sie zur Entwicklung eigener Plugins wissen sollten, die aber auch nützliche Informationen zum Ausführen und Konfigurieren von Plugins bieten. In Abschnitt 15.3 wird das Erstellen von eigenen Plugins anhand eines Beispiels beschrieben. Wenn Sie es eilig haben und auf die Theorie erst mal verzichten wollen, können Sie mit Abschnitt 15.3 starten und Ihr erstes Plugin schreiben.

15.1 Bestandteile eines Maven-Plugins

Ein Maven-Plugin besteht aus einem `jar`-Archiv, das ein oder mehrere Java-Klassen enthält, so genannte *Mojos* (Maven Old Java Objects). Zusätzlich enthält das Archiv einen *Plugin-Deskriptor*, die Datei `plugin.xml`, die sich im Verzeichnis `META-INF/maven` der `jar`-Datei befindet. Diese Datei wird aus Informationen aus dem POM und der Javadoc der einzelnen Mojos generiert. Jedes Maven-Plugin definiert im POM das `packaging maven-plugin` und besitzt als Dependency `maven-plugin-api`. Jedes Mojo muss das Interface `org.apache.maven.plugin.Mojo` implementieren, im Normalfall geschieht das durch die Erweiterung von

```
org.apache.maven.plugin.AbstractMojo
```

15.1.1 Plugin Build-Lifecycle

Der Build-Lifecycle von `maven-plugin` ist ähnlich dem Lifecycle des *jar*-Plugins, es gibt lediglich drei Abweichungen:

- Das Goal `plugin:descriptor` wird während der Phase `generate-resource` ausgeführt.
- `plugin:addPluginArtifactMetadata` ist an die Package-Phase gekoppelt.
- `plugin:updateRegistry` ist an die Phase `install` gebunden.

15.1.2 Der Plugin-Deskriptor

Alle Einstellungen des Plugins stehen im *Plugin-Deskriptor* `plugin.xml`. Im Allgemeinen muss dieser nicht selber geschrieben werden, da alle Einstellungen innerhalb der Mojos als *Javadoc-Annotations* gesetzt werden können oder aus dem POM ausgelesen werden und der Plugin-Deskriptor während des Build-Lifecycles während der Phase `generate-resources` durch Maven generiert wird. Im fertigen Plugin *jar* findet er sich im Verzeichnis `META-INF/maven/` des `META-INF`-Ordners. Maven verwendet übrigens, um die Kompatibilität zu älteren Java-Versionen aufrechtzuerhalten, keine Java-5-Annotations, sondern das Paket *commons-attributes* (`http://commons.apache.org/attributes/`). In Anhang C.1 findet sich eine ausführliche Referenz der möglichen Bestandteile des Plugin-Deskriptors und der dazugehörigen Annotations.

15.1.3 Namenskonventionen

groupId

Im Allgemeinen verwendet man den Namen der Organisation, die das Plugin veröffentlicht, bzw. den Namen des Produkts für die `groupId`.

Die Standard-Maven-Plugins verwenden die folgenden *`groupIds`*:

- Core-Plugins `org.apache.maven.plugins`
- **Extra Plugins** `org.codehaus.mojo`

Plugins aus den beiden aufgeführten Gruppen können ohne Angabe der `groupId` aufgerufen werden.

Weglassen der groupId

Sollen Plugins ohne Angabe der *`groupId`* verwendet werden, muss die `groupId` in der Datei `settings.xml` angemeldet werden:

```
<pluginGroups>
  <pluginGroup>de.mavenbuch.plugins</pluginGroup>
</pluginGroups>
```

Mit diesem Eintrag können alle Plugins der *`groupId`* `de.mavenbuch.plugins` ohne Angabe der *`groupId`* aufgerufen werden.

> **Vorsicht**
>
> Dies gilt nur im Gültigkeitsbereich der Settings, also für den aktuellen Anwender oder Rechner. Im POM sollte grundsätzlich die komplette *`groupId`* angegeben werden.

artifactId

Es gibt zwei Muster für die Benennung von Plugins, die die Abkürzung der `artifactId` erlauben.

- `maven-X-plugin` kann automatisch als `X` angesprochen werden.
- `X-maven-plugin` kann automatisch als `X` angesprochen werden.

15.2 Mojo

Das Interface `org.apache.maven.plugin.Mojo` deklariert zwei Methoden: `setLog` und `execute`. Durch die abstrakte Klasse

```
org.apache.maven.plugin.AbstractMojo
```

wird zusätzlich noch die Methode `getLogger` implementiert, die den Zugriff auf den Maven-Logger ermöglicht.

- **`void setLog(org.apache.maven.monitor.logging.Log)`**: injiziert einen Logger in das Plugin. Beim Beerben von `AbstractMojo` ist diese Methode bereits implementiert und ein Logger deklariert.
- **`org.apache.maven.monitor.logging.Log getLog()`**: liefert den Logger zurück. Beim Beerben von `AbstractMojo` ist diese Methode bereits implementiert und ein Logger deklariert.
- **`abstract void execute()`**: In dieser Methode werden die Aufgaben des Plugins abgearbeitet.

15.2.1 Fehlerbehandlung

`Mojo.execute()` wirft zwei Exceptions: `MojoExecutionException` führt zum Abbruch des aktuellen Maven-Builds und zur Anzeige der Meldung `BUILD ERROR`. Sie sollten `MojoExecutionException` verwenden, wenn ein unerwarteter Fehler auftritt. `MojoFailureException` wird verwendet, um die Meldung `BUILD FAILURE` anzuzeigen. Sie sollte für erwartete Fehler verwendet werden, wie fehlgeschlagene Tests oder Kompilierfehler.

Kommandozeilenparameter

Zur Fehlerbehandlung bietet Maven außerdem folgende Kommandozeilenparameter an:

- `mvn -ff`

  Fail-fast mode: Maven stoppt beim ersten Build-Fehler.
- `mvn -fae`

Fail-at-end: Maven wird erst am Ende des Builds einen Fehler anzeigen. In Multimodul-Projekten wird erst nach dem Build des letzten Projekts ein `BUILD FAILED` angezeigt.

- `mvn -fn`

  Fail never: Alle auftretenden Fehler werden ignoriert.

15.2.2 Der Mojo-Logger

Das Interface

```
org.apache.maven.monitor.logging.Log
```

bietet die auch von *Log4J* und *Commons-logging* gewohnten Methoden:

- `void debug(java.lang.CharSequence)`
- `void debug(java.lang.CharSequence, java.lang.Throwable)`

In dieser Form sind auch die Methoden `info`, `warn` und `error` deklariert.

Einzig die Tatsache, dass nicht `String`-Objekte übergeben werden, sondern `CharSequence`-Instanzen, ist etwas ungewöhnlich. Die Entwickler argumentieren hier mit Bequemlichkeit: Zum Beispiel kann direkt ein `StringBuffer` übergeben werden.

15.3 Eigene Plugins schreiben

15.3.1 Ein erstes Mojo

Eigene Plugins zu schreiben ist denkbar einfach. Hinter einem Plugin verbirgt sich ein Maven-Projekt. Jedes Goal entspricht einer Java-Klasse – Maven-Plugin-Klassen werden als *MOJO – Maven Old Java Objects* – bezeichnet, eine Verballhornung des zurzeit allgegenwärtigen *POJO (Plain Old Java Object)*. Ein Mojo erbt von `org.apache.maven.plugin.AbstractMojo` und überschreibt die Methode `execute()`. Mittels der Annotation `@goal` wird der Name des Goals festgelegt.

Ein erstes Plugin könnte also so aussehen:

```
package de.mavenbuch.plugins;

import org.apache.maven.plugin.AbstractMojo;
import org.apache.maven.plugin.MojoExecutionException;

/**
 * Important goal for northern german projects.
 *
```

```
 * @goal moin
 */
public class MoinMojo extends AbstractMojo {

    /**
     * logs "moin".
     *
     * @throws MojoExecutionException
     *             on error
     */
    public void execute() throws MojoExecutionException {
        this.getLog().info("Moin");
    }
}
```

15.3.2 Das POM

Im POM des Projekts muss als `packaging` `maven-plugin` angegeben sein, die `artifactId` bezeichnet den Plugin-Namen und in den Dependencies muss die `maven-plugin`-API aufgeführt sein:

```
...
<groupId>de.mavenbuch.plugins</groupId>
  <artifactId>my-first-plugin</artifactId>
  <packaging>maven-plugin</packaging>
  <name>my-first-plugin Maven Mojo</name>
  <version>1.0-SNAPSHOT</version>

  <dependencies>
    <dependency>
      <groupId>org.apache.maven</groupId>
      <artifactId>maven-plugin-api</artifactId>
      <version>2.0</version>
    </dependency>
...
```

Installieren wir nun unser Plugin mit `mvn install`, können wir es im Anschluss wie jedes Plugin aufrufen:

```
>mvn de.mavenbuch.plugins:my-first-plugin:moin

[INFO] Scanning for projects...
[INFO] ------------------------------------------------------------
```

```
[INFO] Building my-first-plugin Maven Mojo
[INFO]    task-segment: [de.mavenbuch.plugins:my-first-plugin:moin]
[INFO] ------------------------------------------------------------------------
[INFO] [my-first:moin]
[INFO] Moin
[INFO] ------------------------------------------------------------------------
[INFO] BUILD SUCCESSFUL
[INFO] ------------------------------------------------------------------------
[INFO] Total time: < 1 second
[INFO] Finished at: Wed Sep 10 20:58:51 CEST 2008
[INFO] Final Memory: 1M/4M
[INFO] ------------------------------------------------------------------------
```

Was beim Aufruf des Plugins auffällt, ist die Tatsache, dass Maven das Token -plugin aus der artifactId filtert, man sollte sich also gut überlegen, wie das Plugin heißen soll (siehe hierzu auch Abschnitt 15.1.3).

15.4 Parameter

Will man ein Plugin mit Parametern versehen, legt man ein Feld an und versieht es mit der Annotation @parameter. Die Annotations-Attribute expression und default-value geben an, wie der Parameter im POM oder der Kommandozeile adressiert wird und welcher Standardwert verwendet werden soll.

Erweitern wir also unser Plugin um ein Goal für überregionale Projekte

```
package de.mavenbuch.plugins;

import org.apache.maven.plugin.AbstractMojo;
import org.apache.maven.plugin.MojoExecutionException;

/**
 * Not so important but polite goal for Maven projects.
 *
 * @goal greeting
 */
public class GreetingMojo extends AbstractMojo {

    /**
     *@parameter expression=${greeting.message}
     *           default-value="Hello Maven World"
     */
```

```
    private String message;

    /**
     * logs message
     *
     * @throws MojoExecutionException
     *             on error
     */
    public void execute() throws MojoExecutionException {
        this.getLog().info(this.message);
    }
}
```

Verwenden wir das Plugin ohne Parameter, wird der als `default-value` angegebene Wert verwendet.

```
>mvn de.mavenbuch.plugins:my-first-plugin:greeting
[INFO] Scanning for projects...
[INFO] ------------------------------------------------------------------
[INFO] Building my-first-plugin Maven Mojo
[INFO]    task-segment: [de.mavenbuch.plugins:my-first-plugin:  \
              greeting]
[INFO] ------------------------------------------------------------------
[INFO] [my-first:greeting]
[INFO] Hello Maven World
[INFO] ------------------------------------------------------------------
[INFO] BUILD SUCCESSFUL
[INFO] ------------------------------------------------------------------
[INFO] Total time: 7 seconds
[INFO] Finished at: Sun Sep 14 11:36:33 CEST 2008
[INFO] Final Memory: 1M/4M
[INFO] ------------------------------------------------------------------
```

Mittels des Parameters `-greeting.message="Gruess Gott"` lässt sich das Plugin nun auch ohne Probleme in Süddeutschland verwenden.

```
>mvn de.mavenbuch.plugins:my-first-plugin:greeting -
Dgreeting.message="Gruess Gott"
[INFO] Scanning for projects...
[INFO] ------------------------------------------------------------------
[INFO] Building my-first-plugin Maven Mojo
[INFO]    task-segment: [de.mavenbuch.plugins:my-first-plugin:  \
            greeting]
```

```
[INFO] ------------------------------------------------------------
[INFO] [my-first:greeting]
[INFO] Gruess Gott
[INFO] ------------------------------------------------------------
[INFO] BUILD SUCCESSFUL
[INFO] ------------------------------------------------------------
[INFO] Total time: 7 seconds
[INFO] Finished at: Sun Sep 14 11:37:36 CEST 2008
[INFO] Final Memory: 1M/4M
[INFO] ------------------------------------------------------------
```

Verzichtet man auf die Angabe von `expression`, kann der Parameter nicht über die Kommandozeile gesetzt werden, wohl aber über das POM mittels des Elements `plugin.configuration`:

Der Parameter

```
/** @parameter */
private String message;
```

lässt sich mittels

```
<configuration>
  <message>nahollafatz</message>
<configuration
```

konfigurieren. Gibt man zusätzlich eine `expression` an

```
/** @parameter expression=${greeting.message}  */
private String message;
```

so kann der Parameter mit

```
<project>
...
  <properties>
    <greeting.message>nahollafatz</greeting.message>
  <properties
...
```

gesetzt werden.

Hinweis

Innerhalb der Plugin-Deklaration wird weiterhin der Feldname zur Konfiguration verwendet.

15.4.1 Prioritäten

Ein im POM in der `configuration`-Sektion des Plugins gesetzter Parameter lässt sich nicht via Kommandozeile überschreiben. Generell ist die Priorisierung folgende:

1. `project.build.plugins.plugin.executions.execution.configuration`
2. `project.build.plugins.plugin.configuration`
3. `project.properties`
4. Kommandozeilenparameter

Wichtig

In der Kommandozeile und in der `properties`-Sektion wird der Parameter mit dem mit `expression` angegebenen Wert angesprochen. In den `configuration`-Elementen der `plugin`-Sektion mittels des Feldnamens im Mojo.

15.5 Parametertypen

Neben Strings sind folgende Datentypen als Parameter möglich:

15.5.1 Skalare Werte

Text

`char`, `Character`, `StringBuffer` und `String`. Bei `char` und `Character` wird nur das erste Zeichen des angegebenen Textes eingelesen.

URLs

`java.net.URL`. Bei Angabe einer ungültigen URL (zum Beispiel `www.mavenbuch.de` statt `http://www.mavenbuch.de`) wird eine Fehlermeldung ausgegeben und der Build-Vorgang abgebrochen.

Dateien und Verzeichnisse

`java.io.File`. Wird kein absoluter Pfad angegeben, wird das Verzeichnis, das das POM enthält, als Ausgangspfad angenommen.

Fließkommazahlen

double, Double, float und Float. Entspricht der angegebene Wert keiner Zahl, wird der Build-Vorgang abgebrochen.

Ganze Zahlen

byte, Byte, int, Integer, long, Long, short und Short. Entspricht der angegebene Wert keiner ganzen Zahl, wird der Build-Vorgang abgebrochen.

Boolean

boolean und java.lang.Boolean. Nur die Angabe des Wertes true in Kleinbuchstaben wird als true interpretiert, alles andere (auch *TRUE*) als false.

Datum

java.util.Date. Als Datumsformat sind yyyy-MM-dd HH:mm:ss.S a und yyyy-MM-dd HH:mm:ssa zugelassen. Bei Verwendung eines abweichenden Formats wird der Parameter nicht gefüllt.

15.5.2 Mehrdimensionale Parameter

Alle oben genannten Datentypen können auch in *Arrays* oder *Collections* verwendet werden.

Arrays

Arrays werden gefüllt, indem innerhalb des Parameterelements mehrere beliebige Elemente angegeben werden: Um den Parameter

```
/**
 * @parameter
 */
private String[] array;
```

mit den Werten eins, zwei, drei zu füllen, geben Sie im POM zum Beispiel Folgendes an:

```
<array>
  <wert>eins</wert>
  <wert>zwei</wert>
  <wert>drei</wert>
</array>
```

Der Elementname wert ist völlig willkürlich gewählt, die Elemente müssen nicht einmal den gleichen Namen haben:

```
<array>
  <qwertz>eins</qwertz>
  <hase>zwei</hase>
  <eins>drei</eins>
</array>
```

Collection

Zum Beispiel `List`, `Set` etc. Laut Dokumentation kann hier jede Klasse verwendet werden, die `java.util.Collection` implementiert. Das Interface `Collection` selber kann jedoch nicht als Parametertyp verwendet werden. Für die Angabe der Werte gilt das Gleiche wie für Arrays.

Map

Hier werden die innerhalb des Parameterelements angegebenen Elemente als Schlüssel für die Einträge in der `Map` verwendet:

```
/**
 * @parameter
 */
private java.util.Map map;

<map>
  <param1>eins</param1>
  <param2>zwei</param2>
  <param>drei</param>
</map>
```

führt zu folgender Map:

```
map - param=drei, param1=eins, param2=zwei.
```

Für die Map-Implementierung `Properties` existiert eine eigene Umgebung:

Properties

```
/**
 * @parameter
 */
private Properties properties;

<properties>
  <property>
```

```
    <name>name1</name>
    <value>wert1</value>
  </property>
  <property>
    <name>name2</name>
    <value>wert2</value>
  </property>
</properties>
```

15.5.3 Konfiguration von Parametern

Neben `@parameter` gibt es eine Reihe weiterer Annotationen, mit denen sich Parameter konfigurieren lassen. `@required` gibt an, dass ein Parameter angegeben werden muss. Mit `@readonly` kann verhindert werden, dass ein Parameter durch den User überschrieben wird. Dies kann sinnvoll sein, wenn ein Wert aus dem POM übernommen werden soll. Mit `@alias` lässt sich ein alternativer Name für den Parameter angeben. Anhang C.1 enthält eine Liste der möglichen Annotationen.

Weitere Konfigurationsmöglichkeiten

Mittels der Annotation `@phase` lässt sich ein Goal direkt mit einer Build-Lifecycle-Phase verknüpfen. Dies bedeutet, dass im POM des betreffenden Projekts lediglich das Goal im `execution`-Element des Plugins angegeben werden muss, nicht aber die Phase.

Man kann mittels der Annotation `@execute` auch einen parallelen[1] Build-Vorgang erzeugen, der den aktuellen Build-Vorgang nicht beeinflusst. Es kann ein bestimmtes *Goal*, eine Phase des Build-Zyklus oder eine Phase eines anzugebenden Zyklus ausgeführt werden.

- `@execute goal="<goalName>"`
- `@execute phase="<phaseName>"`
- `@execute phase="<phaseName>" lifecycle="<lifecycleId>"`

So lässt sich zum Beispiel explizit beim Aufruf eines Goals zusätzlich die Dokumentation generieren:

```
/**
 ...
 * @goal mygoal
 * @execute phase="site"
```

1 Zumindest behauptet die Maven-Dokumentation, dass der Vorgang parallel ist. Ich konnte das bisher weder bestätigen noch widerlegen.

```
 ...
 */
public class MyMojo extends AbstractMojo
```

oder man könnte erst mal aufräumen:

```
...
 * @execute phase="clean"
 ...
```

Die Ausführung der angegebenen Phase erfolgt vor Ausführung des eigenen Goals.

Mit `@execute goals=<goalname>` lassen sich Goals des gleichen Plugins ausführen. Die Maven-Dokumentation ist hier leider nicht klar. Eventuell wird die Unterstützung von externen Goals später unterstützt.

Nach Ausführung des externen Build-Vorgangs steht der Ausdruck `$executedProject` zur Verfügung, der eine Instanz des Typs `org.apache.maven.project.MavenProject` bereitstellt. Der Zugriff ist mittels `@parameter expression="${executedProject}"` möglich:

```
/**
 * @parameter expression="${executedProject}"
 */
org.apache.maven.project.MavenProject executedProject
```

Eine ausführliche Auflistung der möglichen Annotationen enthält Anhang C.1.

Zugriff auf Projekte

Der Zugriff auf das komplette POM oder dessen Bestandteile funktioniert über die `@expression`-Annotation:

```
/** @parameter expression="${project}" */
private org.apache.maven.project.MavenProject project;
```

Die benötigte Klasse steckt in der Bibliothek `maven-project`, die mit folgender Dependency eingebunden werden kann:

```
<dependency>
  <groupId>org.apache.maven</groupId>
  <artifactId>maven-project</artifactId>
  <version>2.0</version>
  <scope>compile</scope>
</dependency>
```

Auf das Projekt kann nun normal zugegriffen werden. Sollen beispielsweise Properties gesetzt werden und damit auch anderen Komponenten des aktuellen Maven-Build-Vorgangs zugänglich gemacht werden:

```
project.getProperties().put( "mavenbuch.trace", "ich war hier" );
```

Dies entspricht folgendem POM-Eintrag:

```
<project>
  ...
  <properties>
    <mavenbuch.trace>ich war hier</mavenbuch.trace >
  </properties>
</project>
```

15.5.4 Testen von Plugins

Maven verwendet *Plexus* als *IOC*-Container. Beim Testen eines Goals (sprich: Aufruf der `execute()`-Methode) werden wir ganz profan auf eine `NullPointerException` laufen, falls wir Parameter verwenden, da *Plexus* die Zuweisung der Werte zur Laufzeit mittels *Field Injection* übernimmt.

Geben Sie `maven-plugin-testing-harness` als Abhängigkeit an, können Ihre Unit-Tests von `AbstractMojoTestCase` erben.

Die Maven-Dokumentation unter `http://maven.apache.org/plugin-developers/plugin-testing.html` listet detailliertere Informationen zum Testen von Mojos auf.

Was ist Plexus?

Plexus ist ein leichtgewichtiger Container, der im Maven-Projekt für *Inversion of Control (IOC)* eingesetzt wird. Da im Plexus-Team unter anderem auch mehrere Maven-Entwicklern sind, fand er Eingang in Maven. Andere Projekte aus dem Maven-Umfeld, wie Archiva, sind inzwischen auf das weiter verbreitete (und mächtigere, genaugenommen auch nicht mehr leichtgewichtige) Framework *Spring* umgestiegen.

15.5.5 Dokumentation von Plugins

Folgende Standards sollten Sie bei der Dokumentation Ihres Plugins einhalten, wenn Sie es veröffentlichen wollen:

Ihr POM sollte zusätzlich zu den Koordinaten folgende Elemente beinhalten:

- **`name`**
- **`description`**

- `url`
- `prerequisites`
- `issueManagement`
- `inceptionYear`
- `mailingLists`
- `licenses`
- `scm`
- `organization`

Die Javadoc für Klassen und Parameter der Mojos sollte ausreichend gefüllt sein.

Organisation der Site

Der *Site-Deskriptor* sollte folgende Form aufweisen:

```
<?xml version="1.0" encoding="UTF-8"?>
<project>
  <body>
    <menu name="Overview">
      <item name="Introduction" href="index.html"/>
      <item name="Goals" href="plugin-info.html"/>
      <item name="Usage" href="usage.html"/>
      <item name="FAQ" href="faq.html"/>
    </menu>

    <menu name="Examples">
      <item name="description1" href="examples/example-one.html"/>
      <item name="description2" href="examples/example-two.html"/>
    </menu>
  </body>
</project>
```

Der *Maven-Guide to the Plugin Documentation Standard* [mvn08] hält eine ausführliche Beschreibung sämtlicher relevanter Dokumentationsbestandteile bereit.

Mit dem Maven-Plugin `maven-docck-plugin` lässt sich überprüfen, ob die Dokumentation des Plugins dem Plugin-Dokumentationsstandard entspricht:

```
mvn docck:check
```

Ausgeben lässt sich die Beschreibung eines Plugins mit dem Help-Plugin (siehe auch Abschnitt 4.4.2):

```
mvn help:describe <groupId>:<artifactId>
```

Die *Maven-Plugin-Dokumentation* listet weitere Informationen und FAQs zur Plugin-Dokumentation
(`http://docs.codehaus.org/display/MAVEN/Maven+Plugin+Documentation`).

15.5.6 Unterstützte Sprachen

Neben Java können Plugins auch in anderen Sprachen geschrieben werden. [Son] enthält ein Kapitel, in dem die Plugin-Programmierung mit *JRuby* und *Ant* beschrieben wird.

Maven und Eclipse

Maven und Eclipse lassen sich auf unterschiedliche Weise gemeinsam einsetzen, es gibt sowohl ein Eclipse-Plugin für Maven als auch verschiedene Maven-Plugins für Eclipse. Da dies ein Buch über Maven ist, werden hier in erster Linie die Konfiguration und Einsatzmöglichkeiten für das *Maven-Eclipse*-Plugin beschrieben.

16.1 Das Maven-Eclipse-Plugin

Das *Maven-Eclipse-Plugin* dient zur Generierung von Eclipse-Konfigurationsdateien, um durch Maven erzeugte oder verwaltete Projekte ohne Aufwand in Eclipse bearbeiten und kompilieren zu können.

Der optimale Ort für die Konfiguration des Eclipse-Plugins ist meiner Ansicht nach in einem Firmen-POM (in der englischsprachigen Literatur als *Corporate POM* bezeichnet), das von allen Projekten einer Organisation oder Firma als *Parent-POM* referenziert wird. So können für jedes Projekt einheitlich Code-Analyse-Tools wie *PMD*, *FindBugs* und *Checkstyle* aktiviert werden und so sichergestellt werden, dass die Sourcen und Javadocs für Dependencies geladen werden.

16.1.1 Goals

Das Plugin `maven-eclipse-plugin` stellt mehrere Goals zur Einbindung von Maven-Projekten in die Entwicklungsumgebung Eclipse zur Verfügung.

- **`configure-workspace`**: fügt die *Classpath*-Variable `M2_REPO` und weitere optionale *Workspace*-Einstellungen dem Eclipse-Workspace hinzu
- **`eclipse`**: generiert die Eclipse-Konfigurationsdateien
- **`clean`**: löscht die generierten Dateien

Außerdem gibt es weitere spezielle Goals, auf die hier nicht weiter eingegangen wird, die aber der Vollständigkeit halber erwähnt werden sollen:

- **`m2eclipse`**: erstellt die Konfiguration für das Eclipse-Plugin M2Eclipse (siehe Abschnitt 16.3.1)
- **`myeclipse`**: erstellt Konfigurationsdateien für *MyEclipse*
- **`myeclipse-clean`**: löscht die *MyEclipse*-Konfigurationsdateien
- **`rad`**: erstellt Konfigurationsdateien für *Rational Application Developer(RAD) 6*
- **`rad-clean`**: löscht *RAD-6* Konfigurationsdateien

- **`to-maven`**: (*PDE-Entwicklung*) fügt Eclipse-Artefakte aus einer Eclipse-Installation dem lokalen Repository hinzu
- **`install-plugins`**: (*PDE-Entwicklung*) installiert Projektabhängigkeiten eines bestimmten Typs (normalerweise *eclipse-plugin*) in das angegebene Eclipse-Installationsverzeichnis
- **`make-artifacts`**: (*PDE-Entwicklung*) kopiert alle Eclipse-Plugins aus einem Installationsverzeichnis ins lokale Repository und generiert die POMs

16.1.2 Vorbereitungen

Das *Eclipse*-Plugin verwendet die Variable `M2_REPO`, um auf das lokale Repository zu verweisen. In Eclipse muss deshalb das lokale Maven-Repository bekannt gemacht werden. Dies kann problemlos zu Fuß erledigt werden: Im Menü

WINDOW|PREFERENCES|JAVA|BUILD PATH|CLASSPATH VARIABLES

trägt man eine neue Variable `M2_REPO` ein (Abbildung 16.1), die auf das Verzeichnis verweist, das man bereits in der `settings.xml` für das lokale Repository angegeben hat. Ist dort kein Verzeichnis angegeben, findet sich das lokale Repository im Benutzerverzeichnis `~/.m2/repository` (**nix*) bzw. `%USERPROFILE%\.m2\repository` (*Windows*).

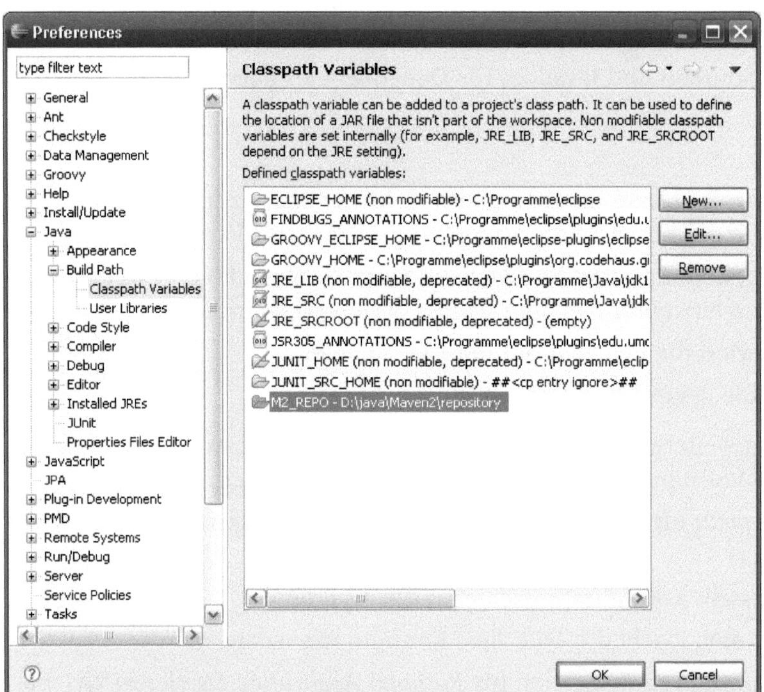

Abb. 16.1: Eclipse-Classpath-Einstellungen

Man kann die Eintragung aber auch durch das *Eclipse*-Plugin erledigen lassen:

```
mvn eclipse:configure-workspace -Dworkspace=D:/Projekte/workspace
```

16.1.3 Projektkonfiguration

eclipse:eclipse

Ohne weitere Konfiguration generiert das Goal `eclipse:eclipse` die Dateien `.project` und `.classpath`. Letztere enthält alle Abhängigkeiten des Projekts als *Eclipse Build-Path*-Einträge.

Wie in Abschnitt 2.9.1 beschrieben, kann nach dem Aufruf des Goals das Projekt in Eclipse importiert werden. Bereits in Eclipse importierte Projekte können nach Änderungen des POM durch den Aufruf aktualisiert werden. Siehe dazu auch die Beschreibung der `launch`-Konfigurationen in Abschnitt 16.2 dieses Kapitels.

Ruft man `mvn eclipse:eclipse` im Reaktor-Projekt eines Multimodul-Projekts auf, wird für jedes Modul ein eigenes Eclipse-Projekt erzeugt. Abhängigkeiten zwischen den Modulen werden als Eclipse-Projektabhängigkeiten abgebildet.

> **Tipp**
>
> Es gibt beim Import von Multimodul-Projekten einige Besonderheiten zu beachten: So wird für das Reaktor-Projekt keine `.project`-Datei erzeugt. Verwendet man `import existing projects`, werden daher zwar die Module gefunden, das Reaktor-Projekt muss aber manuell in Eclipse eingebunden werden. Um das Reaktor-Projekt einzubinden, erstellen Sie ein neues Projekt, deaktivieren die Checkbox USE DEFAULT LOCATION und tragen den Pfad des Projekts ein. Erstellen Sie kein Java-Projekt, sonst erzeugt Eclipse ein `bin`-Verzeichnis und kompiliert bzw. kopiert den gesamten Projektinhalt dorthin. Haben Sie aus Versehen ein Java-Projekt angelegt, löschen Sie die Sektionen `buildSpec` und `natures` in der Datei `.project`. Löschen Sie **anschließend** die Datei `.classpath`.

Plugin-Parameter

- **`useProjectReferences`**: (`boolean`) Wenn der Wert auf `false` gesetzt wird, werden in Multimodul-Projekten keine Abhängigkeiten von anderen Projekten erzeugt, sondern die JARs im lokalen Repository referenziert (Standardeinstellung: `true`).

  Die Verwendung von Projektreferenzen mag praktisch sein, wenn alle Module eines Reaktors parallel gepackt und veröffentlicht werden. Werden aber verschiedene Versionsstände verwendet, sollte hier auf jeden Fall der Wert `false` angegeben werden. Ansonsten löst Eclipse die Abhängigkeiten zur aktuellen Entwicklungsversion des abhängigen Projekts auf, nicht aber zur tatsächlich verwendeten Version. Vor allem in Wartungsprojekten sollte hier aus diesem Grund der Wert `false` gesetzt werden.

Beispiel:

- *ModulA* hat eine Abhängigkeit auf `ModulB-1.1`.
- In der Entwicklung befindet sich `ModulB-1.2-SNAPSHOT`.

Werden nun Projektreferenzen in *Eclipse* verwendet, wird gegen `ModulB-1.2-SNAPSHOT` kompiliert, nicht aber gegen die referenzierte Version `ModulB-1.1`.

- **`downloadJavadocs`**: Wird der Wert `true` angegeben, wird zu allen Dependencies die Javadoc heruntergeladen (falls möglich) und in Eclipse eingebunden (Standardeinstellung: `false`).
- **`downloadSources`**: Wird der Wert `true` angegeben, wird zu allen Dependencies der Quellcode heruntergeladen (falls möglich) und in Eclipse eingebunden (Standardeinstellung: `false`).
- **Beispiel:**

```
<plugin>
  <groupId>org.apache.maven.plugins</groupId>
  <artifactId>maven-eclipse-plugin</artifactId>
  <version>2.8</version>
  <configuration>
    <downloadSources>true</downloadSources>
    <downloadJavadocs>true</downloadJavadocs>
  </configuration>
</plugin>
```

- **`additionalConfig`**: ermöglicht es, zusätzliche Konfigurationsdateien zu erzeugen. Dazu muss der Dateiname mittels `name` sowie der Inhalt angegeben werden. Hierzu gibt es mehrere Möglichkeiten:
  - **`url`**: die *HTTP*-Adresse der Datei, deren Inhalt verwendet werden soll
  - **`location`**: ein lokaler Pfad
  - **`content`**: Der komplette Dateiinhalt. Beachten Sie, dass Sie den Inhalt von `content` mit `<! [CDATA[ dateiinhalt ]]>` maskieren müssen, falls Sie Daten im XML-Format setzen wollen.

Hier ein Beispiel zur Konfiguration von *Checkstyle* mittels einer URL:

```
<plugin>
  <groupId>org.apache.maven.plugins</groupId>
  <artifactId>maven-eclipse-plugin</artifactId>
  <version>2.8</version>
```

```
    <configuration>
      <additionalConfig>
        <file>
          <name>.checkstyle</name>
          <url>http://www.mavenbuch.de/config/eclipse-cs.xml
          </url>
        </file>
      </additionalConfig>
    </configuration>
    ...
  </plugin>
```

Der Dateiinhalt lässt sich auch in einem JAR ablegen. Dieses muss mittels `extension` im Element `build` angegeben werden. Eine Anleitung findet sich in Abschnitt 10.2.5.

- **`additionalBuildcommands`**: Mit `additionalBuildcommands` können zusätzliche *Eclipse Builder* hinzugefügt werden. So ist es zum Beispiel möglich, analog zum automatischen Kompilieren des Projekts auch Tools zur Code-Analyse laufen zu lassen. Eclipse verwendet Builder, um aus Quell-Ressourcen Ausgaben zu erzeugen. So wird zum Beispiel Java-Code durch den *Eclipse-Java Builder* kompiliert, auch viele Code-Analyse-Plugins installieren eigene Builder. Builder werden durch Eclipse in der Datei `.project` im Projektverzeichnis gespeichert. Die aktiven Builder eines Projekts lassen sich in Eclipse unter Projekteigenschaften (PROJECT|PROPERTIES) anzeigen (Abbildung 16.2). Unterstützt werden die Schreibweisen

```
<buildcommand>
  edu.umd.cs.findbugs.plugin.eclipse.findbugsBuilder
</buildcommand>
```

sowie

```
<buildCommand>
  <name>edu.umd.cs.findbugs.plugin.eclipse.findbugsBuilder</name>
</buildCommand>
```

(Man beachte das große *C*!)

Das folgende Beispiel fügt dem aktuellen Projekt Builder für *PMD, Checkstyle* und *FindBugs* hinzu.

```
<additionalBuildcommands>
  <buildcommand>
    net.sourceforge.pmd.eclipse.plugin.pmdBuilder
```

```
  </buildcommand>
  <buildcommand>
    net.sf.eclipsecs.core.CheckstyleBuilder
  </buildcommand>
  <buildcommand>
    edu.umd.cs.findbugs.plugin.eclipse.findbugsBuilder
  </buildcommand>
</additionalBuildcommands>
```

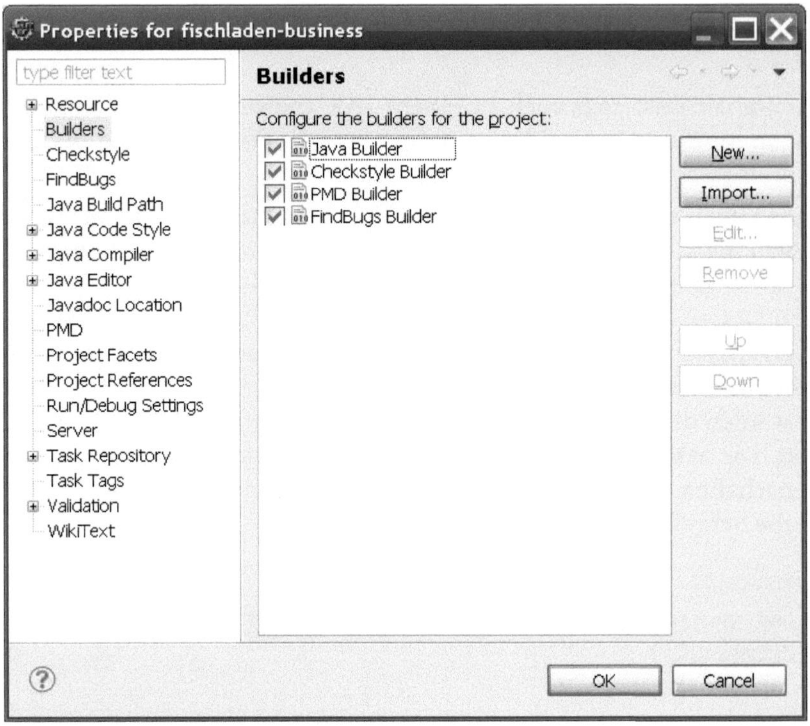

Abb. 16.2: Eclipse-Builder-Einstellungen

Das setzt natürlich voraus, dass die entsprechenden Plugins (Checkstyle-Plugin, PMD-Plugin und FindBugs-Plugin) installiert sind. Sind die Plugins nicht vorhanden, zeigt Eclipse lediglich in den Projekteinstellungen unter BUILDERS zwar Warnungen an, funktioniert aber ansonsten wie gewohnt.

Hinweis

In der Vergangenheit funktionierte mit *Maven 2.0.9*, dem *Eclipse-Plugin 2.4* und *Eclipse 3.3.2* nur die alte Version mit `buildcommands`.

- **`buildcommands`**: (*deprecated*) fügt Eclipse die angegebenen Builder hinzu. Bei Verwendung von `buildCommands` werden die Standard-Builder, wie der Java Builder, nicht mehr automatisch eingebunden. Sie müssen explizit durch einen Eintrag hinzugefügt werden.

  Beispiel: Hinzufügen von automatischen Buildern für *Checkstyle, PMD* und *FindBugs* sowie dem Standard-*Java Builder*:

```
<buildcommands>
  <java.lang.String>
    org.eclipse.jdt.core.javabuilder
      </java.lang.String>
  <java.lang.String>
    net.sf.eclipsecs.core.CheckstyleBuilder
      </java.lang.String>
  <java.lang.String>
    net.sourceforge.pmd.eclipse.plugin.pmdBuilder
      </java.lang.String>
  <java.lang.String>
    edu.umd.cs.findbugs.plugin.eclipse.findbugsBuilder
      </java.lang.String>
</buildcommands>
```

  Die alte Version wird zwar noch unterstützt, es sollte aber das Konfigurationselement `additionalBuildcommands` verwendet werden. Vorausgesetzt, Sie verwenden eine Eclipse-Version ab 3.4 (siehe oben).

- **`additionalProjectnatures`**: Es lassen sich auch *Natures* für ein Projekt deklarieren. *Natures* markieren ein Eclipse-Projekt für die Assoziation mit einem Plugin. Java-Projekte sind zum Beispiel mit der *Java Nature* versehen. Ein Projekt, bei dem das PMD-Plugin aktiviert ist, besitzt eine zusätzlichen *PMD Nature*. Natures werden in der Datei `.project` gespeichert.

  Der folgende `configuration`-Eintrag aktiviert zum Beispiel das Checkstyle-Plugin:

```
<additionalProjectnatures>
  <projectnature>
    net.sf.eclipsecs.core.CheckstyleNature
  </projectnature>
</additionalProjectnatures>

<additionalBuildcommands>
  <buildcommand>
```

```
    net.sf.eclipsecs.core.CheckstyleBuilder
  </buildcommand>
</additionalBuildcommands>
```

Weitere Optionen sind in [ecl] aufgelistet.

Tipp

In `additionalBuildcommands` und in `additionalProjectnatures` werden Bezeichner angegeben, die nicht unbedingt real existierenden Klassen entsprechen. Der einfachste Weg, an die korrekten Bezeichner zu kommen, ist, die entsprechenden Plugins in *Eclipse* zu aktivieren, sich die Änderungen in der Datei `.projects` anzugucken und die entsprechenden Werte in das POM einzutragen.

16.2 Maven ausführen

16.2.1 External Tools

Soll Maven aus Eclipse ausgeführt werden, müssen Sie für jedes Goal, das Sie ausführen möchten, einen Eintrag in *External Tools* (Abbildung 16.3) anlegen:

1. Rufen Sie im Menü RUN den Menüpunkt OPEN EXTERNAL TOOLS DIALOG auf und legen Sie mit new eine neue Konfiguration an.
2. Geben Sie einen Namen an (zum Beispiel *Maven eclipse*) und geben Sie als LOCATION den Pfad zu Ihrer Maven-Startdatei an. Wenn Sie die Variable `M2_HOME` auf Ihr Maven-Installationsverzeichnis gesetzt haben, können Sie folgenden Aufruf verwenden: `${env_var:M2_HOME}/bin/mvn.bat`.
3. Geben Sie als WORKING DIRECTORY die Variable `${project_loc}` an, um das Maven-Goal jeweils für das ausgewählte Projekt aufzurufen.
4. In das Feld ARGUMENTS wird schließlich das oder die aufzurufenden Goals eingetragen (in diesem Fall `eclipse:clean eclipse:eclipse`) (Abbildung 16.3).
5. Wechseln Sie auf den Reiter REFRESH (Abbildung 16.4) und aktivieren Sie die folgenden Felder:
   - REFRESH RESOURCES UPON COMPLETION.
   - THE PROJECT CONTAINING THE SELECTED RESOURCE
   - RECURSIVELY INCLUDE SUB-FOLDERS

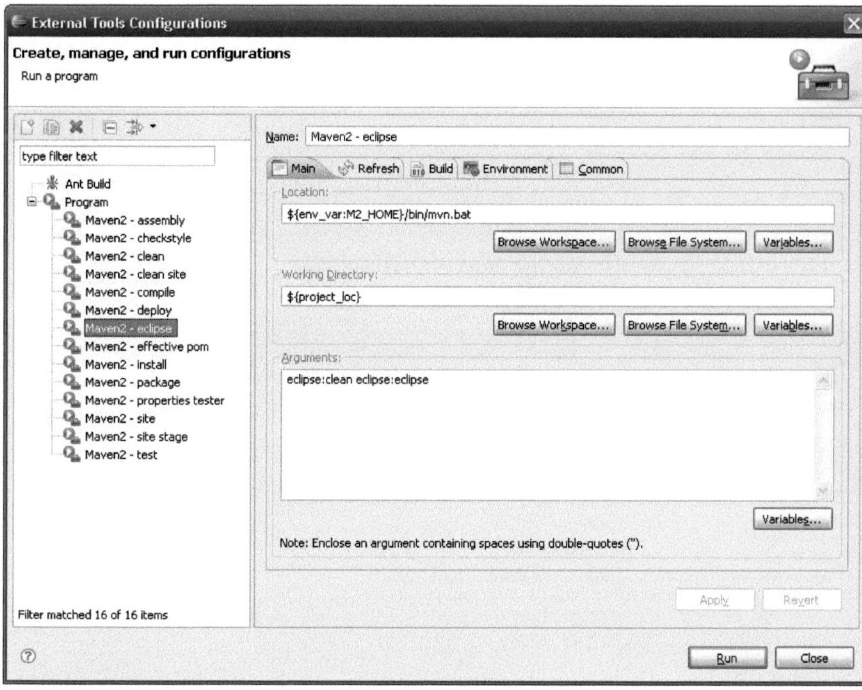

Abb. 16.3: Eclipse-External-Tools-Konfiguration

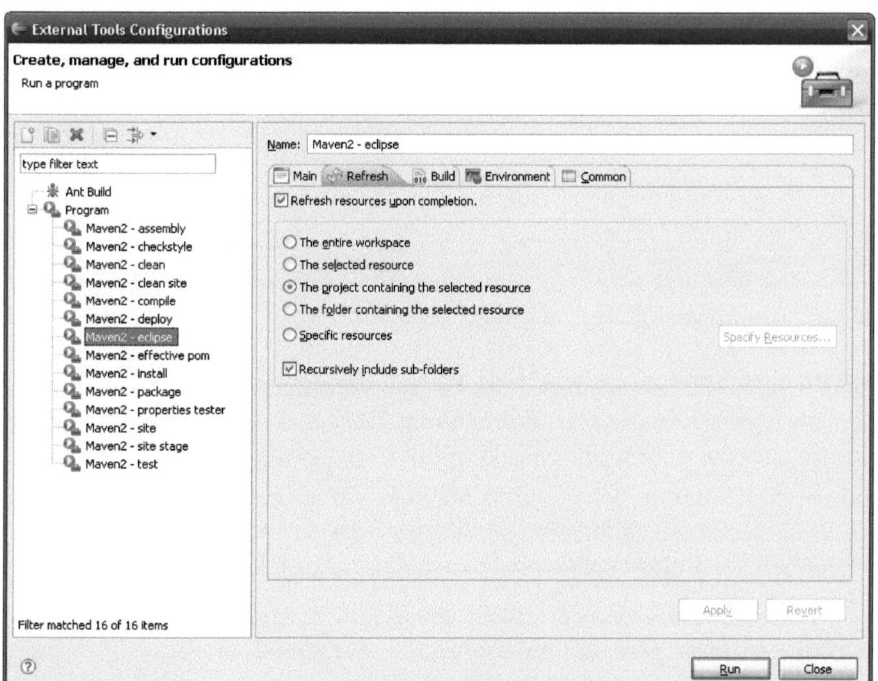

Abb. 16.4: Eclipse: External-Tools-Konfiguration: REFRESH

6. Auf dem Reiter COMMON kann nun unter SAVE AS eingestellt werden, wo die erzeugte Konfiguration gespeichert werden soll. Die Startkonfigurationen werden als Dateien mit der Endung `.launch` abgelegt. Als Dateiname wird der Name der Startkonfiguration verwendet.

   Standardgemäß ist LOCAL FILE aktiv und Eclipse speichert die Einstellungen im Workspace-Verzeichnis in `/.metadata/.plugins/org.eclipse.debug.core/.launches`. Sie können aber auch den Schalter SHARED FILE aktivieren und ein Projekt oder ein Verzeichnis als Speicherort angeben.

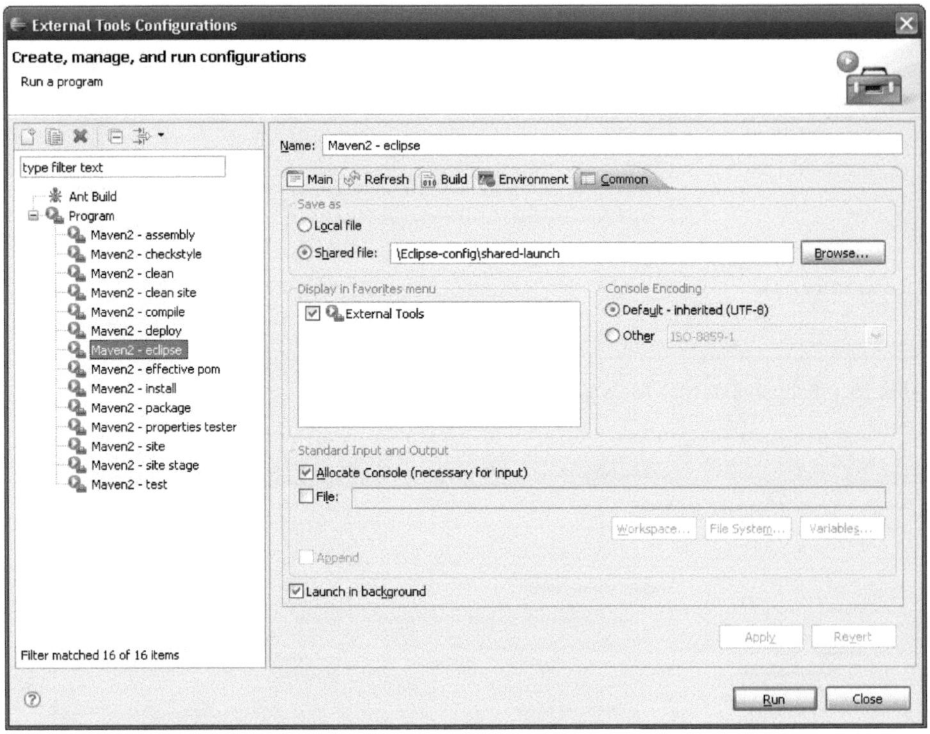

Abb. 16.5: Eclipse: External-Tools-Konfiguration: COMMON

Eclipse lädt beim Einlesen eines Projekts alle gefundenen gültigen `.launch`-Dateien automatisch in die Liste der *External Tools*. Auf diese Weise lassen sich für ein Projektteam zentral die Startkonfigurationen vorgeben.

Sie sollten jedoch darauf achten, dass Sie kein Verzeichnis verwenden, das als Source-Verzeichnis angegeben ist, da Sie sonst die entsprechenden Konfigurationen doppelt vorfinden: Eclipse liest auch das `target`-Verzeichnis aus.

Sie können natürlich nach dem Erstellen der ersten Konfiguration alle weiteren durch Duplizieren erzeugen und müssen dann nur die Goals und die Namen anpassen.

Wichtig

Wenn Sie Maven zum Kompilieren in Eclipse verwenden, sollten Sie nicht den Befehl `compile`, sondern stattdessen `test-compile` angeben, da die Unit-Tests sonst nicht mit kompiliert werden.

16.2.2 Maven als Builder in Eclipse

Wird der Standard-*Java Builder* von Eclipse verwendet, kann es eventuell zu Komplikationen kommen, wenn Konfigurationsdateien in den Ressourcen-Verzeichnissen geändert werden, die gefiltert werden. Da die Ressourcen-Verzeichnisse in Eclipse zu den Source-Ordnern gehören, kopiert der *Eclipse Java Builder* die Dateien ungefiltert in den Zielordner. Dieser Effekt kann umgangen werden, indem nach jeder Änderung der Konfigurationsdateien `mvn clean test-compile` aufgerufen wird. Oder Sie richten einfach ein Maven-Goal als Builder ein. Dazu kann ein vorhandenes *External Tool* als *Builder* angegeben werden.

Importieren existierender External Tools

Es können existierende External Tools als Builder importiert und dann in das POM kopiert werden:

Importieren Sie in der Maske BUILDERS einen der erzeugten *External Tools*-Einträge als Builder. Eclipse erzeugt nun eine `.launch`-Datei im Verzeichnis `.externalToolBuilders/` und trägt den Builder in die `.project`-Datei ein.

Kopieren Sie den entsprechenden Eintrag aus der `.project`-Datei und fügen Sie ihn in die Sektion `additionalBuildCommands` des POM ein.

Jetzt muss nur noch die Struktur des `LaunchHandlers`-Eintrags angepasst werden:

```
<buildCommand>
  <name>org.eclipse.ui.externaltools.ExternalToolBuilder
  </name>
  <triggers>auto,full,incremental,</triggers>
  <arguments>
    <dictionary>
      <key>LaunchConfigHandle</key>
      <value>
        &lt;project&gt;/.externalToolBuilders/Maven2 - compile [Builder].launch
      </value>
    </dictionary>
  </arguments>
</buildCommand>
```

Ersetzen Sie das Konstrukt

```
<arguments>
  <dictionary>
    <key>LaunchConfigHandle</key>
    <value>
```

durch

```
<arguments>
  <LaunchConfigHandle>
```

Nach dem Aufruf von

```
mvn eclipse:eclipse
```

erscheint in der Builder-Liste in den Projekt-Eigenschaften der Eintrag `Maven2 - compile [Builder]`.

Rein theoretisch können auch existierende `.launch`-Dateien kopiert und angepasst werden, um den Import zu umgehen. Der Typ der `launchConfiguration` muss dann von `ProgramLaunchConfigurationType` auf `ProgramBuilderLaunchConfigurationType` geändert werden. Außerdem müssen einige zusätzliche Elemente eingefügt werden:

```
<booleanAttribute key="org.eclipse.debug.ui.ATTR_LAUNCH_IN_BACKGROUND"
                  value="false"/>
<stringAttribute
    key="org.eclipse.ui.externaltools.ATTR_RUN_BUILD_KINDS"
    value="full,incremental,auto,"/>
<booleanAttribute
    key="org.eclipse.ui.externaltools.ATTR_TRIGGERS_CONFIGURED"
    value="true"/>
```

Bequemer und weniger fehleranfällig ist aber der oben beschriebene Import.

16.2.3 Ersetzen des Standard-Eclipse-Builders

Im Allgemeinen wird man den Eclipse-*Java Builder* verwenden, um während der Entwicklung das Projekt automatisch zu kompilieren. Verwenden Sie aber Resource Filtering, um in Sourcen oder Properties Werte zu ersetzen, bietet es sich eventuell an, Maven anstelle des Eclipse Builders zu verwenden.

Um den *Java Builder* zu ersetzen, ist allerdings etwas Bastelarbeit erforderlich:

Das Konfigurationselement `additionalBuildCommands` ergänzt lediglich die vorhandenen Builder, die alte Version `buildcommands` ersetzt sie komplett. Da `buildCommands` die im vorherigen Abschnitt erwähnten `LaunchConfigHandler` nicht unterstützt, müssen wir eine Kombination beider Versionen verwenden.

Um den `javabuilder` zu ersetzen, muss mindestens ein Builder in der Sektion `buildcommands` definiert sein. Sollen keine weiteren Builder wie *PMD* oder *FindBugs* erzeugt werden, kann auch ein falscher Eintrag angegeben werden:

```
<buildcommands>
  <java.lang.String>mock.builder</java.lang.String>
</buildcommands>
```

Eclipse zeigt nun in der Builder-Liste den Eintrag `Missing builder (mock.builder)`, dafür ist der `javabuilder` weg.

16.3 Eclipse-Maven-Plugins

Wie bei allen Open-Source-Projekten ist es sehr schwierig, einen aktuellen Stand festzuhalten. Da oftmals neue Versionen erscheinen und neue Features implementiert werden, können viele der Warnungen vor Fehlern, die hier ausgesprochen werden, bei Erscheinen des Buches bereits hinfällig sein. Im Zweifelsfall soll die Aufzählung der Plugins als Überblick dienen.

Wenn Sie eine engere Kopplung zwischen IDE und Maven wünschen, als ich das in Abschnitt 16.1 beschrieben habe, besuchen Sie bitte die Websites der aufgeführten Plugins und informieren sich über den aktuellen Stand (das gilt eigentlich für alle Open-Source-Projekte).

16.3.1 M2Eclipse

Das Eclipse-Plugin M2Eclipse [m2e] wird von der Firma *Sonatype* herausgegeben. Mit Erscheinen von *Eclipse Indigo* im Juni 2011, wurde das Projekt an die Eclipse Foundation übergeben. Im Paket *Eclipse IDE for Java Developers* ist das Plugin bereits enthalten. Für andere Distributionen kann es aus dem *Indigo Repository* (`http://download.eclipse.org/releases/indigo`) in Eclipse installiert werden (Help > Installed New Software...).

M2Eclipse bietet die Ausführung von Maven-Goals aus Eclipse heraus, Wizards für die Erstellung von Maven-Projekten, POMs oder die Maven-Unterstützung von reinen Java-Projekten, die Erstellung von Eclipse-Projekten aus Maven-Archetypen, grafische Darstellung von Abhängigkeiten sowie die Suche in Maven-Remote-Repositories (zurzeit wird nur Nexus unterstützt). Ein klarer Vorteil ist die Einbindung eines Maven Builders in den Eclipse Buildzyklus. Dadurch funktioniert auch das Generieren von Sourcen und das Filtern von Properties weitgehend problemlos. M2Eclipse integriert, anders als das Maven-Eclipse-Plugin, einen Classpath-Provider. Dadurch wird die parallele Verwendung der Plugins unhandlich, da das Maven-Eclipse-Plugin die Classpath-Einstellungen von M2Eclipse überschreibt und umgekehrt. Sollen beide Plugins im gleichen Projekt Verwendung finden, so sollten auf jeden Fall in die Konfiguration des Maven-Eclipse-Plugin die Einträge für `Maven2Builder` und `-Nature` übernommen werden, da sonst nach jedem Aufruf des Eclipse Plugins *m2eclipse* deaktiviert würde:

```
<configuration>
...
  <additionalBuildcommands>
    <buildcommand>
      org.eclipse.m2e.core.maven2Builder
    </buildcommand>
    ...
  </additionalBuildcommands>
  <additionalProjectnatures>
    <projectnature>
      org.eclipse.m2e.core.maven2Nature
    </projectnature>
    ...
  </additionalProjectnatures>
</configuration>
```

Achtung

Die Bezeichnung für Builder und Nature für ältere Versionen des Plugins beginnt mit `org.maven.ide.eclipse` statt `org.eclipse.m2e.core`.

Ein klarer Nachteil von M2Eclipse ist die Nichtberücksichtigung der Einstellungen für Checkstyle, Findbugs und PMD, die entsprechenden Einträge werden nicht in der `.project`-Datei erzeugt. Es werden jedoch bereits vorhandene Einträge bei der Verarbeitung durch M2Eclipse übernommen. Es besteht also die Möglichkeit, mittels der vorgestellten Maven-Eclipse-Plugin-Einstellungen die `.project`-Datei zu erzeugen und danach das Projekt durch M2Eclipse anpassen zu lassen.

Sie sollten auf jeden Fall davon absehen, die Datei `.classpath` ins SCM einzuchecken, ganz abgesehen von der Diskussion, ob generierte Dateien ins SCM gehören, sind die durch die beiden Plugins erzeugten Dateien nicht kompatibel.

M2Eclipse verwendet nicht die installierte Maven-Version, sondern bringt eine im Plugin enthaltene *Maven Embedder*-Version mit. Allerdings lässt sich die zu verwendende Maven-Version in den Plugin-Einstellungen in Eclipse ändern.

Eines der Ziele von Sonatype ist es, laut *Jason van Zyl* mit M2Eclipse die Benutzbarkeit von Maven an *MS Visual Studio* anzugleichen.[1] Wenn die Kinderkrankheiten des Plugins überwunden sind, könnte es durchaus eine komfortable und interessante *Eclipse*-Erweiterung werden. Es lohnt sich durchaus, M2Eclipse einmal auszuprobieren und die weitere Entwicklung zu verfolgen. Auf der Webseite von *Sonatype* gibt es ein E-Book [Sonb], das die Verwendung und Konfiguration von M2Eclipse ausführlich beschreibt.

16.3.2 Eclipse IAM

Eclipse IAM, vormals Q4E wurde parallel zu M2Eclipse entwickelt. Leider scheint das Projekt nicht mehr weiterentwickelt zu werden. Im Gegensatz zu M2Eclipse lässt sich bei Q4E die Maven-Version nicht auswählen, es wird immer der Maven Embedder verwendet.

Q4E bietet unter anderem folgende Features:

- Ausführen von Maven aus Eclipse heraus
- Wizards für die Projektgenerierung mithilfe des *archetype*-Mechanismus
- Import von *Parent-(POM-)*Projekten
- Grafische Darstellung von Dependencies
- Dependency-Management mit automatischem Download
- Synchronisierung zwischen POM und Eclipse-Classpath
- Direkter Import von Maven-2-Projekten
- *WTP*-Unterstützung
- Dependency-Analyse

1 `http://www.sonatype.com/people/2008/07/infoworld-bloggers-react-to-our-eclipse-debut/`

Kapitel 17

Reporting und Dokumentation

Dieses Kapitel beschreibt die Erzeugung von Projektdokumentation mit Maven. Wie Sie bereits in Abschnitt 2.5.2 gesehen haben, kann man bereits aus den Basisinformationen im POM eine Webseite generieren lassen. Nachdem wir uns die Bestandteile der Maven-Dokumentation angesehen haben, werfen wir einen Blick auf die zur Verfügung stehenden Goals des `maven-site-plugin`.

Hinweis zu Maven 3

Maven 3 sieht vor, die Reporting-Konfiguration im `configuration`-Element des `maven-site-plugin` unterzubringen. Da jedoch aus Kompatibilitätsgründen, wie in Maven 2, die `reporting`-Sektion des POM unterstützt wird, habe ich beschlossen, diese weiterhin zu verwenden. Dies hat vor allem den Vorteil, dass die Codevervollständigung von geeigneten Editoren verwendet werden kann, da die XSD des POM das `reporting`-Element enthält. Weitere Details zur Kompatibilität von Maven-Plugins und Unterschieden im Reporting zwischen den Maven-Versionen 2 und 3 entnehmen Sie bitte auch `https://cwiki.apache.org/MAVEN/maven-3x-and-site-plugin.html`.

17.1 Projektdokumentation mit Maven

Im Normalfall ist die Projektdokumentation, wenn sie überhaupt existiert, eine inhomogene Sammlung von Dateien in unterschiedlichen Formaten:

> *Die Anforderungen liegen als PowerPoint-Präsentation vor, die Benutzerführung als Word-2002-Dokument (leider verwendet der Kunde Office 2000), die Programmierrichtlinien als LATEX-Dateien und die Schnittstellenbeschreibung als Javadoc. Dazu kommen noch UML-Diagramme in mehreren Formaten. Ein Teil der Dokumentation liegt in verschiedenen Projektverzeichnissen, ein anderer Teil auf diversen E-Mail-Servern.*

Es ist natürlich möglich, auch ohne Maven strukturierte Projekte zu erzeugen und die Dokumentation in einem einheitlichen Format abzulegen. Organisiert man die Dokumentation aber mit Maven, bieten sich gleich mehrere Vorteile:

- Dokumentation und Quellcode liegen in einem Verzeichnis.

- Die Dokumentation liegt strukturiert in einer eigenen Ordnerhierarchie. Maven gibt ein Gerüst vor, in dem die Dokumentation liegt (*Konvention über Konfiguration*).
- Bedienungsanleitung und Schnittstellenbeschreibung sind logisch voneinander getrennt, können aber trotzdem gemeinsam veröffentlicht werden.
- Es wird eine Webseite zum Projekt generiert.
- Mit HTML liegt ein einheitliches Ausgabeformat vor, das Betriebssystem- und Software-unabhängig gelesen werden kann. Ein HTML-Browser dürfte inzwischen auf jedem System vorhanden sein.
- Die Dokumentation kann mit dem Befehl `mvn site:deploy` leicht auf einem Server veröffentlicht und der Zielgruppe zugänglich gemacht werden.
- Durch die Verwendung von Reporting-Plugins erhalte ich einen Überblick über Qualität und Zustand von Quellcode und Entwicklungsstand des Projekts.

17.2 Bestandteile

Mit Maven kann eine komplette Webseite für das Projekt erstellt werden, die sowohl durch die Entwickler erstellte Dokumentationen und FAQs als auch automatisch generierte Reports zum Entwicklungsstand und zur Codequalität enthält. Die mit *Maven Site* generierte Website besteht aus drei Teilen:

Projektinformationen

In diesem Teil stehen Informationen, die direkt aus dem POM generiert werden.

Projektreports

Reports werden durch Plugins aus dem Sourcecode oder anderen Projektbestandteilen generiert.

Projektdokumentation

Die Projektdokumentation wird manuell erstellt und kann zum Beispiel Bedienungsanleitung, FAQs, Programmierleitfäden und Beispiele enthalten.

17.3 Projektinformationen

Die Projektinformationen werden beim Durchlaufen des Site-Zyklus aus dem POM ausgelesen. Dazu gehören Informationen direkt aus dem Projekt:

- About – Beschreibung (`description`)
- Project Summary
  - Name (`name`)

  - Beschreibung (`description`)
  - URL (`url`)
  - Organisation (`organization`)
  - Build Information (Koordinaten)
- Entwickler (`developers`)
- Mitarbeiter (`contributors`)
- Lizenzen (`licences`)
- Abhängigkeiten (`dependencies`)
- Konfiguration der Abhängigkeiten (`dependencyManagement`)

Sowie Informationen über die Projektumgebung:

- Mailing-Listen (`mailingLists`)
- Source Repository – Versionskontrollsystem (`scm`)
- Continuous Integration (`ciManagement`)
- Issue Tracking (`issueManagement`)
- Plugin Management (`build.pluginManagement`)
- Project Plugins (`build.plugins`)

In Klammern sind die dazugehörigen POM-Elemente aufgeführt.

Nachdem `mvn site` aufgerufen wurde, finden sich unter dem Menüpunkt PROJECT INFORMATION die in den folgenden Abschnitten beschriebenen Seiten. Leider wird hier bezüglich der Zusammensetzung nicht einheitlich vorgegangen: So werden die Links und Reports für *Plugin Version, Dependencies* und *Dependency Management* nur erzeugt, wenn diese Elemente auch im POM definiert sind. Die Reports für *Continuous Integration* und *Issue Tracking* werden allerdings immer angezeigt.

17.3.1 Continuous Integration

Hier werden die Informationen aus der `ciManagement`-Sektion des POM dargestellt.

17.3.2 Dependencies

Project Dependencies

Hier werden die Abhängigkeiten, sortiert nach ihrem Gültigkeitsbereich (*scope*) dargestellt.

Project Transitive Dependencies

Alle transitiven Abhängigkeiten des Projekts gruppiert nach Gültigkeitsbereich.

Project Dependency Graph

Dependency Tree

Eine geschachtelte Liste aller Abhängigkeiten und transitiven Abhängigkeiten. Klicken Sie auf die Schaltfläche mit dem *i*, öffnet sich ein Feld mit Beschreibung, URL und Lizenz des Artefakts:

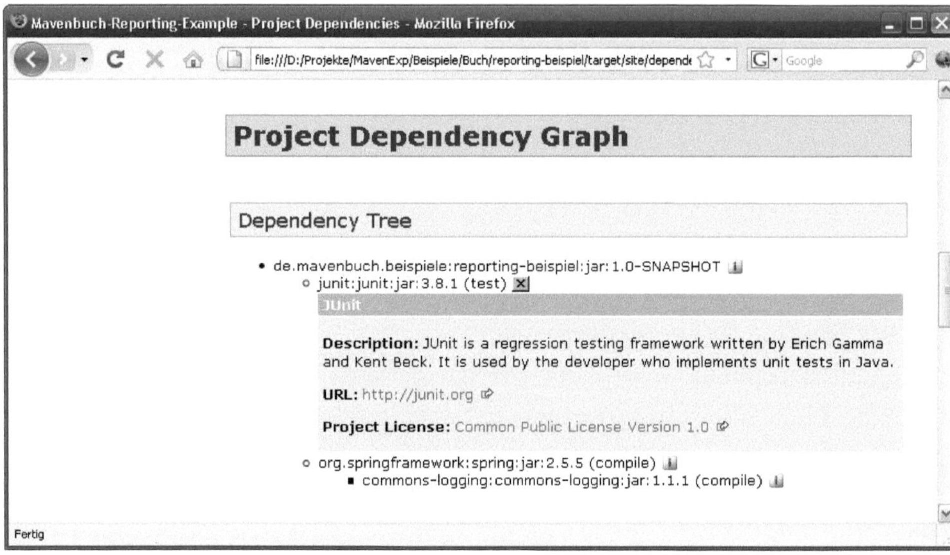

Abb. 17.1: Projektinformationen: Abhängigkeitsgraph

Sind die `description`-Elemente in den POMs der Abhängigkeiten gut gepflegt, erhält man endlich eine Antwort auf die in vielen Projekten gestellte Frage: Wofür ist eigentlich *`xyz.jar`*?

Dependency Listing

Bis vor Kurzem existierte auch noch der Abschnitt *Dependency Listing*: eine Liste aller Abhängigkeiten mit Beschreibung und URL. Kurz vor Fertigstellung dieses Buches war dieser Abschnitt auf einmal verschwunden. Die Informationen, die hier dargestellt wurden, sind nun unter den *information*-Links unter DEPENDENCY TREE abrufbar.

Licences

Dieser Abschnitt listet die im Projekt verwendeten Lizenzen der Module und Abhängigkeiten auf.

Dependency File Details

Tabellarische Darstellung der Abhängigkeiten inkl. Dateigröße, Anzahl der Klassen und Packages und benötigter JDK-Version.

Dependency Repository Locations

Dieser Abschnitt enthält eine Liste der verwendeten bzw. durch das Projekt und die Dependencies deklarierten Repositories sowie eine Auflistung, von welchen der deklarierten Repositories die Bibliotheken geladen wurden.

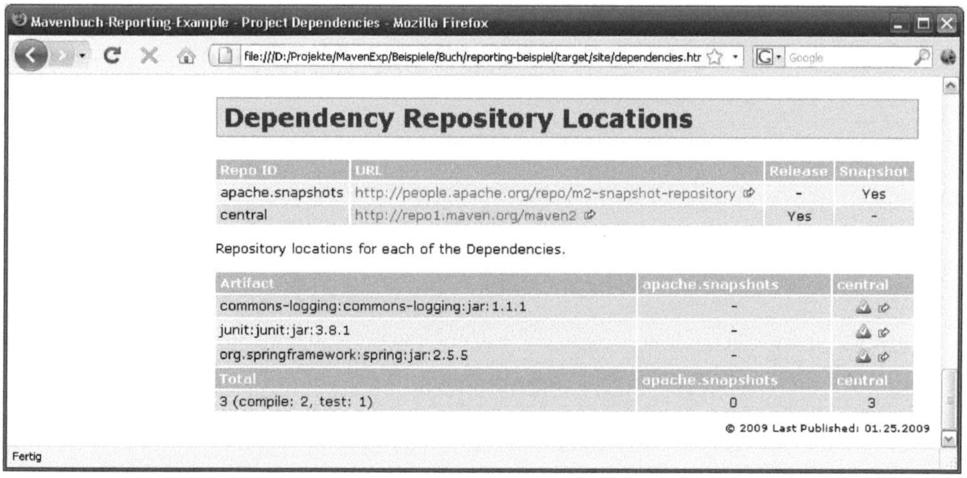

Abb. 17.2: Projektinformationen: DEPENDENCY REPOSITORY LOCATIONS

17.3.3 Dependency Convergence

Diese Seite wird nur für Multimodul-Projekte generiert. Die Seite DEPENDENCY CONVERGENCE enthält eine Übersicht der Abhängigkeiten in den einzelnen Modulen eines Projekts. Es wird die Anzahl der Abhängigkeiten insgesamt (*Number of dependencies* – NOD), die Anzahl der eindeutigen Abhängigkeiten (*Number of unique artifacts* – NOA) und die Anzahl der Abhängigkeiten von externen Snapshot-Versionen angezeigt. Der Quotient NOD/NOA gibt die Konvergenz des Projekts an. Beträgt diese 100 Prozent und ist die Anzahl der Snapshots gleich null, ist das Projekt *Release-fertig* (zumindest was die Abhängigkeiten angeht ...). Außerdem enthält die Seite für alle Abhängigkeiten eine Liste der auf sie verweisenden Module. So bietet die Site DEPENDENCY CONVERGENCE u.a. Unterstützung bei der Frage, ob Bibliotheken im Parent-POM oder in den Modulen referenziert werden sollten.

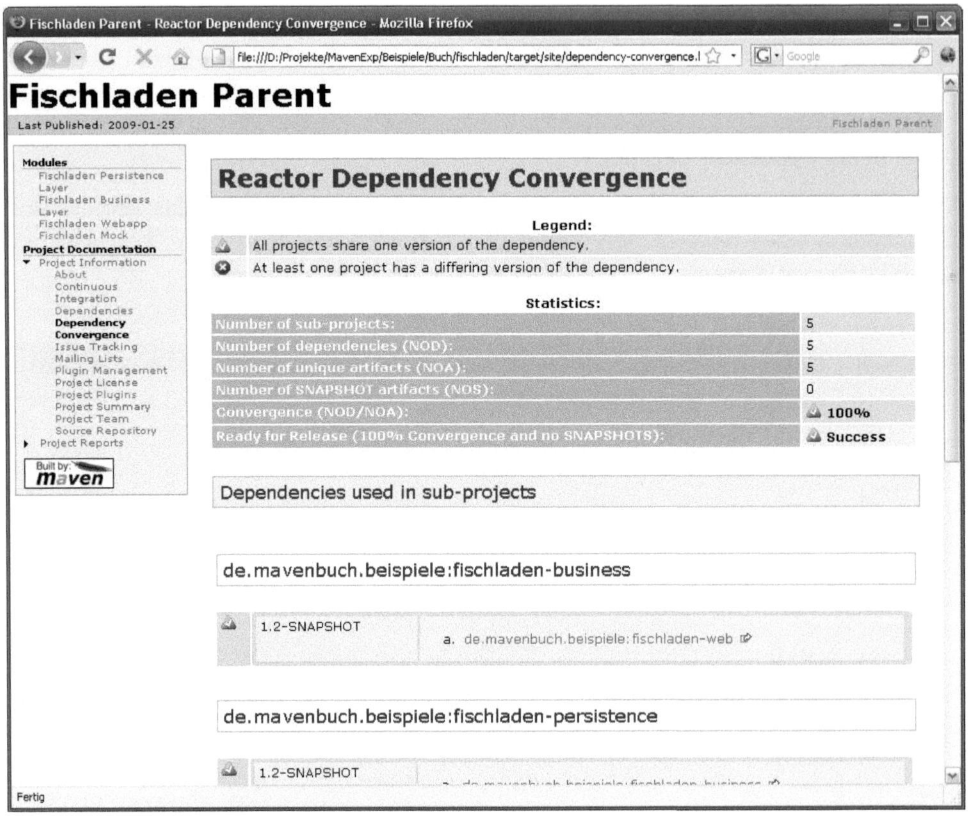

Abb. 17.3: Projektinformationen: Dependency-Konvergenz

17.3.4 Issue Tracking

Diese Seite gibt anhand der in `project.issueTracking` hinterlegten Daten Informationen über das verwendete Bug-Tracking-System an.

17.3.5 Mailing Lists

Diese Seite enthält eine tabellarische Liste aller mit dem Projekt zusammenhängenden Mailing-Listen und deren Archive inklusive der Möglichkeit, sich in die Listen ein- oder auszutragen oder einen Eintrag zu posten.

17.3.6 Plugin Management

Unter diesem Punkt werden die für das Projekt verwendeten Plugins mit ihren Koordinaten aufgelistet. Es werden sowohl die lokal im Element `build.pluginManagement` definierten als auch die aus Super- und Parent-POM geerbten Plugins aufgeführt.

Plugins, die in den Sektionen `reporting` und `build.plugins` definiert wurden, werden unter PROJECT PLUGINS aufgelistet.

17.3.7 Project License

Außer dem Lizenz-Eintrag aus dem POM wird der komplette Inhalt der URL eingebunden, die unter `project.license.url` eingetragen ist.

17.3.8 Project Plugins

Hier werden, gesondert nach *Build* und *Reporting*, die im Projekt verwendeten Plugins und ihre Koordinaten aufgeführt.

17.3.9 Project Summary

Diese Seite listet die Kerninformationen auf, die zu diesem Projekt verfügbar sind:

Project Information

Feld	POM-Element
Name	`project.name`
Beschreibung	`project.description`
Homepage	`project.url`

Project Organization

Feld	POM-Element
Name	`project.organization/name`
url	`project.organization/url`

Build Information

Die Koordinaten des Projekts.

Feld	POM-Element
GroupId	`project.groupId`
ArtifactId	`project.artifactId`
Version	`project.version`
Type	`project.packaging`

17.3.10 Project Team

Unter TEAM werden alle Mitarbeiter und Unterstützer des Projekts gelistet. Aus dem Element `timeZone` wird im generierten HTML-Dokument auch die aktuelle Zeit des entsprechenden Teammitglieds angezeigt – für internationale Projekte eine durchaus nützliche Information. Dabei werden unter der Überschrift MEMBERS alle Einträge aus `project.developers` tabellarisch aufgelistet. CONTRIBUTORS enthält entsprechend die Einträge aus `project.contributors`.

17.3.11 Source Repository

Hier werden alle Informationen zum Versionskontrollsystem angezeigt, die im POM unter `project.scm` hinterlegt sind.

17.3.12 Konfiguration der Projektinformationen

Maven Project Info Reports Plugin

Für die Erzeugung der Projektinformationen ist das *Maven-Project-Info-Reports-Plugin* (`maven-project-info-reports-plugin`) zuständig.

Das Plugin verwendet folgende Goals, um die Reports zu erzeugen:

- `cim`
- `dependencies`
- `dependency-convergence`
- `dependency-management`
- `index`
- `issue-tracking`
- `license`
- `mailing-lists`
- `plugin-management`
- `plugins`
- `project-team`
- `scm`
- `summary`

Reports auswählen

Über die Konfiguration des Plugins im POM können Sie zum Beispiel eine individuelle Liste von Reports bestimmen, die erzeugt werden sollen. Mit dem folgenden Beispiel werden nur die Reports, die sich mit Dependencies und Plugins beschäftigen, erzeugt:

```
<reporting>
  <plugins>
    <plugin>
      <groupId>org.apache.maven.plugins
      </groupId>
      <artifactId>maven-project-info-reports-plugin
      </artifactId>
      <reportSets>
        <reportSet>
          <id>dep-report</id>
          <reports>
            <report>dependencies</report>
            <report>dependency-management</report>
            <report>dependency-convergence</report>
            <report>plugin-management</report>
            <report>plugins</report>
          </reports>
        </reportSet>
      </reportSets>
    </plugin>
    ...
  </plugins>
</reporting>
```

Das `reportSet`-Element besitzt zwar ein Unterelement `inherited`, allerdings ließ sich mit Version 2.1 des Plugins in einem Multimodul-Projekt die Ausgabe bestimmter Reports nicht auf das Parent-Modul beschränken. Es bleibt zu hoffen, dass dieses Feature in einer kommenden Version realisiert wird.

Weitere Informationen finden sich auf der Webseite des Plugins `http://maven.apache.org/plugins/maven-project-info-reports-plugin/index.html`.

SCM-Report konfigurieren

Der SCM-Report verwendet die in der Sektion `project.scm` angegebenen URLs. Sie können in der Konfiguration des Project-Info-Reports-Plugins alternative URLs für den SCM-Report angeben:

```
<reporting>
  <plugins>
    <plugin>
      <groupId>org.apache.maven.plugins</groupId>
```

```
        <artifactId>maven-project-info-reports-plugin</artifactId>
        <configuration>
          <webAccessUrl>http://noneofyourbusiness.org</webAccessUrl>
          <anonymousConnection>scm:svn:http://nada.org</anonymousConnec-
              tion>
          <developerConnection>scm:svn:https://niente.org/</developerConnection>
        </configuration>
      </plugin>
      ...
    </plugins>
  </reporting>
```

Um zum Beispiel den *Anonymous access* gar nicht auftauchen zu lassen, muss das Element `connection` im `scm`-Element weggelassen werden.

17.4 Projekt-Reports

Reports sind durch Plugins generierte Informationen, die aus dem Sourcecode oder der Projektumgebung generiert werden. Reports werden nur generiert, wenn im POM in der Sektion `reporting` entsprechende Plugins aufgeführt sind:

```
<reporting>
  <plugins>
    <plugin>
      <artifactId>maven-javadoc-plugin</artifactId>
    </plugin>
    <plugin>
      <groupId>org.codehaus.mojo</groupId>
      <artifactId>jxr-maven-plugin</artifactId>
    </plugin>
    <plugin>
      <artifactId>maven-surefire-plugin</artifactId>
    </plugin>
  </plugins>
</reporting>
```

Für jedes konfigurierte Plugin wird (mindestens) ein Report generiert. Im Folgenden wird eine Reihe von Plugins vorgestellt, die meiner Einschätzung nach in keinem Report fehlen sollten.

Vorsicht

Viele der Reporting-Plugins bieten einen Parameter `outputDirectory`, mit dem das Ausgabeverzeichnis der Reports verändert werden kann. Dieser sollte allerdings nur verwendet werden, wenn die Plugins alleine, also nicht innerhalb eines `mvn site`-Aufrufs verwendet werden, da sonst die Reports nicht gefunden werden und damit auch nicht in die Site eingebunden werden können.

17.4.1 Das Javadoc-Plugin

Das Javadoc-Plugin generiert die Javadoc-Schnittstellenbeschreibung und bindet sie in die Reports ein.

```
<reporting>
  <plugins>
    <plugin>
      <groupId>org.apache.maven.plugins</groupId>
      <artifactId>maven-javadoc-plugin</artifactId>
      <version>2.8</version>

    </plugin>
    ...
  </plugins>
</reporting>
```

Hinweis

Die `package.html`-Dateien müssen das öffnende und schließende `<body>`-Tag enthalten, sonst bricht das Javadoc-Plugin die Verarbeitung mit einer Fehlermeldung ab.

17.4.2 Das Surefire-Report-Plugin

Das Surefire-Report-Plugin generiert einen Report über das Ergebnis der im Projekt vorhandenen Unit-Tests. Es lässt sich konfigurieren, ob alle oder lediglich fehlgeschlagene Tests aufgeführt werden sollen. Ein Angebot, das man in größeren Projekten durchaus annehmen sollte, um in der Vielzahl der Unit-Tests nicht den Überblick zu verlieren.

```
<plugin>
  <groupId>org.apache.maven.plugins</groupId>
  <artifactId>maven-surefire-report-plugin</artifactId>
```

```
  <version>2.8.1</version>
  <configuration>
    <showSuccess>false</showSuccess>
  </configuration>
</plugin>
```

17.4.3 JXR

Dieses Plugin bindet den Sourcecode in das Reporting ein und stellt für andere Plugins (wie zum Beispiel *PMD*, *FindBugs* und *Checkstyle*) eine Schnittstelle zur Verfügung, um mittels Hyperlink aus dem Report direkt an die entsprechende Codestelle zu springen.

```
<plugin>
  <groupId>org.codehaus.mojo</groupId>
  <artifactId>jxr-maven-plugin</artifactId>
  <version>2.2</version>
</plugin>
```

17.4.4 Weitere Reporting-Plugins

Checkstyle

Checkstyle ist ein Code-Analyse-Werkzeug, das zur Überprüfung der Codequalität eingesetzt werden kann. Wird es in der `reporting`-Sektion des POM verwendet, wird ein Checkstyle-Report in die Dokumentation eingebunden. Es wird das JXR-Plugin verwendet, um auf Fundstellen im Sourcecode zu verlinken.

```
<plugin>
  <groupId>org.apache.maven.plugins</groupId>
  <artifactId>maven-checkstyle-plugin</artifactId>
  <version>2.6</version>
  <configuration>
    <configLocation>checkstyle.xml</configLocation>
    <excludes>src/generated/*</excludes>
  </configuration>
</plugin>
```

Abschnitt 18.2.1 enthält eine detaillierte Beschreibung der Goals, Funktionalitäten und Konfiguration des Checkstyle-Plugins.

PMD

PMD ist ebenfalls ein Code-Analyse-Tool. In der `reporting`-Sektion können Reports für *PMD* und *PMD-CPD* eingebunden werden. Es wird das JXR-Plugin verwendet, um auf Fundstellen im Sourcecode zu verlinken. Siehe auch Abschnitt 18.2.2 für eine genauere Beschreibung der PMD-Plugin-Goals, -Funktionalitäten und seiner Konfiguration.

FindBugs

Auch das Code-Analyse-Tool FindBugs kann für das Reporting eingesetzt werden. Durch das JXR-Plugin wird auf Fundstellen im Sourcecode verlinkt.

```
<plugin>
  <groupId>org.codehaus.mojo</groupId>
  <artifactId>findbugs-maven-plugin</artifactId>
  <version>2.3.2</version>
</plugin>
```

Abschnitt 18.2.3 enthält auch für das FindBugs-Plugin eine detaillierte Beschreibung der Goals, Funktionalitäten und Konfiguration.

Cobertura

Das Cobertura-Plugin analysiert die Testabdeckung des Codes.

```
<plugin>
  <groupId>org.codehaus.mojo</groupId>
  <artifactId>cobertura-maven-plugin</artifactId>
  <version>2.5</version>
</plugin>
```

Siehe Abschnitt 18.2.6 für weitere Informationen zum Cobertura-Plugin.

Taglist

Das Taglist-Plugin erstellt einen Report, der alle Fundstellen von bestimmten, konfigurierbaren Zeichenfolgen auflistet. Taglist verwendet das JXR-Plugin, um auf Fundstellen im Sourcecode zu verlinken.

```
<plugin>
  <groupId>org.codehaus.mojo</groupId>
  <artifactId>taglist-maven-plugin</artifactId>
  <version>2.4</version>
  <configuration>
    <tagListOptions>
      <tagClasses>
        <tagClass>
          <displayName>Todo Work</displayName>
```

```
      <tags>
        <tag>
          <matchString>TODO</matchString>
          <matchType>ignoreCase</matchType>
        </tag>
        <tag>
          <matchString>XXX</matchString>
          <matchType>ignoreCase</matchType>
        </tag>
      </tags>
    </tagClass>
    <tagClass>
      <displayName>deprecated code usage</displayName>
      <tags>
        <tag>
          <matchString>@deprecated</matchString>
          <matchType>ignoreCase</matchType>
        </tag>
      </tags>
    </tagClass>
    <tagClass>
      <displayName>QA rules switches</displayName>
      <tags>
        <tag>
          <matchString>CHECKSTYLE:OFF</matchString>
          <matchType>ignoreCase</matchType>
        </tag>
        <tag>
          <matchString>NOPMD</matchString>
          <matchType>ignoreCase</matchType>
        </tag>
      </tags>
    </tagClass>
    <tagClass>
      <displayName>JUnit switches</displayName>
      <tags>
        <tag>
          <matchString>@Ignore</matchString>
          <matchType>ignoreCase</matchType>
        </tag>
      </tags>
    </tagClass>
    <tagClass>
      <displayName>SuppressWarnings</displayName>
```

```
          <tags>
            <tag>
              <matchString>@SuppressWarnings</matchString>
              <matchType>ignoreCase</matchType>
            </tag>
          </tags>
        </tagClass>
      </tagClasses>
    </tagListOptions>
  </configuration>
</plugin>
```

Abbildung 17.4 zeigt einen Taglist-Report.

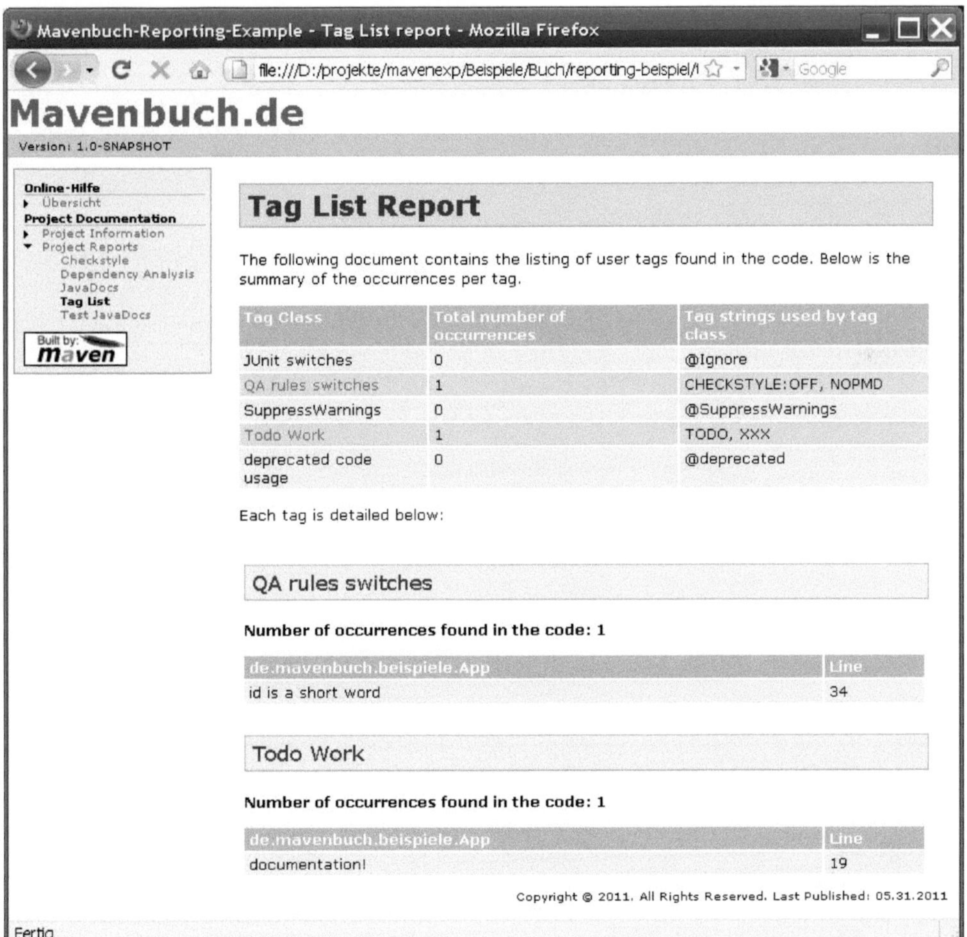

Abb. 17.4: Projektreports: Taglist

Weitere Informationen finden sich auf der Homepage des Taglist-Plugins: `http://mojo.codehaus.org/taglist-maven-plugin/taglist-mojo.html`.

Dependency

Bindet man das Dependency-Plugin in das Reporting ein, erhält man eine Analyse der Abhängigkeiten. Es wird aufgelistet, welche Abhängigkeiten benutzt werden und nur transitiv eingebunden sind, welche deklariert sind, aber nicht verwendet werden und welche deklariert sind und auch tatsächlich verwendet werden. Dieser Report ist äußerst hilfreich beim Aufspüren von nicht verwendeten Abhängigkeiten und fehlenden direkten Verweisen auf transitive Abhängigkeiten.

```
<plugin>
  <artifactId>maven-dependency-plugin</artifactId>
</plugin>
```

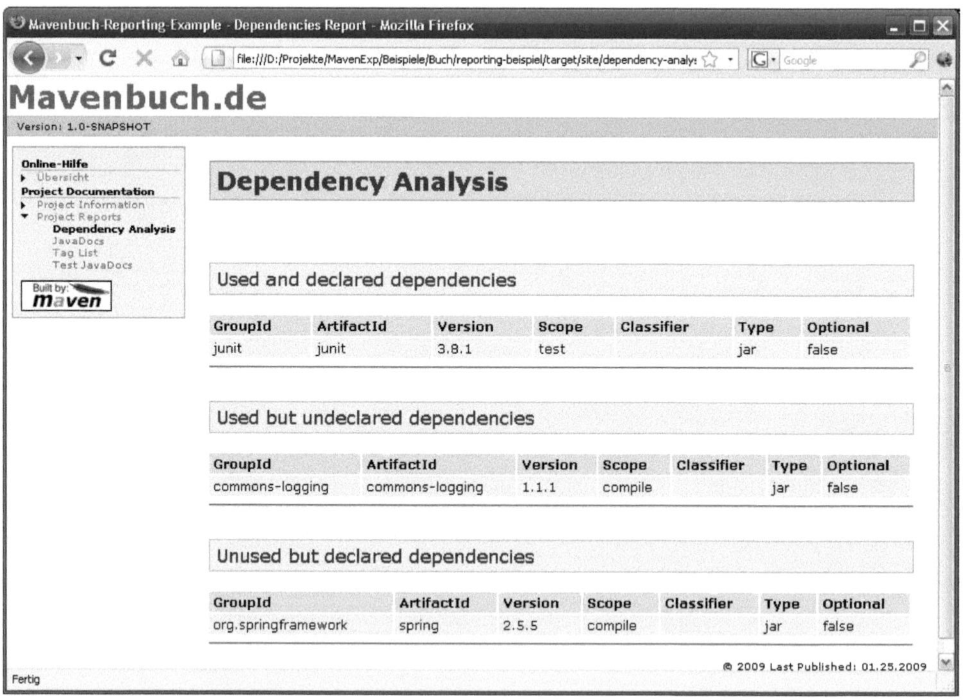

Abb. 17.5: Projektreports: Dependency-Analyse

ChangeLog

Das ChangeLog-Plugin erzeugt einen Report, der die Log-Einträge der letzten SCM-Übermittlungen anzeigt.

```
<plugin>
  <groupId>org.apache.maven.plugins</groupId>
  <artifactId>maven-changelog-plugin</artifactId>
  <version>2.2</version>
</plugin>
```

Changelog erzeugt drei Report-Typen (in Klammern ist der Name des Reports angegeben, der im POM verwendet wird):

- *Changelog* (`changelog`): Alle Änderungen in einem angegebenen Zeitraum werden aufgelistet.
- *Developer Activity* (`dev-activity`): Die Entwickler werden nach der Anzahl der Übermittlungen sortiert.
- *File Activity* (`file-activity`): listet alle Dateien auf, die in dem angegebenen Zeitraum geändert wurden. Die Dateien werden nach der Anzahl der Änderungen sortiert.

Während des Site-Zyklus werden alle drei Reports automatisch generiert.

Durch das `reportSets`-Tag kann die Auswahl der Reports eingeschränkt werden bzw. können die Reports unterschiedlich konfiguriert werden:

```
<plugin>
  <groupId>org.apache.maven.plugins</groupId>
  <artifactId>maven-changelog-plugin</artifactId>
  <version>2.2</version>
  <reportSets>
    <reportSet>
      <id>file-report</id>
      <configuration>
        <type>range</type>
        <range>30</range>
      </configuration>
      <reports>
        <report>file-activity</report>
      </reports>
    </reportSet>
  </reportSets>
</plugin>
```

Anmerkungen

- Beachten Sie, dass sich das `reportSets`-Element nicht innerhalb des `configuration`-Elements befindet, sondern jedes `reportSet` ein eigenes `configuration`-Element besitzt.

- Für die Verwendung des Plugins wird für die meisten Systeme ein funktionierender, konfigurierter SCM-Client vorausgesetzt, der sich im Befehlspfad (PATH-Variable) befindet.
- Für Subversion werden Änderungen für das gesamte Repository angezeigt, nicht nur für den im `project.scm`-Element angegebenen Verzeichnisbaum. (Dies betrifft `maven-changelog-plugin-2.1`.)

Konfiguration

Folgende Parameter lassen sich unter anderem für das Changelog-Plugin angeben:

- **`connectionType`**: gibt an, welche der im Element `scm` des POM angegebenen URLs verwendet wird. Mögliche Werte sind `connection` und `developerConnection`. Standard ist `connection`.
- **`type`**: gibt an, ob das Log mittels `range` (Standard), `tag` oder `date` erzeugt werden soll. Es ist also möglich, sich nur die Änderungen der letzten zehn Tage anzeigen zu lassen:

```
<configuration>
  <type>range</type>
  <range>10</range>
</configuration>
```

oder alle Änderungen seit Weihnachten 2010:

```
<configuration>
  <type>date</type>
  <dates>
    <date>2010-12-24</date>
  </dates>
</configuration>
```

Sie können sich natürlich auch die Änderungen für einen festen Zeitraum angeben lassen:

```
<configuration>
  <type>date</type>
  <dates>
    <date>2008-12-24</date>
    <date>2009-03-30</date>
  </dates>
</configuration>
```

goals

- **changelog**: erzeugt den ChangeLog-Report
- **dev-activity**: erzeugt den Developer-Activity-Report
- **file-activity**: erzeugt den File-Activity-Report

17.5 Eigene Projektdokumentation

Neben den verschiedenen automatisch generierten Reports lassen sich auch selbst erstellte Dokumente in die durch Maven generierte Seitenstruktur der Dokumentation einbinden. Dann muss allerdings zusätzlich eine als *Site-Deskriptor* bezeichnete Datei `site.xml` erstellt werden, mit der die Dateien in die Webseite eingeflochten werden.

17.5.1 Doxia – ein Content-Generation-Framework

Was ist Doxia?

Doxia ist ein Framework zur Generierung und Konvertierung von Dokumenten. Es unterstützt unter anderem die Maven-Dokumentformate *XDOC, APT* und *FML* als auch *DocBook*, LATEX und andere Dokumentformate, LATEX wird zurzeit allerdings lediglich als Zielformat unterstützt.

17.5.2 APT – das Maven-Dokument-Format

APT ist ein WIKI-ähnliches Format, das Dokumente mittels Leerzeilen und Einrückungen strukturiert. *APT*-Dateien müssen sich unterhalb des Verzeichnisses `src/site/apt/` befinden und die Dateierweiterung `*.apt` verwenden, damit sie durch `mvn site` übersetzt werden können.

Beispiel

```
                                    ---
                              Dies ist der Titel
                                    ---
                              Martin Spiller
                                    ---
                              20-juni-2011
                                    ---

Dies ist eine Überschrift

  Dies ist ein Beispiel für eine APT-Datei. Text wird eingerückt,
```

```
  um ihn von Überschriften zu unterscheiden.
  Nicht mehr und nicht weniger

  Hier sind ein paar Links in einer Liste:

   * {{{news.html}News}}

   * {{{features.html}Features}}

   * {{{faq.html}FAQ}}

* dies ist Überschriftenebene 2

** und dies Ebene 3
```

Nach dem Aufruf von `mvn site` sieht das Ergebnis dann so aus wie in Abbildung 17.6.

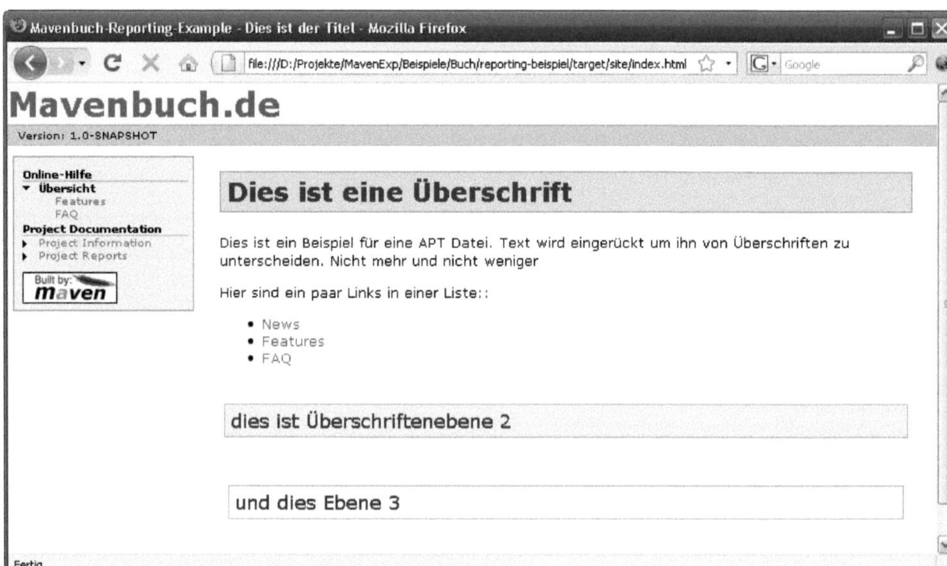

Abb. 17.6: Aus APT generierte Projektdokumentation

Titel

Der Titel muss eingerückt sein und beginnt mit einer Zeile aus mindestens drei Minuszeichen. Die Angabe von Datum und Autor sind optional. Die Titel- und Autorenangaben können mehrzeilig erfolgen.

```
                    ---
                    Dies ist der Titel
                    ---
                    Martin Spiller
                    ---
                    20-juni-2011
                    ---
```

Text und Struktur

- **Normaler Text** wird eingerückt, nicht eingerückter Text wird als Überschrift interpretiert.
- **Absätze** werden durch Leerzeilen getrennt.

```
  Absatz 1, Zeile 1.
  Absatz 1, Zeile 2.

  Absatz 2, Zeile 1.
  Absatz 2, Zeile 2.
```

- **Abschnitte** werden durch Überschriften eingeleitet.
- **Überschriften** sind nicht eingerückt. Überschriften von Unterabschnitten beginnen mit einem oder mehreren Sternen (*) gefolgt von einem Leerzeichen.

```
Überschrift Ebene 1

* Überschrift Ebene 2

** Überschrift Ebene 3

*** Überschrift Ebene 4

**** Überschrift Ebene 5
```

Listen

- **Listen** sind eingerückt und beginnen mit einem Stern (*). Listen können wiederum Unterlisten enthalten.

```
      * Listenelement 1.

      * Listenelement 2.

        Absatz in Listenelement 2.
```

```
            * Unter-Listenelement 1.

            * Unter-Listenelement 2.

      * Listenelement 3.
        Erzwinge Listenende:

      []
```

- **Nummerierte Listen** beginnen nicht mit einem Stern, sondern mit einem der folgenden Marker:

```
[[1]], [[a]], [[A]], [[i]], [[I]].

     [[1]] nummeriertes Listenelement 1.

               [[A]] nummeriertes Listenelement A.

               [[B]] nummeriertes Listenelement B.

      [[2]] nummeriertes Listenelement 2.
```

Unformatierter Text

Unformatierter Text wird durch Linien eingeschlossen:

```
---------------------------------------------
Unformatierter Text
---------------------------------------------
```

Beginnen und enden die Linien mit einem Pluszeichen, wird der Text in einem Kasten dargestellt:

```
+--------------------------------+
Unformatierter Text

               in einem Kasten
+--------------------------------+
```

Schriftformate

Schriftformatierungen werden durch spitze Klammern festgelegt:

```
<Kursive> Schrift. <<Fette>> Schrift. <<<Monospaced>>> Schrift.
```

Tabellen

Tabellen sind nicht eingerückt, Sie beginnen mit einem Stern und mindestens zwei Minuszeichen (*--). Die erste Zeile gibt auch die Ausrichtung der Tabellenfelder an:

```
*------------*--------------+---------------:
|  zentriert  |linksbündig    |    rechtsbündig|
|  Zelle 1,1  |Zelle 1,2      |       Zelle 1,3|
*------------*--------------+---------------:
|  Zelle 2,1  | Zelle 2,2     | Zelle 2,3      |
*------------*--------------+---------------:
Tabellenbeschreibung
```

Der Stern zeigt an, dass die Spalte *zentriert* ausgerichtet wird, ein Plus bedeutet *linksbündig* und der Doppelpunkt *rechtsbündige* Ausrichtung. Tabellenspalten werden durch das *Pipe-Symbol* (|)getrennt, Zeilen durch eine nicht eingerückte mit *- beginnende Zeile. Tabellenfelder können mehrzeilig sein. Eine Tabelle kann durch einen nicht eingerückten Text abgeschlossen werden, der dann als Beschreibung (*caption*) verwendet wird. Wenn Sie das Pipe-Symbol im Tabellen-Text verwenden wollen, müssen Sie es durch einen vorangestellten *Backslash* \- maskieren.

Links

Links werden durch doppelte geschweifte Klammern gekennzeichnet, Text-Anker durch einfache geschweifte Klammern.

```
 {Anchor}. Link zu {{anchor}}. Link zu {{http://www.mavenbuch.de}}.
  Link zu {{{anchor}mit Alternativtext}}.
  Link zu {{{http://www.mavenbuch.de} Mavenbuch Home-Page}}.
```

Grafiken

Bilder werden mit eckigen Klammern eingebunden:

```
[modules.png] Bildunterschrift
```

Weitere Formatierungen

Im Anhang befindet sich eine Kurzreferenz für APT, eine ausführliche Referenz findet sich unter [apt].

Tipp

Verwenden Sie statt `*.apt` die Dateiendung `*.apt.vm`, werden die Dateien zusätzlich durch den Velocity Parser bearbeitet, Dies ermöglicht die Verwendung von Referenzen auf die Projekt-Attribute wie `${project.name}` oder `${project.description}`.

17.5.3 XDOC – das Jakarta-Dokument-Format

XDOC wurde bereits in Maven 1 verwendet und ist ein einfaches XML-Format zur Generierung von (X)HTML-Dateien. Ein Referenzbeispiel findet sich in [xdo].

Den Hauptvorteil von *XDOC* sehe ich persönlich (abgesehen von der Wiederverwendbarkeit von bestehender Dokumentation bei der Migration von Maven-1-Projekten) in der Kombination von LATEX und dem Open-Source-Programm *TeXConverter* [tex], mit dem sich LATEX-Sourcen in XDOC konvertieren lassen. Falls jemand Spaß daran hat, seine Dokumentation in XML zu formatieren, ist hier ein kurzes Beispiel:

```
<?xml version="1.0" encoding="ISO-8859-1"?>
<document>
  <body>
    <section name="Überschrift 1">
      <p>Absatz 1.</p>

      <subsection name="Überschrift 1.1">
        <p>Untergeordneter Absatz!</p>
      </subsection>
    </section>


    <section name="Überschrift 2">
      <p> Absatz 2.</p>

      <source> ein bisschen Sourcecode </source>
    </section>
  </body>
</document
```

XDOC-Dateien müssen sich unterhalb des Verzeichnisses `src/site/xdoc/` befinden und die Dateierweiterung `*.xdoc` verwenden, damit sie durch `mvn site` übersetzt werden können.

17.5.4 FML – Frequently Asked Questions

FML ist ein einfaches XML-Format zur Erstellung von FAQs, das bereits in Maven 1 verwendet wurde und nur eine geringe Menge von Tags benötigt. Im Wesentlichen sind dies

- **faqs**: das Head-Element. Das `title`-Attribut gibt den Titel des Dokuments an. Das Attribut `toplink` gibt an, ob Links, die auf den Seitenanfang verweisen, generiert werden sollen.
- **part**: Eine FAQ-Liste kann in mehrere Teile aufgeteilt werden, die durch eine `id` gekennzeichnet werden.
- **title**: der Titel eines durch `part` erzeugten Teils der FAQ
- **faq**: Jeder `part` kann mehrere `faq`-Elemente enthalten. Diese bestehen aus Fragen (`<question>`) und Antworten (`<answers>`), in denen normaler Text (`<p>...</p>`) sowie Quellcode (`<source>`) stehen kann.

Das folgende Beispiel verdeutlicht die Verwendung von *FML*:

```
<?xml version="1.0" encoding="UTF-8"?>

<faqs title="Frequently Asked Questions" toplink="false">

  <part id="allgemein">
    <title>Allgemein</title>

    <faq id="was ist FML">
      <question>Was ist FML?</question>
      <answer>
        <p>ein bisschen Text</p>

        <source>Ein Code Beispiel</source>

        <p>und noch etwas Text</p>
      </answer>
    </faq>

    <faq id="wer-fragt">
      <question>Wer stellt nur immer diese Fragen?</question>
      <answer>
        <p>irgendwer</p>
      </answer>
    </faq>
  </part>
```

```
  <part id="anwendung">

    <title>Anwendung</title>

    <faq id="wie-geht-das">
      <question>Wie geht das?</question>
      <answer>
        <p>Lies das Handbuch ...</p>
      </answer>
    </faq>

  </part>

</faqs>
```

Abbildung 17.7 zeigt das Ergebnis des obigen Codes nach dem Aufruf von `mvn site`.

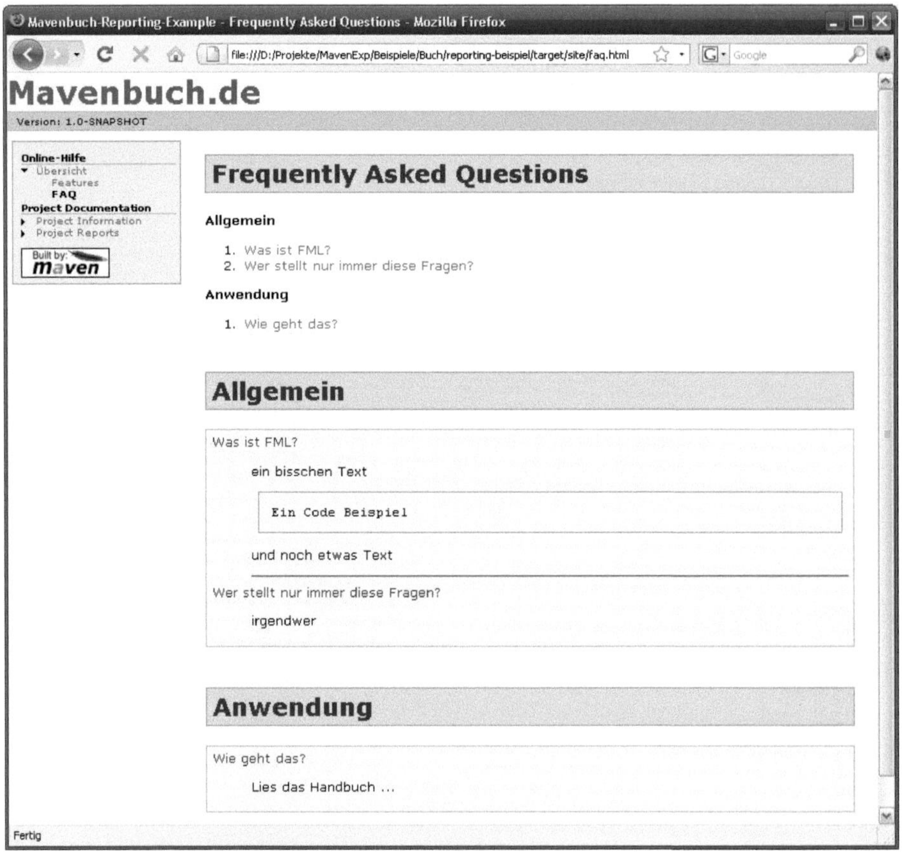

Abb. 17.7: Eine aus FMT-Code generierte FAQ-Liste

Die Angabe und der Einbau der FAQ-Seite wird über den *Site-Deskriptor* `site.xml` abgehandelt. Je nach Aufbau der Projektseite wird ein neuer Eintrag vorgenommen:

```
<item name="FAQs" href="/faqs.html"/>
```

Der Beschreibungstext (Wert des Attributs `name`) ist frei wählbar. Die Angabe der Datei, die die Fragen und Antworten enthält, muss relativ zum Verzeichnis `%PROJECT_DIR%/site/faq` gegeben werden. Ihr Name ist frei wählbar. Analog zu `xdoc` und `apt` müssen `fml`-Dateien sich unterhalb des Verzeichnisses `src/site/fml/` befinden und die Dateierweiterung `*.fml` verwenden, damit sie durch `mvn site` übersetzt werden können.

Ein Referenzbeispiel findet sich in [fmt].

17.5.5 Verzeichnisstruktur

Die Sourcen für die Dokumentation liegen im Verzeichnis `src/site`. Analog zum `src/main`-Verzeichnis ist für jeden Quellcodetyp ein eigenes Verzeichnis vorgesehen:

- **`src/site/apt`**: für in *APT* verfasste Dokumente
- **`src/site/fml`**: für in *FML* verfasste Dokumente
- **`src/site/xdoc`**: für in *XDOC* verfasste Dokumente
- **`src/site/resources`**: für statische Daten, die nicht mehr kompiliert werden müssen. Hier können zum Beispiel Grafiken und fertige HTML-Seiten liegen.

17.5.6 Internationalisierung

Die Dokumentation zu internationalisieren ist denkbar einfach. Für jede gewünschte Sprache wird ein Verzeichnis mit dem Namen des entsprechenden `locales` angelegt, zum Beispiel `en` für die englische Dokumentation, `es` für die spanische. Außerdem müssen die entsprechenden Locales in der `configuration`-Sektion in der Deklaration des `maven-site-plugin` aufgeführt werden:

```
<build>
  <plugins>
    <plugin>
      <groupId>org.apache.maven.plugins
      </groupId>
      <artifactId>maven-site-plugin</artifactId>
      <configuration>
        <locales>de,en,es</locales>
      </configuration>
```

```
    </plugin>
  </plugins>
</build>
```

Der Site-Deskriptor sollte ebenfalls für jedes Locale angelegt werden, um die Menüsprache anzupassen. Hierzu wird an den Dateinamen das Locale angehängt, also

- **site.xml** für das Default Locale (in unserem Beispiel de)
- **site_en.xml** für englische Texte
- **site_es.xml** für spanische Texte

17.6 Der Site-Deskriptor

Die Datei src/site/site.xml wird als *Site-Deskriptor* bezeichnet. Der Site-Deskriptor beschreibt die Elemente des Menüs der Projektwebseite. Ist der Site-Deskriptor nicht vorhanden, werden lediglich die Projektinformationen und die Projekt Reports (so im POM konfiguriert) angezeigt.

17.6.1 Aufbau

```
<project name="Mavenbuch Site Beispiel">
  <bannerRight>
    <name>Mavenbuch.de</name>
    <src>http://www.mavenbuch.de/logo.gif</src>
    <href>http://www.mavenbuch.de</href>
  </bannerRight>
  <version position="left" />
  <publishDate position="bottom" format="MM.dd.yyyy" />
  <body>
    <menu name="Dokumentation">
      <item name="Dies und Das" href="index.html" collapse="true">
        <item name="Übersicht" href="index.html" />
        <item name="Features" href="features.html" />
      </item>
      <item name="FAQ's" href="faq.html" />

    </menu>
    <menu ref="parent" />
    <menu ref="modules" />
    <menu ref="reports" />
    <!--
```

```
      Project-Information & -Reports anzeigen!
    -->
  </body>
</project>
```

Titel

Es wird automatisch eine Kombination aus dem im POM angegebenen Projektnamen und dem aktuell ausgewählten Report als Titel (gemeint ist hier das *HTML-Tag* `<title>`) verwendet. Wollen Sie einen anderen Titel verwenden, ohne den Eintrag im POM zu ändern, können Sie auch im `project`-Tag des Site-Deskriptors mit dem Attribut `name` einen alternativen Titel angeben:

```
<project name="Mavenbuch Site Beispiel">
...
</project>
```

Menüstruktur

Das Navigationsmenü besteht aus einem oder mehreren `menu`-Elementen, die wiederum `item`-Elemente enthalten:

```
<body>
  <menu name="Online-Hilfe">
    <item name="Übersicht" href="index.html" />
    <item name="Features" href="features.html" />
    <item name="FAQ" href="faq.html" />
  </menu>
  ...
</body>
```

`item`-Elemente können ihrerseits geschachtelt sein:

```
<body>
  <menu name="Online-Hilfe">
    <item name="Übersicht" href="index.html" collapse="true">
      <item name="Features" href="features.html" />
      <item name="FAQ" href="faq.html" />
    </item>
  </menu>
  ...
</body>
```

Verwenden Sie das Attribut `collapse=true`, um `item`-Menüs auf- und zuklappen zu können.

Links

Sie können auch eine Reihe von Links einfügen:

```
<links>
  <item name="Apache" href="http://www.apache.org/" />
  <item name="Maven 1.0" href="http://maven.apache.org/" />
  <item name="Maven 2" href="http://maven.apache.org/maven2/" />
</links>
```

Die Links werden oben rechts auf der Seite unterhalb des Banners angezeigt.

Banner

Sie können sowohl ein linkes als auch ein rechtes Banner definieren. Automatisch wird immer ein linkes Banner mit dem Namen des Projekts angezeigt, das Sie jedoch überschreiben können.

```
<project>
  <bannerRight>
    <name>Mavenbuch.de</name>
    <src>http://www.mavenbuch.de/logo.gif</src>
    <href>http://www.mavenbuch.de</href>
  </bannerRight>
  <body>
  ...
```

Wollen Sie nur ein Banner auf der rechten Seite haben, können Sie das linke Banner verschwinden lassen, indem Sie das Element für den Namen leer lassen:

```
<project>
  <bannerLeft>
    <name></name>
  </bannerLeft>
  <bannerRight>
    <name>Mavenbuch.de</name>
    <src>http://www.mavenbuch.de/logo.gif</src>
    <href>http://www.mavenbuch.de</href>
  </bannerRight>
  <body>
    ...
```

Sie können für die Grafik auch einen relativen Pfad angeben:

```
<bannerLeft>
  <name>Mavenbuch.de</name>
  <src>pics/logo.gif</src>
  <href>http://www.mavenbuch.de</href>
</bannerLeft>
```

Maven wird die Grafik in diesem Fall im Verzeichnis

```
${basedir}/src/site/resources/pics
```

suchen.

Powered-By

Falls Sie einen Sponsor oder eine reiche Tante haben, können Sie auch ein *Powered-by-Logo* auf Ihrer Seite unterbringen:

```
<project>
  ...
  <poweredBy>
    <logo name="Tante Käthe" href="http://www.tantekaethe.de/"
          img="http:///www.tantekaethe.de/images/logos/familienwap-
pen.png"/>
  </poweredBy>
  ...
</project>
```

Veröffentlichungsdatum und Version

Das Datum der Veröffentlichung kann auch (mehr oder weniger) frei positioniert und formatiert werden:

```
<project>
  ...
  <publishDate position="bottom" format="MM.dd.yyyy"/>
  ...
</project>
```

Mögliche Werte für `position` sind `left`, `right`, `navigation-top`, `navigation-bottom`, `bottom` und `none`. Standard ist `left`. Durch die Angabe von `none` wird die Anzeige des Datums unterdrückt.

Mit den gleichen Angaben lässt sich auch die Anzeige der *Version* positionieren:

```
<project>
  ...
  <version position="left"/>
  ...
</project>
```

Einbinden von generierten Inhalten

Bei Verwendung eines Site-Deskriptors werden *Reports* und *Projektinformationen* nicht mehr automatisch eingebunden. Diese müssen explizit mittels des Menüeintrags `<menu ref="modules" />` eingebunden werden. Siehe hierzu auch Abschnitt 17.7.1. Es ist zu beachten, dass im Site-Deskriptor der Name der generierten Datei angegeben wird (also `index.html` statt `index.apt`). Sollen weitere Inhalte eingebunden werden, muss dies mittels des Eintrags `<menu ref="%INHALT%" />` geschehen. Mögliche Werte sind

- **`parent`**: erzeugt einen Link auf das Parent-Projekt
- **`modules`**: erzeugt einen Link auf die Module des aktuellen Projekts
- **`reports`**: Die generierten Reports und die Projektinformationen werden eingebunden.

17.6.2 Vererbung

Maven 2

Der Site-Deskriptor wird vererbt, beim Deployment eines Projekts wird auch dessen `site.xml` mit deployed (natürlich nur, wenn als *`packaging`* `pom` angegeben ist). Module in einem Reaktor erben von ihrem *Parent-POM* den Site-Deskriptor. Laut Maven-Dokumentation werden nur *basic settings* übernommen (was auch immer damit gemeint ist). Von den Elementen innerhalb des `body`-Tags werden nur die Links übernommen. Ich habe mit Maven 2.0.9 und dem Site-Plugin Version 2.0-beta-6 die Erfahrung gemacht, dass der komplette Site-Deskriptor vererbt wird – was unschöne Effekte ergibt, wenn im Parent-Projekt Links auf relative Pfade verwendet werden.

Maven 3

In Maven 3 wird der Site-Deskriptor nicht mehr automatisch mit POM-Projekten deployed. Um einen universellen Site-Deskriptor für Sub-Module zur Verfügung zu stellen, muss explizit das Goal `attach-descriptor` des `maven-site-plugin` als `execution`-Element definiert werden:

```
<plugin>
  <artifactId>maven-site-plugin</artifactId>
  <version>3.0-beta-3</version>
  <executions>
    <execution>
      <id>attach-descriptor</id>
      <goals>
        <goal>attach-descriptor</goal>
      </goals>
    </execution>
  </executions>
</plugin>
```

17.6.3 Look&Feel anpassen

Laut Maven-Homepage können auch Skins erzeugt werden, um das *Look&Feel* der Seite anzupassen:

```
<project>
  ...
  <skin>
    <groupId>org.apache.maven.skins</groupId>
    <artifactId>maven-classic-skin</artifactId>
    <version>1.0</version>
  </skin>
  ...
</project>
```

[Son] geht etwas näher auf Skins ein und enthält außerdem einen Abschnitt über das Anpassen des Seitenlayouts mittels CSS.

17.7 Multimodul-Projekte

Ruft man das Site-Plugin im Verzeichnis des Reaktor-Projekts (das Projekt, in dessen `pom.xml` die Module angegeben sind) auf, so wird analog zu vielen anderen Plugins der Site-Zyklus rekursiv für alle Module durchlaufen.

17.7.1 Besonderheiten

Beim `maven-site-plugin` sind einige Besonderheiten zu beachten, die auf den ersten Blick nicht ganz einleuchtend sind.

Modular, aber nicht verwandt

Hat man im Reaktor Parent-Module angegeben, diese verweisen aber nicht mit dem `parent`-Element auf das Reaktor-Parent, so werden in der Dokumentation keine Links auf die Module erzeugt. Das mag erst mal etwas befremdlich wirken, macht aber durchaus Sinn, wenn man sich vor Augen führt, dass der bloße Verweis auf Module lediglich bedeutet, dass die Projekte gleichzeitig gebaut werden sollen, nicht dass auch wirklich eine Beziehung zwischen den Projekten besteht.

Meine Verweise stimmen nicht

Beim Aufruf von `mvn site` werden zwar Links auf Module generiert, aber diese verweisen ins Leere. Dies liegt daran, dass sich die generierten Seiten innerhalb der `target`-Verzeichnisse befinden, die Links aber auf die relativen Pfade verweisen, wie sie in der Modul-Referenz angegeben sind. Verwendet man das Goal `site-stage`, wird im Staging-Verzeichnis die Dokumentation mit funktionierenden Links erzeugt. Ist kein Site-Deskriptor angegeben, wird für das Parent-Projekt im Menü eine Reihe Links auf die Module angelegt, in den Modulen befinden sich jedoch keine Links auf das Parent-Projekt oder die anderen Module. Sie müssen also, um funktionierende Verweise zu erhalten, im Site-Deskriptor den Verweis `<menu ref="modules"/>` verwenden.

Flache Hierarchien?

Module müssen nicht hierarchisch strukturiert angelegt werden. Hier ergibt sich allerdings ein Problem: Liegen alle Module inklusive des Parent-Projekts auf der gleichen Ebene, werden beim Erzeugen der Test-Webseite mit `site` die Modul-Seiten nicht im per `distributionManagement` definierten Verzeichnis abgelegt, sondern, entsprechend der Modul-Einträge im Parent-POM, eine Verzeichnisebene darüber. Es empfiehlt sich also auch hier, die Module unterhalb des Parent-Projekts anzulegen.

17.8 Das Maven-Site-Plugin

Mit Hilfe des Plugins site (`maven-site-plugin`) wird die Generierung der Projektwebseite durchgeführt. Im Element `distributionManagement/site` des POM wird der Zielserver für die Dokumentation angegeben, sonst ist das Deployment der Projektseite durch Maven sowie die Verwendung von `site:stage` nicht möglich.

```
<distributionManagement>
...
  <site>
    <id>mavenbuch.de</id>
```

```
    <name>Mavenbuch-Homepage</name>
    <url>http://www.mavenbuch.de/beispiele/</url>
  </site>
  ...
<distributionManagement>
```

Wichtig: Versionen

Beim Site-Plugin ist es wichtig, die richtigen Plugin-Versionen mit der passenden Maven-Version zu verwenden:

- Die Plugin-Version 3.x (aktuell ist 3.0-beta-3, Mai 2011) benötigt Maven 3 – und andersherum, ältere Versionen des Plugins funktionieren mit Maven 3 nicht!
- Die Plugin-Versionen 2.1.x–2.2.x benötigen Maven 2.2.0 und mindestens Java 5.
- Die Versionen 2.0.x–2.1.x benötigen mindestens Maven 2.1.

Ältere Versionen von Maven setzen Sie hoffentlich nicht mehr ein.

17.8.1 site – goals

- **`deploy`**: kopiert die generierte Projektdokumentation in das Verzeichnis, das im Element `site` in der Sektion `<distributionManagement>` des POM angegeben wurde. Unterstützt werden die Protokolle *dav, scp* und *file*. Für das Deployment mittels *dav* und *scp* muss in der `settings.xml` eine Server-Konfiguration mit den entsprechenden Login-Daten vorhanden sein.
- **`attach-descriptor`**: fügt den Site-Deskriptor zur Liste der zu deployenden Dateien hinzu
- **`site`**: generiert die Projektdokumentation. Dies ist das Standard-Goal, das beim Aufruf von `mvn site` aufgerufen wird.
- **`run`**: startet einen lokalen Webserver mit der generierten Webseite, unter Verwendung von *Jetty* [jeta] als Webserver. Der Server ist unter `http://localhost:8080` erreichbar. Der Parameter `port` ermöglicht die Änderung des Ports.
- **`stage-deploy`**: deployed die Projektseite in ein Mock-Verzeichnis auf dem in `distributionManagement.site` angegebenen Server. Unterstützt werden die Protokolle *dav, scp* und *file*.
- **`stage`**: erzeugt ein Abbild der Projektwebseite in einem lokalen Verzeichnis, das mittels des Parameters `stagingDirectory` angegeben wird. Innerhalb des `stagingDirectory` wird eine Verzeichnisstruktur angelegt, die dem im `distributionManagement.site` definierten Eintrag entspricht. So erzeugt der Aufruf

```
mvn site:stage -DstagingDirectory=<staging-verzeichnis>}
```

für ein Beispiel-Projekt mit dem oben aufgeführten `distributionManagement`-Element die Verzeichnisstruktur

```
D:/maven-sites/http/www/mavenbuch/de/beispiele/
```

Dieses Goal ist hervorragend dazu geeignet, die Site-Struktur von Multimodul-Projekten lokal zu testen.

17.8.2 Module ausschließen

Mit `moduleExclusion` lassen sich Dateien aus der Site-Generierung ausschließen. Die Auswahl ist allerdings etwas eingeschränkt: Mögliche Module sind `apt`, `fml` und `xdoc`. Als Ausschlusskriterium können Muster für Dateinamen angegeben werden. So verhindert

```
<configuration>
  <moduleExcludes>
    <fml>**/*3.fml, faq.fml</fml>
  </moduleExcludes>
</configuration>
```

die Verarbeitung der Datei `faq.fml` und aller Dateien, deren Name auf `3.fml` endet.

Das auf der Maven-Homepage angegebene Beispiel

```
<configuration>
  <excludeModules>fml</excludeModules>
</configuration>
```

funktioniert nicht.

Mit dem Parameter `generateReports` kann die Generierung der Reports komplett unterbunden werden:

```
<configuration>
  <generateReports>false</generateReports>
</configuration>
```

17.8.3 Der Site-Lebenszyklus

Der Site-Lifecycle besteht aus vier Phasen, von denen zwei direkt mit Goals des `maven-site-plugin` verknüpft sind:

- **`site`** ist mit dem Goal `site:site` verknüpft. In dieser Phase wird die Site generiert.
- **`site-deploy`** ist mit dem Goal `site:deploy` verknüpft. In dieser Phase wird die generierte Site auf den im POM-Element `distributionManagement` angegebenen Webserver deployed.

Weitere Informationen zu den Maven-Lebenszyklen finden sich in Kapitel 5.

Kapitel 18

Qualitätsmanagement mit Maven

Maven kann ein hilfreicher Bestandteil der Qualitätssicherung (QS) bezüglich Codequalität sein. Einerseits hat man durch aktuelle Reports einen Überblick über Stand und Qualität des Sourcecodes. Auf der anderen Seite kann bei Verstößen gegen die Qualitätsstandards der komplette Build-Vorgang oder zumindest das Deployment abgebrochen werden. Natürlich ersetzen Code-Analyse-Tools keine Code-Reviews, aber sie sind ein erster Schritt, können eine wertvolle Ergänzung sein und zur Vorbereitung von Code-Reviews verwendet werden. Im Zusammenspiel mit einem *Continuous Integration*-Server und der Generierung der IDE-Konfiguration lässt sich in Richtung verbesserter Codequalität viel erreichen.

Dieses Kapitel stellt verschiedene Plugins zur Analyse der Codequalität vor und zeigt, wie sie konfiguriert und verwendet werden können. Für einige der Tools existieren auch Eclipse-Plugins, so dass die Code-Analyse bereits während der Entwicklung durchgeführt werden kann.

18.1 Continuous Integration

Maven unterstützt von Haus aus Continuous Integration (CI). Im POM lässt sich das Element `<ciManagement>` einbinden, in dem der verwendete CI-Server angegeben und ansatzweise konfiguriert werden kann (dies funktioniert zumindest mit *Apache Continuum*).

In Anhang *A.3* findet sich ein Abschnitt über Konfiguration und Verwendung des *CI*-Servers *Apache Continuum*.

18.2 QS-Plugins

18.2.1 Checkstyle

Was ist Checkstyle?

Checkstyle ist ein Code-Analyse-Tool. Es prüft die Struktur des Codes und findet so genannte *Code-Smells* [Fow99]:

- Verstöße gegen Codekonventionen
- falsche Modifizierer

- Designschwächen
- fehlende Javadoc-Kommentare
- etc.

Ursprünglich war die Aufgabe von Checkstyle, zu überprüfen, ob die Sun-Codekonventionen [SM] eingehalten werden. Inzwischen gibt es etliche Module zur Prüfung von Metriken, Namenskonventionen, Fehlermustern und anderen Aspekten der Softwarequalität.

Checkstyle kann konfiguriert werden, um Auswahl und Priorität der Regeln anzupassen. Siehe dazu [Che] und [Sma08].

Goals

Das Plugin verfügt über drei Goals:

- **`checkstyle`**: führt die Checkstyle-Tests durch und erstellt einen Report
- **`check`**: prüft anhand des letzten `checkstyle`-Laufs auf Regelverstöße. Die letzte durch Checkstyle generierte Datei wird auf Verstöße geprüft und die Anzahl der Regelverletzungen angezeigt.
- **`help`**: zeigt die Goals des Plugins an. Bei zusätzlicher Angabe des Parameters `-Ddetail` werden auch die möglichen Parameter ausgegeben.

Konfiguration

- **`failsOnError`** (`true|false`): bricht den aktuellen Build-Vorgang ab, wenn Fehler gefunden werden. Standardeinstellung ist `false`.
- **`configLocation`**: Hier wird die zu verwendende Regeldatei (*RuleSet*) angegeben. Es stehen die folgenden vordefinierten Regelmengen zur Verfügung.
  - `config/sun_checks.xml`: Sun Checks
  - `config/turbine_checks.xml`: Turbine Checks
  - `config/avalon_checks.xml`: Avalon Checks
  - `config/maven_checks.xml`: Maven Source Checks

  Lässt man das `configLocation`-Element weg, verwendet Checkstyle die Standardregeln (`config/sun_checks.xml`), die den Code auf Einhaltung der Sun-Java-Codekonventionen [SM] prüfen.

  An dieser Stelle können auch selbst definierte Regeldateien angegeben werden. Wie Sie eigene Regeldateien entwerfen, entnehmen Sie bitte der Online-Dokumentation von Checkstyle [Che].
- **`consoleOutput`**: gibt an, ob die Testergebnisse auf der Konsole ausgegeben werden sollen. Haben Sie `failsOnError` auf `true` gesetzt, sollten Sie unbedingt auch `consoleOutput` auf `true` setzen. Sie ersparen sich und den ande-

ren Projektmitgliedern eine Menge Ratespiele, wenn Sie versuchen, herauszufinden, welche Checkstyle-Meldung zum Abbruch geführt hat.

- **`enableRulesSummary`**: mit Angabe von `false` lässt sich die Auflistung sämtlicher verwendeter Regeln im Reporting unterbinden. Default ist `true`.
- **`excludes`**: Geben Sie hier Dateien an, die nicht geprüft werden sollen.
- **`propertiesLocation`**: gibt den Ort der Checkstyle-Properties-Datei an. In den Properties können zum Beispiel Variablen gesetzt werden, die Sie in einer eigenen (in `configLocation` angegebenen) Checkstyle-Konfiguration verwenden.
- **`includeTestSourceDirectory`**: gibt an, ob die Unit-Tests ebenfalls geprüft werden sollen. Standard ist `false`. Da Tests ein wichtiger Bestandteil eines Projekts sind, sollte der Wert allerdings explizit auf `true` gesetzt werden.

Weitere Konfigurationselemente entnehmen Sie bitte der Checkstyle-Homepage [Che].

Checkstyle als Bestandteil des Reportings

Das Checkstyle-Plugin kann verwendet werden, um Reports über die Codequalität des Projekts zu generieren. Nach Konvention wird die Datei `target/site/checkstyle.html` generiert.

Checkstyle als Bestandteil des Build-Vorgangs

Checkstyle kann während des Build-Lifecycles (siehe Kapitel L) eingesetzt werden, um gegebenenfalls den Build-Vorgang abzubrechen, wenn Verstöße gegen das definierte Regelwerk gefunden werden.

Hierzu muss in der `pom.xml` in der Checkstyle-Plugin-Deklaration das Element `configuration.failsOnError` auf `true` gesetzt werden.

Unter `executions` wird angegeben, in welchen Phasen des Build-Zyklus welche Checkstyle-Goals ausgeführt werden sollen:

```
<project>
  <properties>
    <common.resources>src/common/resources</common.resources>
    <project.build.sourceEncoding>UTF-8</project.build.sourceEncoding>
  </properties>
  <pluginManagement>
    <plugins>
      ...
      <plugin>
        <groupId>org.apache.maven.plugins</groupId>
        <artifactId>maven-checkstyle-plugin</artifactId>
```

```
        <version>2.6</version>

      </plugin>
      ...
    </plugins>
  </pluginManagement>

  <build>
    <plugins>
        ...
      <plugin>
        <groupId>org.apache.maven.plugins</groupId>
        <artifactId>maven-checkstyle-plugin</artifactId>
        <configuration>
          <consoleOutput>true</consoleOutput>
          <propertiesLocation>
            ${common.resources}/checkstyle.properties
          </propertiesLocation>
          <configLocation> ${common.resources}/checkstyle.xml</configLo-
              cation>
          <excludes>src/generated/*</excludes>
        </configuration>
        <executions>
          <execution>
            <phase>verify</phase>
            <goals>
              <goal>checkstyle</goal>
            </goals>
            <configuration>
              <failsOnError>true</failsOnError>
            </configuration>
          </execution>
        </executions>
      </plugin>
      ...
    </plugins>
    ...
  </build>
  <reporting>
    <plugins>
      <plugin>
        <groupId>org.apache.maven.plugins</groupId>
```

```
        <artifactId>maven-checkstyle-plugin</artifactId>
        <configuration>
          <propertiesLocation>
            src/common/resources/checkstyle.properties
          </propertiesLocation>
          <configLocation>${common.resources}/checkstyle.xml</configLo-
              cation>
          <excludes>src/generated/*</excludes>
          <enableRulesSummary>false</enableRulesSummary>
        </configuration>
      </plugin>
      ...
  </reporting>
</project>
```

Anmerkung

Das Verzeichnis `src/common/resources` ist kein Maven-Standardverzeichnis. Ich habe mich jedoch entschlossen, Konfigurationsdateien von Tools nicht in `src/main` aufzubewahren, da sie nur während des Entwicklungsprozesses benötigt werden und auch nicht in das Packaging aufgenommen werden. Wenn Sie ein Standard-Maven-Verzeichnis verwenden wollen, bietet sich `src/main/config` an.

Hinweis

Verwendet man `failsOnError` während des Build-Vorgangs, wird eventuell auch das Reporting abgebrochen, falls Checkstyle-Fehler gefunden werden! Dies liegt daran, dass einige Reporting-Plugins, wie zum Beispiel *Surefire-Reports*, einen parallelen Build-Zyklus starten. Eine Möglichkeit ist, die Codeprüfung in die Phase `verify` zu legen, so können alle Tests ausgeführt und Archive erstellt werden, die Installation des Artefaktes in ein Repository wird jedoch gegebenenfalls unterbunden. In Abschnitt 18.2 wird beschrieben, wie man mit Hilfe von Profilen und Properties den Abbruch vermeiden kann.

Checkstyle und Eclipse

Es gibt zwei Checkstyle-Plugins für Eclipse:

- *Eclipse-CS* – `http://eclipse-cs.sourceforge.net/`
- *Checkclipse* – wird anscheinend nicht mehr weiterentwickelt, zumindest hat sich auf der Webseite seit 2006 nichts mehr getan. `http://www.mvmsoft.de/content/plugins/checkclipse/checkclipse.htm`

Um *Eclipse-CS* mit den gleichen Regeln auszuführen wie Maven, muss die Konfiguration des Maven-Eclipse-Plugins wie folgt ergänzt werden:

```
<plugin>
  <groupId>org.apache.maven.plugins</groupId>
  <artifactId>maven-eclipse-plugin</artifactId>
  <version>2.8</version>
  <configuration>
    ...
    <additionalConfig>
      <file>
        <name>src/common/resources/checkstyle.xml
        </name>
        <location>checkstyle.xml</location>
      </file>
      <file>
        <name>.checkstyle</name>
        <location>eclipse/eclipse-cs-config.xml
        </location>
      </file>
    </additionalConfig>
    <additionalProjectnatures>
      <projectnature>
        net.sf.eclipsecs.core.CheckstyleNature
      </projectnature>
    </additionalProjectnatures>
    <additionalBuildcommands>
      <buildcommand>
        net.sf.eclipsecs.core.CheckstyleBuilder
      </buildcommand>
    </additionalBuildcommands>
  ...
  </configuration>
</plugin>
```

Wie die Konfiguration im Detail aufgebaut ist, erklärt Abschnitt 16.1. Nur so viel sei verraten: Die Datei `eclipse/eclipse-config.xml` ist eine Kopie der durch Eclipse-CS erzeugten Datei `.checkstyle`. Ich verwende eine Kopie, die ich in einem Konfigurationsmodul untergebracht habe, das im POM per `extension` dem Classpath hinzugefügt wurde. Die Datei `.checkstyle` hat folgende Form:

```
<?xml version="1.0" encoding="UTF-8"?>
<fileset-config file-format-version="1.2.0"
  simple-config="true">
  <local-check-config name="Mavenbuch-CS"
```

```
    location="src/common/resources/checkstyle.xml" type="project"
    description="">
    <additional-data name="protect-config-file" value="true" />
  </local-check-config>
  <fileset name="Alle" enabled="true" check-config-name="Mavenbuch-CS"
    local="true">
    <file-match-pattern match-pattern="."
      include-pattern="true" />
  </fileset>
  <filter name="NonSrcDirs" enabled="true" />
</fileset-config>
```

18.2.2 PMD

PMD ist ebenfalls ein Code-Analyse-Tool. Im Gegensatz zu Checkstyle ist es aber eher auf das Aufspüren von Designschwächen und Fehlermustern ausgelegt. Viele der Regeln basieren auf *Joshua Blochs* Standardwerk *Effective Java* [Blo08].

PMD findet unter anderem

- Formatierungsfehler und stilistische Mängel, wie zum Beispiel zu kurze Bezeichner
- ungenutzte Zuweisungen (*Dead-Stores*)
- leere Blöcke
- unnötige oder überkomplizierte Codestellen
- Designschwächen
- unerwünschte Instanzierungen der Klassen `String`, `Number` und `Boolean`
- etc.

Das PMD-Plugin unterstützt außerdem das PMD-Modul zur Erkennung von doppeltem Code: *CPD – Copy Paste Detector.*

Goals

- **pmd**: erstellt einen PMD-Report
- **cpd**: erstellt einen *Copy & Paste*-Report mit CPD
- **check**: lässt den Build-Vorgang fehlschlagen, falls der Report Fehler enthält. `pmd:pmd` wird automatisch mit ausgeführt, wenn `pmd:check` aufgerufen wird. In der aktuellen Dokumentation des PMD-Plugins steht es irrtümlich genau andersherum.
- **cpd-check**: lässt den Build-Vorgang fehlschlagen, wenn der CPD-Report nicht leer ist. `pmd:cpd` wird automatisch ausgeführt, wenn `pmd:cpd-check` aufgerufen wird.

Konfiguration

- **`rulesets`**: gibt an, welche Regeldatei verwendet werden soll. Standard sind die Regelmengen `basic`, `imports` und `unusedcode`.
- **`failOnViolation`**: gibt an, ob der Build-Vorgang bei Entdecken eines Regelverstoßes fehlschlagen soll. Standard ist `true`.
- **`failurePriority`**: gibt an, ab welcher Fehlerpriorität der Build gestoppt werden soll. Die niedrigste Priorität ist 5, 0 die höchste. Standard ist 5. Ich verwende in Projekten im Allgemeinen 2.
- **`verbose`**: gibt die Ergebnisse der Tests aus. Sie sollten `verbose` auf jeden Fall auf `true` setzen, wenn Sie `failOnViolation` verwenden, damit Sie wissen, wieso der Build-Vorgang abbricht.
- **`includeTests`**: gibt an, ob die Unit-Tests geprüft werden sollen. Standard ist `false`. Wie auch bei Checkstyle, empfehle ich, den Wert auf `true` zu setzen.
- **`excludeRoots`**: eine Liste von Verzeichnissen, die nicht geprüft werden sollen
- **`excludes`**: eine Liste von Dateien, die nicht geprüft werden sollen
- **`targetJdk`**: gibt die Ziel-JVM an. Mögliche Werte sind `1.3`, `1.4`, `1.5` und `1.6`. Vorgabe ist `1.3`.
- **`aggregate`**: gibt an, ob in Multimodul-Projekten ein Gesamt-Report (`true`) oder einzelne Reports für jedes Modul (`false`) erzeugt werden sollen. Standard ist `false`.
- **`minimumTokens`**: (*CPD*) minimale Anzahl von Code-Einheiten (Worte, Operatoren etc.), ab der CPD anschlägt. Standard ist `100`.

Beispiel

Hier eine exemplarische PMD-Konfiguration für ein Java-1.6-Projekt:

- Es wird ein eigenes Regelwerk, das in `src/common/resources/PMDRules.xml` liegt, verwendet.
- Der Build wird abgebrochen, wenn ein Fehler der Priorität 2 gefunden wird.
- Das Verzeichnis `src/generated` wird nicht untersucht.
- PMD und CPD werden während der Build-Phase `compile` aufgerufen.
- Der Projektseite wird ein entsprechend konfigurierter PMD-Report hinzugefügt.

```
<project>
  ...
  <properties>
    <common.resources>src/common/resources</common.resources>
    <project.build.sourceEncoding>UTF-8</project.build.sourceEncoding>
  </properties>
```

```
  ...
 <build>
   <pluginManagement>
     <plugins>
       ...
       <plugin>
         <groupId>org.apache.maven.plugins</groupId>
         <artifactId>maven-pmd-plugin</artifactId>
         <version>2.5</version>
       </plugin>
     </plugins>
     ...
   </pluginManagement>
    ...
   <plugins>
     <plugin>
       <groupId>org.apache.maven.plugins</groupId>
       <artifactId>maven-pmd-plugin</artifactId>
       <configuration>
         <targetJdk>1.6</targetJdk>
         <rulesets>
           <ruleset>${commmon.resources}/PMDRules.xml</ruleset>
         </rulesets>
         <verbose>true</verbose>
         <failOnViolation>true</failOnViolation>
         <failurePriority>2</failurePriority>
         <excludeRoots>
           <dir>src/generated/</dir>
         </excludeRoots>
       </configuration>
       <executions>
         <execution>
           <goals>
             <goal>check</goal>
             <goal>cpd-check</goal>
           </goals>
           <phase>verify</phase>
         </execution>
       </executions>
     </plugin>
     ...
   </plugins>
```

```
  </build>
  ...
  <reporting>
    <plugins>
      <plugin>
        <groupId>org.apache.maven.plugins</groupId>
        <artifactId>maven-pmd-plugin</artifactId>
        <configuration>
          <targetJdk>1.6</targetJdk>
          <rulesets>
            <ruleset>${commmon.resources}/PMDRules.xml</ruleset>
          </rulesets>
          <excludeRoots>
            <dir>src/generated/</dir>
          </excludeRoots>
        </configuration>
      </plugin>
      ...
    </plugins>
  </reporting>
  ...
</project>
```

Wichtig

Für *PMD* gilt wie für *Checkstyle*: Beim Reporting wird je nach verwendeten Plugins gegebenenfalls der Build abgebrochen, wenn Sie die Ausführung mit einer früheren Phase als `verify` verknüpfen. Verwenden Sie Properties und ein Profil, um `failOnViolation` temporär zu deaktivieren. Eine Anleitung dazu finden Sie in Abschnitt 18.2.

PMD und Eclipse

Auch für PMD gibt es ein Eclipse-Plugin: *pmd-eclipse*. Die Konfiguration lässt sich ebenfalls mit dem Eclipse-Plugin erzeugen:

```
<plugin>
  <groupId>org.apache.maven.plugins</groupId>
  <artifactId>maven-eclipse-plugin</artifactId>
  <version>2.81</version>
  <configuration>
    ...
```

```
    <additionalConfig>
      <file>
        <name>.pmd</name>
        <location>eclipse/pmd.xml</location>
      </file>
      <file>
        <name>.ruleset</name>
        <location>PMDRules.xml</location>
      </file>
    </additionalConfig>
    <additionalProjectnatures>
      <projectnature>
        net.sourceforge.pmd.eclipse.plugin.pmdNature
      </projectnature>
    </additionalProjectnatures>
    <additionalBuildcommands>
      <buildcommand>
        net.sourceforge.pmd.eclipse.plugin.pmdBuilder
      </buildcommand>
    </additionalBuildcommands>
  ...
  </configuration>
</plugin>
```

Die Konfigurationsdatei `eclipse/pmd.xml` sieht so aus:

```
<?xml version="1.0" encoding="UTF-8"?>
<pmd>
  <useProjectRuleSet>true</useProjectRuleSet>
  <ruleSetFile>.ruleset</ruleSetFile>
  <includeDerivedFiles>false</includeDerivedFiles>
</pmd>
```

Ein Bug im Eclipse-PMD-Plugin macht es erforderlich, die Regeldatei grundsätzlich unter dem Namen `.ruleset` im Projektverzeichnis abzulegen.

18.2.3 FindBugs

FindBugs ist ähnlich wie PMD ein Tool, das Fehlermuster (`Bug Patterns`) aufspürt. Im Gegensatz zu PMD und Checkstyle evaluiert FindBugs jedoch den Bytecode anstatt des Sourcecodes. FindBugs ist in der Lage, unter anderem `NullPointer`, nicht geschlossene Datenströme und fehlerhafte Synchronisierungen aufzuspüren.

Goals

Das FindBugs-Plugin verfügt in der Version 2.3.2 über folgende Goals:

- **findbugs**: generiert einen FindBugs-Report. Nur während der Ausführung von `site` wird ein HTML-Report generiert, sonst wird ein XML-Report erzeugt.
- **check**: bricht den Build-Vorgang ab, wenn Regelverstöße gefunden wurden
- **gui**: öffnet die FindBugs-GUI
- **help:** zeigt die Hilfe an.

FindBugs und Eclipse

Auch für FindBugs gibt es ein Eclipse-Plugin. Und wie in den beiden vorhergehenden Beispielen lässt sich das Plugin mit dem Maven-Eclipse-Plugin konfigurieren:

```
<plugin>
  <groupId>org.apache.maven.plugins</groupId>
  <artifactId>maven-eclipse-plugin</artifactId>
  <version>2.8</version>
  <configuration>
    ...
    <additionalProjectnatures>
      <projectnature>
        edu.umd.cs.findbugs.plugin.eclipse.findbugsNature
      </projectnature>
    </additionalProjectnatures>
    <additionalBuildcommands>
      <buildcommand>
        edu.umd.cs.findbugs.plugin.eclipse.findbugsBuilder
      </buildcommand>
    </additionalBuildcommands>
  ...
  </configuration>
</plugin>
```

18.2.4 Surefire

Das *Surefire*-Plugin ist für die Ausführung der Unit-Tests zuständig. Es besitzt nur ein Goal `test`. Es werden JUnit 3.8 und 4.x, POJOs und TestNG unterstützt. Surefire benötigt dazu keine weitere Konfiguration. Das entsprechende Test-Framework wird aus den Dependencies ausgelesen. Es werden alle `public`-Methoden `test*` aller Klassen im Verzeichnis `src/test/java`, die dem Muster `**/Test*.java`, `**/*Test.java`, `**/*TestCase.java` entsprechen, ausgeführt.

Findet das Plugin in einer Testmethode keinen Inhalt, wird der Test als fehlgeschlagen interpretiert.

Konfiguration

- **excludes**: Ignorieren von Testklassen, das folgende Beispiel ignoriert alle Klassen im Verzeichnis/Package `testdata`:

```
<excludes>
  <exclude>**/testdata/*</exclude>
</excludes>
```

- **includes**: Einbinden von Testklassen, die Standardeinstellung ist:

```
<includes>
  <include>**/Test*.java</include>
  <include>**/*Test.java</include>
  <include>**/*TestCase.java</include>
</includes>
```

- **failIfNoTests**: gibt an, ob Klassen, die dem oben beschriebenen Muster entsprechen und keine Testmethoden enthalten, automatisch als fehlgeschlagener Test gewertet werden sollen. Vorgabe ist `true`.
- **skipTests**: `true` überspringt die Ausführung der Tests, nicht aber die Kompilierung. Standard ist `false`.

Weitere Konfigurationselemente führt die Webseite des Surefire-Plugins auf: `http://maven.apache.org/plugins/maven-surefire-plugin`.

18.2.5 Surefire-Reports

Das *Surefire-Report-Plugin* generiert aus den Ergebnissen des Surefire-Plugins einen Report.

Konfiguration

- **showSuccess**: Setzen Sie den Wert `false`, um nur negative Testergebnisse angezeigt zu bekommen. Standard ist `true`.
- **aggregate**: gibt an, ob für ein Multimodul-Projekt ein globaler Report (`true`) erzeugt wird oder für jedes Modul ein eigener (`false`). Standard ist `false`.

```
<reporting>
  <plugins>
    <plugin>
      <groupId>org.apache.maven.plugins</groupId>
```

```
        <artifactId>maven-surefire-report-plugin</artifactId>
        <version>2.8.1</version>
        <configuration>
          <showSuccess>false</showSuccess>
        </configuration>
      </plugin>
    </plugins>
  </reporting>
```

18.2.6 Cobertura

Cobertura analysiert die Testabdeckung des Sourcecodes. Die Testabdeckung kann bezüglich der *Line-Coverage* und der *Branch-Coverage* dargestellt werden. Dabei wird bei der *Line-Coverage* geprüft, ob jede Zeile des Codes durch Unit-Tests mindestens einmal ausgeführt wird. Bei der *Branch-Coverage* wird hingegen geprüft, ob jeder Zweig des Codes ausgeführt wird. Zusätzlich gibt Cobertura die zyklomatische Komplexität der Pakete und Klassen an. Das Vokabular von Cobertura ist etwas ungewöhnlich: `instrument` bezeichnet die eigentliche Prüfung auf Code-Abdeckung, während `check` wiederum die Prüfung der Ergebnisse auf Abbruchkriterien bezeichnet.

Goals

- **`cobertura`**: testet den Code und generiert die Reports
- **`check`**: prüft die Ergebnisse des letzten Durchlaufs von `instrument`
- **`clean`**: löscht die durch das Plugin erstellten Dateien
- **`instrument`**: überprüft die kompilierten Klassen
- **`dump-datafile`**: erstellt eine Datendatei `cobertura.ser` in `target/cobertura`

Im Allgemeinen wird lediglich das Goal `cobertura` benötigt.

Konfiguration

Auf den ersten Blick bietet das *Cobertura-Plugin* recht wenig Konfigurationsparameter. Der Teufel steckt aber im Detail. Die Parameter `check` und `instrumentation` enthalten die komplette Konfiguration für die Ausführung von Cobertura:

Das Element <check>

- **`branchRate`**: minimale Abdeckung für *Branch-Coverage* in Prozent (Integer)
- **`lineRate`**: minimale Abdeckung für *Line-Coverage* in Prozent (Integer)
- **`totalBranchRate`**: minimale Abdeckung für das gesamte Projekt in Prozent (Integer)

- **totalLineRate**: minimale Abdeckung für das gesamte Projekt in Prozent (Integer)
- **packageLineRate**: minimale Abdeckung für Packages in Prozent (Integer)
- **packageBranchRate**: minimale Abdeckung für Packages in Prozent (Integer)
- **haltOnFailure**: Soll der Build abgebrochen werden, wenn die Minimalanforderungen für die Testabdeckung unterschritten werden?
- **regexes**: Mit diesem Tag können spezielle Anforderungen für bestimmte Pakete festgelegt werden:

```
<regexes>
  <regex>
  <pattern>de.mavenbuch.wichtig.*</pattern>
  <branchRate>90</branchRate>
  <lineRate>80</lineRate>
  <regex>
  <pattern>de.mavenbuch.unwichtig.*</pattern>
  <branchRate>50</branchRate>
  <lineRate>50</lineRate>
</regex>
```

Beispiel: In diesem Beispiel wird `cobertura:check` während der Phase `verify` (Standard) ausgeführt. Der Build-Vorgang wird abgebrochen, wenn die Testabdeckung unter 85 Prozent liegt:

```
<build>
  <plugins>
    <plugin>
      <groupId>org.codehaus.mojo</groupId>
      <artifactId>cobertura-maven-plugin</artifactId>
      <executions>
        <execution>
          <id>check</id>
          <goals>
            <goal>check</goal>
          </goals>
          <configuration>
            <check>
              <haltOnFailure>true</haltOnFailure>
              <branchRate>85</branchRate>
              <lineRate>85</lineRate>
              <totalBranchRate>85</totalBranchRate>
```

```
                <totalLineRate>85</totalLineRate>
                <packageLineRate>85</packageLineRate>
                <packageBranchRate>85</packageBranchRate>
              </check>
            </configuration>
          </execution>
        </executions>
      </plugin>
    </plugins>
...
</build>
```

Das Element <instrumentation>

- **ignores**: In der Sektion `ignores` lassen sich Methoden-Aufrufe von der Überprüfung ausschließen.
- **excludes**: dient dazu, Ressourcen von der Überprüfung auszunehmen

Beispiel: Im folgenden Beispiel werden alle Methodenaufrufe an Klassen aus dem Package `de.mavenbuch.unwichtig` ignoriert sowie die Klassen der Verzeichnisse `de/mavenbuch/test` und `de/mavenbuch/snippets` von der Überprüfung ausgenommen:

```
<instrumentation>
  <ignores>
    <ignore>de.mavenbuch.unwichtig.*</ignore>
  </ignores>
  <excludes>
     <exclude>de/mavenbuch/test/**/*.class</exclude>
     <exclude>de/mavenbuch/snippets/**/*Test.class</exclude>
  </excludes>
</instrumentation>
```

18.2.7 Integrationstests mit dem Failsafe-Plugin

Was ist das Failsafe-Plugin?

Integrationstests können mit Hilfe des Failsafe-Plugins ausgeführt werden.

Maven sieht drei Phasen des Biuild-Lifecycles für Integrationstests vor:

- `pre-integration-test` – zum Konfigurieren und Vorbereiten der Integrationstests
- `integration-test` – um die Tests auszuführen

- `post-integration-test` – zum Aufräumen nach Testausführung (DB-Einträge und Testdateien löschen etc.)
- `verify` zum Überprüfen der Testergebnisse

Goals

Das Failsafe-Plugin besitzt zwei Goals:

- **`integration-test`**: führt mit Hilfe des Surefire-Plugins die Integrationtests aus. Als Standard werden automatisch alle Java-Klassen im Verzeichnis `src/test/java` ausgeführt, deren Name mit `IT` oder `ITCase` endet oder mit `IT` beginnt.
- **`verify`**: überprüft die Testergebnisse aus `integration-tests`

Der folgende POM-Eintrag konfiguriert das Failsafe-Plugin für den automatischen Aufruf der Goals `integration-test` und `verify` in den gleichnamigen Phasen des Build-Zyklus:

```
<plugin>
  <groupId>org.apache.maven.plugins</groupId>
  <artifactId>maven-failsafe-plugin</artifactId>
  <version>${failsafe.plugin.version}</version>
  <executions>
    <execution>
      <id>integration-test</id>
      <goals>
        <goal>integration-test</goal>
      </goals>
    </execution>
    <execution>
      <id>verify</id>
      <goals>
        <goal>verify</goal>
      </goals>
    </execution>
  </executions>
</plugin>
```

Konfiguration

- **`exclude/include`**: Analog zum Surefire-Plugin können hier einzubindende oder zu ignorierende Dateien und Verzeichnisse angegeben werden.
- **`failIfNoTests`**: lässt den Build analog zum Surefire-Plugin fehlschlagen, wenn keine Tests gefunden wurden. Standard ist `false`.

Weitere Konfigurationselemente finden Sie auf der Webseite des Plugins: `http://maven.apache.org/plugins/maven-failsafe-plugin/`. Weitere Tipps zu Integration-Tests mit Maven finden sich unter `http://communitymapbuilder.org/display/MAVENUSER/Maven+and+Integration+Testing`.

18.3 Tipps und Tricks

18.3.1 Source-Encoding

Sowohl Checkstyle als auch PMD beschweren sich, wenn kein Encoding angegeben ist. Setzen Sie dieses also im POM:

```
<project>
  ...
  <properties>
    <project.build.sourceEncoding>UTF-8</project.build.sourceEncoding>
    ...
  </properties>
  ...
</project>
```

18.3.2 Build-Abbruch bei Regelverstößen

Einige der hier vorgestellten QA-Plugins können so konfiguriert werden, dass sie den Build-Vorgang abbrechen, wenn Fehler oder Regelverstöße entdeckt werden. So kann sowohl in einem Nightly-Build, einem *Continuous Integration*-Durchlauf oder bereits auf dem Entwicklerrechner die Codequalität effektiv geprüft werden. Außerdem lässt sich so verhindern, dass Artefakte in Repositories deployed werden, die nicht der gewünschten Codequalität entsprechen.

Sowohl Checkstyle als auch PMD und Cobertura erlauben, den Build abzubrechen, wenn Regelverstöße vorliegen. Für das FindBugs-Plugin ist dies seit Version 2.0 ebenfalls möglich. Dazu müssen die Plugins mittels ihrer `execution`-Elemente an bestimmte Build-Phasen gekoppelt werden:

```
...
<execution>
  <goals>
    <goal>checkstyle</goal>
  </goals>
  <phase>verify</phase>
</execution>
...
```

Die beschriebenen Plugins werden meist auch für das Reporting eingesetzt. Leider kann man nicht die Konfiguration in die Sektion `pluginManagement` verlegen, diese gilt nur für den Build-Lifecycle. Das heißt, es müssen gegebenenfalls doppelte Konfigurationseinträge in Kauf genommen werden oder die entsprechenden Konfigurationseinträge müssen parametrisiert werden. Allerdings werden in Maven 2 Reporting-Einträge auch durch den Build-Zyklus berücksichtigt.

An dieser Stelle stoßen wir auch auf ein Problem: Wir wollen zwar, dass der Build-Vorgang fehlschlägt, wenn der Code nicht den Firmenstandards entspricht, die Reports sollen aber trotzdem generiert werden.

Man könnte natürlich die Konfigurationseinträge, die für den Abbruch des Build-Vorgangs sorgen, in die jeweiligen `execution`-Elemente verschieben, um locker durch den *Site*-Zyklus zu gelangen. Allerdings rufen einige der Reporting-Plugins einen eigenen *Build*-Zyklus auf, so zum Beispiel Javadoc, Surefire und das Cobertura-Plugin. Das heißt, bei unkorrektem Code schlägt auch der Site-Zyklus fehl. Die bequemste Möglichkeit ist die Verknüpfung der Ausführung mit der Phase `verify`, die erst nach Erzeugen des Artefaktes, aber vor der Installation im lokalen Repository erfolgt.

Möchten Sie die Ausführung mit einer früheren Phase, beispielsweise `compile` verknüpfen, liegt eine Lösung in der Verwendung eines Profils:

Wir besetzen in der Plugin-Deklaration die Konfigurationselemente, die das Abbrechen des Zyklus steuern, mit Variablen:

- für *Checkstyle*

```
<configuration>
  <failsOnError>${checkstyle.failsOnError}</failsOnError>
  <consoleOutput>true</consoleOutput>
  ...
</configuration>
```

- für *PMD*:

```
<configuration>
  <failurePriority>${pmd.failurePriority}</failurePriority>
  <verbose>true</verbose>
  ...
</configuration>
```

In der `properties`-Sektion des POM setzen wir Standardwerte für die Konfiguration, die wir dann mit einem Profil `ignore-qa` bei Bedarf überschreiben:

```
<project>
  ...
  <properties>
    <checkstyle.failsOnError>true</checkstyle.failsOnError>
    <pmd.failurePriority>2</pmd.failurePriority>
  </properties>
  ...
  <profiles>
    <profile>
      <id>ignore-qa</id>
      <activation>
        <activeByDefault>false</activeByDefault>
      </activation>
      <properties>
        <checkstyle.failsOnError>false</checkstyle.failsOnError>
        <pmd.failurePriority>0</pmd.failurePriority>
      </properties>
    </profile>
    ...
  </profiles>
  ...
</project>
```

Rufen wir Maven nun mit dem Profil `ignore-qa` auf, wird der Build-Vorgang zumindest nicht durch Checkstyle und PMD abgebrochen:

```
mvn -Pignore-qa site
```

Man könnte natürlich auch den anderen Weg gehen und den Build-Vorgang nur dann abbrechen, wenn das Profil QA aktiv ist. Das suggeriert allerdings, dass die Qualitätssicherung eine Ausnahme darstellt – ein Effekt, den ich auf keinen Fall erzielen will.

18.3.3 Konfigurationsmodule

In Maven-Projekten, die aus verschiedenen Modulen bestehen, bietet es sich an, die für das Reporting benötigten Konfigurationsdateien in ein eigenes Modul auszugliedern und im entsprechenden `src/main/resources`-Verzeichnis abzulegen. Das Modul wird im Parent-Modul als `build extension` deklariert und steht damit allen beteiligten Modulen zur Verfügung.

Gerade für Firmen bietet es sich an, den Qualitätsstandards entsprechende Konfigurationen in Konfigurationsmodulen abzulegen, die alle Projekte einbinden müssen.

18.4 Erzeugen von Projekt-Templates mit dem Archetype-Plugin

Ein weiterer Schritt im Qualitätsmanagement ist das Vorgeben von Projektstrukturen und Steuerungsdateien, Konfigurationen etc. Da ist es natürlich am einfachsten, wenn Projektvorlagen existieren, die je nach gewünschtem Projekttyp als Schablone verwendet werden. Das Erzeugen von Projekt-Schablonen mit Maven ist denkbar einfach:

- Legen Sie ein Projekt als Vorlage an (zum Beispiel `maven-template`).
- Rufen Sie im Projektverzeichnis folgende Befehle auf:

  ```
  mvn archetype:create-from-project
  cd target\generated-sources\archetype
  mvn install
  ```

- Fertig.

Erzeugen Sie nun ein neues Projekt in einem anderen Verzeichnis mit Hilfe der neu erstellten Vorlage und unter Verwendung des Befehls:

```
mvn archetype:generate
```

An letzter Stelle der Archetypen steht nun die soeben erzeugte Vorlage. Wollen Sie nur die lokalen Archetypen anzeigen lassen, verwenden Sie den Aufruf

```
mvn archetype:generate -DarchetypeCatalog=local
```

Nun wird Ihnen eine Liste aus den lokal (also in Ihrem lokalen Repository) verfügbaren Vorlagen angezeigt:

```
...
[INFO] No archetype defined. Using maven-archetype-
quickstart (org.apache.maven.archetypes:maven-archetype-quickstart:1.
0)
Choose archetype:
1: local -> maven-template (maven-template)
```

Geben Sie `1` ein und beantworten Sie die folgenden Fragen nach `groupId`, `artifactId` und `packaging`.

Maven generiert ein Projekt nach den angegebenen Vorlagen inklusive aller Vorgaben und Beispiele, den `log4j.properties` etc.

Fertig.

Das war einfach. Also machen wir uns im nächsten Schritt daran, unser Projekt mit Steuerungsdateien, QS-Metriken etc. zu füllen. Das `create-from-project`-Goal bindet in die erzeugte Vorlage alles ein, was es im Projektverzeichnis findet. Führen Sie das Goal im *Parent* eines Multimodul-Projekts aus, werden alle Module in die Vorlage eingebunden. Auf diese Art können auch Vorlagen für mehrschichtige Architekturen und komplexe Projekte erzeugt werden. Denkbar ist eine Vorlage für einfache *Java SE*-Projekte, eine für Web-Applikationen, eine für Struts2 mit Hibernate, Spring, AspectJ und so weiter.

Um die Vorlagen vor der Installation zu ändern, können die Dateien im Verzeichnis

```
target/generated-sources/archetype/src/main/resources
```

angepasst werden. Der Name des Archetyps und die Beschreibung stehen in der Datei

`target/generated-sources/archetype/pom.xml`

die nicht mit installiert wird.

18.4.1 Woher bekommt Maven neue Archetypen?

In der Katalogdatei `~/.m2/archetype-catalog.xml` sind alle lokalen Archetypen definiert. Installieren Sie lokal einen Archetyp (s.o.), so fügt Maven automatisch den entsprechenden Eintrag hinzu. Falls nötig erstellt Maven die Datei. Um den neuen Archetyp in ein entferntes Repository zu deployen, muss im POM des Archetyps unter

```
target/generated-sources/archetype/pom.xml
```

das `distributionManagement`-Element mit den richtigen Repositories eingefügt werden.

Nach einem Deploy können Sie in der Katalogdatei den entsprechenden Eintrag um ein Element `repository` mit der URL des Repositorys, das den Archetyp enthält, erweitern:

```
<?xml version="1.0" encoding="UTF-8"?><archetype-catalog>
<archetypes>
  <archetype>
    <groupId>de.mavenbuch.archetypes</groupId>
    <artifactId>mavenbuch-archetype-jse</artifactId>
    <version>1.0-SNAPSHOT</version>
    <description>Mavenbuch Java Standard Edition
        Archetype</description>
    <repository>http://mavenbuch.de/archiva/repository/basic/</reposi-
      tory>
  </archetype>
  ...
</archetypes>
```

Diese Änderungen sind nur lokal gültig. Um in einer Firma allen Kollegen diese Änderungen zur Verfügung zu stellen, muss die Katalogdatei in das `.m2`-Verzeichnis jedes Entwicklers kopiert werden. Das ist natürlich sehr unpraktisch. Alternativ kann beim Aufruf von `archetype:generate` das Repository und der Archetyp-Katalog des Repositorys angegeben werden:

```
mvn archetype:generate \
  -DarchetypeRepository=http://mavenbuch.de/archiva/repository/basic/ \
  -DarchetypeCatalog=http://mavenbuch.de/archiva/repository/basic/
```

Der Dateiname des Katalogs wird dabei automatisch ergänzt.

Allerdings wird der Archetyp-Katalog des Repositorys nicht automatisch beim Deployment eines Archetyps erstellt, sondern muss auf dem Rechner, der das Repository beherbergt, durch den Aufruf

```
mvn archetype:crawl -Drepository=<repository-pfad>
```

erzeugt werden. Werden getrennte Repositories für Releases und Snapshots verwendet, muss der Befehl für jedes Repository aufgerufen werden.

18.5 Firmenweite Einstellungen

In vielen Firmen und Organisationen gibt es allgemeine Richtlinien zur Softwareentwicklung. Diese beziehen sich auf Codekonventionen, Standards zur Qualitätssicherung, Architekturrichtlinien, Vorgaben zu Frameworks und so weiter.

Mit Maven lassen sich eine ganze Reihe von Standards verwalten und in Projekte einbinden. Ein Projektmodell, das innerhalb einer Firma oder Organisation globale Gültigkeit hat, von der also alle Projekte erben, wird als *Corporate POM* oder *Firmen-POM* bezeichnet. Sie sollten gemeinsame Strukturen und allgemeine Bibliotheksdeklarationen, Firmeninformationen und Qualitätsmaßnahmen in einem Firmen-POM verwalten und in allen Projekten dieses Projektmodell als Parent angeben. Der nächste Abschnitt enthält einige Tipps, wie ein Firmen-POM strukturiert werden kann.

18.6 POM-Tuning

Dieser Abschnitt listet einige Tipps und *best practices* auf, die bei der Organisation der POM-Struktur(en) helfen soll.

- Verwenden Sie ein (oder mehrere) Corporate POM, um allgemeine Regeln für Ihre Firma/Organisation/Abteilung festzulegen.
- Legen Sie in der Sektion `pluginManagement` fest, welche Versionen von Plugins verwendet werden und wie sie konfiguriert werden sollen.
- Legen Sie in `dependencyManagement` fest, welche Versionen der Bibliotheken verwendet werden sollen.
- Verknüpfen Sie Standardabläufe mit Maven-Build-Zyklen (oder mit deren Phasen).
- Generieren Sie Konfigurationsdateien für Ihre IDE mit Hilfe entsprechender Plugins (zum Beispiel `maven-eclipse-plugin`).
- Geben Sie vor, welche Bestandteile die Maven-Reports Ihrer Firma immer enthalten sollen.
- Legen Sie einheitliche Umgebungen für Ihre Projekte fest:
  - *Continuous Integration*
  - *Bug Tracking*
- Trennen Sie Konfiguration und Deklaration der Plugins durch Verwendung der Sektionen `build.pluginManagement` und `build.plugins`.
- Verwenden Sie Konfigurationsmodule, um Konfigurationen zu kapseln, die Wiederverwendbarkeit zu erleichtern und die Konfigurationen für QS-Werkzeuge einheitlich zu halten.
- Verwenden Sie Konfigurationstemplates, um Properties-Dateien etc. zu erzeugen (Resource Filtering).
- Nutzen Sie Profile, um verschiedene Abhängigkeiten und Konfigurationsschichten für die Test- und Deploy-Ebenen zu erhalten.
- Mit Profilen lässt sich steuern, welche Dokumentationsmodule eingebunden werden sollen.
- Binden Sie QS-Werkzeuge in den Build-Lifecycle ein, um die Codequalität zu verbessern.

- Verwenden Sie einen Repository-Manager.
- Legen Sie gegebenenfalls (mehrere) Parent-POMs für verschiedene Kontexte an. Zum Beispiel für Webprojekte, GUIs, Persistenzschichten oder einfach für verschiedene Kunden mit unterschiedlichen Anforderungen.
- Erstellen Sie Archetypen, um einheitliche Projektstrukturen automatisch zu erzeugen.

Je mehr Informationen Sie im Firmen-POM ablegen können, umso kürzer und übersichtlicher werden die Steuerungsdateien Ihrer Projekte. Durch die Ausgliederung von Standardkonfigurationen entschlacken Sie die POMs der einzelnen Projekte erheblich und erhöhen damit Lesbarkeit und Wartbarkeit.

Transparenz ist essenziell

Völlig klar sollte sein, dass den Architekten und Entwicklern die Corporate POM und ihre Bestandteile bekannt sein müssen. Die vorgegebenen Abhängigkeiten und Konfigurationen müssen bekannt sein, damit die Vorgaben nicht aus Versehen überschrieben werden. Sprechen Sie mit den Betroffenen und holen Sie Rückmeldungen ein, ob die Einstellungen sinnvoll sind und die tägliche Arbeit erleichtern oder erschweren.

Pragmatismus vor Dogmatismus

Seien Sie nicht zu dogmatisch im Umgang mit Ihren Vorgaben. Softwareprojekte unterscheiden sich oft in Anforderungen, Randbedingungen und vor allem *politischen* Gegebenheiten. Passen bestimmte Vorgaben nicht in ein bestimmtes Projekt? Passen die Abhängigkeiten aus dem Corporate POM nicht zum benötigten Framework? Überschreiben Sie die Versionen im Parent-POM des Projekts. Sie sollten allerdings auch im Nachhinein genau wissen, in welchen Punkten Sie vom Corporate POM abweichen – und wieso Sie das tun.

18.6.1 Konfigurationsmodule

Fassen Sie Konfigurationsdateien in einem eigenen Projekt zusammen. Das *deployte* Archiv kann in der Sektion `build/extension` eingebunden werden und gilt dann als Erweiterung des Klassenpfades für das ganze Projekt. Alternativ kann für jedes zu konfigurierende Plugin das Archiv als Dependency angegeben werden.

Änderungen in Maven 3

19.1 Umstieg von Maven 2 auf Maven 3

Maven 3 ist in erster Linie ein Architektur-Release. Die meisten Änderungen haben intern stattgefunden, so wurde zum Beispiel der IoC-Container *Plexus* durch das Google Framework *Guice* ersetzt und das Reportingframework Doxia vom Maven-Kern entkoppelt. Es sollte ohne große Anpassungen möglich sein, ein Maven-2-Projekt auch mit Maven 3 zu verwenden. Die Version des Site-Plugins muss auf jeden Fall angepasst werden, die 2.*-Versionen des Site-Plugins sind zu Maven 3 inkompatibel (und umgekehrt). Verwenden Sie hier mindestens die Version 3.0-beta-2. Gegebenenfalls müssen weitere Plugin-Versionen aktualisiert werden, insbesondere solche, die im Site Lifecycle verwendet werden. Die Kompatibilität einzelner Maven-Plugins zu Maven 3 können Sie der Maven-3.x-Plugin-Compatibility-Matrix (`https://cwiki.apache.org/MAVEN/maven-3x-plugin-compatibility-matrix.html`) entnehmen. Ein Umstieg auf Maven 3 bietet eine gute Möglichkeit, das Firmen-POM bzw. das Parent-POM seines Projekts aufzuräumen und an aktuelle Plugin-Versionen anzupassen. Im `distributionManagement` müssen alle dav:-Einträge entfernt werden. Maven3 unterstützt automatisch `http/https`, `scp` und `file`, für alle anderen Transfer-Modes müssen die entsprechenden Wagon Provider als Build Extension angegeben werden.

Build Extensions werden nur noch aus Plugin-Repositories geladen, diese müssen explizit im POM angegeben werden.

Haben Sie bisher Plugin-Versionen nicht angegeben oder sich auf die Versionierung im SuperPom verlassen, werden Sie nun mit Warnhinweisen für fehlende Versionsnummern konfrontiert. Zudem ist die Validierung der POM strenger als unter Maven 2, wird z.B. bei der Ausführung eine doppelte Dependency oder Plugin-Deklaration gefunden, gibt Maven eine Warnmeldung aus:

```
[WARNING] Some problems were encountered while building the effective
model for de.mavenbuch:first-projecct:jar:1.0-SNAPSHOT
[WARNING] 'build.plugins.plugin.(groupId:artifactId)' must be unique but
found duplicate declaration of plugin org.apache.maven.plugins:maven-
javadoc-plugin @ line 24, column 15
[WARNING]
[WARNING] It is highly recommended to fix these problems because they
threaten the stability of your build.
```

```
[WARNING]
[WARNING] For this reason, future Maven versions might no longer support
 building such malformed projects.
```

Aber wie erwähnt, die meisten Änderungen haben intern stattgefunden, in meinem Projektalltag bin ich damit kaum in Berührung gekommen. So stammen denn auch einige der hier aufgeführten Änderungen aus den Maven3 Compatibility Notes [mcn11].

Im Großen und Ganzen habe ich selten einen so problemlosen Umstieg auf eine neue Major-Version erlebt wie mit Maven 3. Die Anwendung fühlt sich zudem schneller an und die Ausgaben auf der Konsole sind deutlich informativer als noch in Maven 2. Zum Beispiel werden nun neben den Lifecycle-Phasen auch die kompletten Koordinaten der ausgeführten Plugins aufgelistet.

19.2 Repositories und Dependencies

Die internen Neuerungen in Maven 3 beinhalten eine Neuimplementierung der Depdendency- und Repositoryverwaltung mittels *Aether*. *Aether* steht auch außerhalb Mavens als Bibliothek zur Verfügung und ermöglicht die Interaktion mit Maven-Repositories.

Die folgende Aufzählung von Änderungen ist nicht vollständig, beschreibt aber die meiner Meinung nach wichtigsten Effekte auf den Projektalltag.

- Plugin-Konfigurationen, die im Element `reporting.plugins` deklariert werden, gelten nicht mehr außerhalb des Reportings. In Maven 2 galten diese Deklarationen projektweit.
- Build Extensions, Plugins und Plugin-Abhängigkeiten werden nicht mehr aus den Standardrepositories ausgelesen, sondern nur aus den in `pluginRepositories` deklarierten Repositories.
- Wird ein Plugin ohne Angabe der Version eingebunden, wird nun automatisch das neueste Release verwendet. In Maven 2 wurde die letzte Snapshot-Version geladen.
- Maven 3 unterstützt keine Maven-1-Repositories mehr, der Eintrag `<layout>legacy</layout>` in der Repository-Deklaration wird ignoriert. Wollen oder müssen Sie weiterhin auf Maven-1-Repositories zugreifen, binden Sie diese mittels eines Repository-Managers wie Archiva oder Nexus ein.
- Fehlerhafte Artefaktzugriffe werden gespeichert. Kann eine Abhängigkeit nicht über ein Repository aufgelöst werden, wird eine Datei `${artefactId}-${version}.pom.lastUpdated` im entsprechenden Verzeichnis (`groupId/artefactid/version`) des lokalen Repositorys angelegt. Diese Datei enthält Informationen, wann das letzte Mal versucht wurde, das Artefakt zu laden. Die Gültigkeit dieser Datei ist abhängig von der Update Policy des Repository-Ma-

nagers. Sie erlischt außerdem mit Änderung der Repository-URL. Mit Hilfe des Kommandozeilen-Parameters `-U` kann das Caching umgangen werden. Dies kann z.B. sinnvoll sein, wenn die Einstellung des Repository-Managers verändert wurde und er als Proxy für ein weiteres Repository dient, das das gesuchte Artefakt enthält.

- Die Auflösung von Dependencies wird in Maven 3 durch die Bibliothek *Aether* realisiert. Die Umsetzung ist laut [mvn11] nicht 100% kompatibel zur Auflösung der Abhängigkeiten unter Maven 2, es kann in Projekten mit sehr komplexen Abhängigkeitsgraphen zu einem veränderten Klassenpfad führen.
- Snapshots werden immer mit einem Zeitstempel ins Repository deployed. Das Element `uniqueVersion` im `distributionManagement.snapshots` spielt keine Rolle mehr.

19.3 Reporting

Die Reporterzeugung mittels *Doxia* wurde in Maven 3 vollständig vom Anwendungskern entkoppelt. Die POM-Sektion `reporting` ist als deprecated markiert. Sie wird zwar von Maven 3.0.* unterstützt, soll aber langfristig wegfallen. Maven 3 erfordert die Verwendung des Site-Plugins in der Version 3.*, mit den Versionen 2.* lassen sich keine Reports mehr erstellen. Die 3.*-Version des Plugins ist zurzeit nur als Beta verfügbar.

Site-Deskriptoren werden nicht mehr standardmäßig vererbt. Sollen die Deskriptoren vererbt werden, muss das Goal `site:attach-descriptor` als `execution` der Deklaration des `maven-site-plugin` im POM hinzugefügt werden.

19.4 Ausführung

19.4.1 Neue Kommandozeilen-Parameter

Parallele Ausführung

Maven unterstützt die parallele Ausführung von Arbeitsschritten. Mit Hilfe des Kommandozeilen-Parameters `-T` (oder `--threads`) kann die Anzahl der zu startenden Threads angegeben werden:

```
mvn -T 4 test
```

führt die Unit-Tests des Projekts mit 4 Threads parallel aus. Es ist auch möglich, die Anzahl der Threads pro CPU-Kern anzugeben:

```
mvn -T 2C test
```

Fortsetzen von Multimodul Builds

Mittels des Parameters `-rf` lässt sich ein Buildvorgang direkt in dem angegebenen Modul fortsetzen.

Verschlüsselung

Bereits seit Version 2.1 unterstützt Maven die Verschlüsselung von Properties mittels `-ep (--encrypt-password)`, Abschnitt 4.4.1 beschreibt, wie es geht.

19.4.2 Profile

Die Profile werden nur noch aus Settings und POM eingelesen, die Deklaration in der Datei `profiles.xml` wird nicht mehr unterstützt.

19.5 Und was noch?

Parallel mit Maven 3 hat Sonatype zwei weitere Produkte veröffentlicht: *Maven Shell* und *Polyglot for Maven*. Beide sind noch in der Entwicklung und können über die Webseite von Sonytype bzw. über GitHub bezogen werden.

19.5.1 Mvnsh

Mvnsh ist eine Kommandozeilenschnittstelle für Maven 3, die die Verwendung von Maven auf der Kommandozeile verbessern soll. *Mvnsh* verwendet eine eigene JVM für die Abarbeitung der Mavengoals, in der Projekteinstellungen und Plugins geladen und vorgehalten werden. Wurde ein Befehl in *Mvnsh* bereits aufgerufen, erfolgt durch das Caching die erneute Bearbeitung deutlich schneller. *Mvnsh* bietet in ANSI unterstützenden Shells wie der Bash Syntaxfärbung, auf der Windows-Kommandozeile funktioniert das leider nicht. Zudem bietet *Mvnsh* die Definition von Aliassen und Variablen und unterstützt das Mac-Benachrichtigungssystem Growl.

Mvnsh wird von *Sonatype* angeboten und ist unter der URL `http://shell.sonatype.org` verfügbar. Der Quellcode wird bei GitHub gehostet: `https://github.com/sonatype/mvnsh`.

Achtung

Die Version 1.0.1 von Mvnsh funktioniert nur beim ersten Maven-Aufruf. Solange auf der Webseite keine andere Version angeboten wird, laden Sie von GitHub den Quellcode und kompilieren Sie mit `mvn clean install` eine neuere Version, im Juni 2011 war die aktuelle Version bei GitHub 1.0.2-SNAPSHOT. Im POM von Mvnsh wird das öffentliche Repository von Sonaytpe referenziert. Sollten Sie einen Repository-Manager verwenden, müssen Sie den Zugriff auf `http://repository.sonatype.org/content/groups/sonatype-public-grid` ermöglichen.

19.5.2 Polyglot for Maven

Polyglot for Maven ist eine komplette Maven-Implementierung, die es erlaubt, das POM in verschiedenen JVM-Sprachen wie Scala, Groovy und Clojure zu verfassen. Polyglot ist unter der URL `http://polyglot.sonatype.org` verfügbar und mag für XML-Gegner, DSL-Enthusiasten und Bastler vielleicht eine Alternative sein.

- g zwischen POM und Eclipse-Classpath
- Direkter Import von Maven-2-Projekten
- *WTP*-Unterstützung
- Dependency-Analyse

Produkte aus dem Maven-Universum

A.1 Über diesen Anhang

Dieser Anhang beschreibt anhand von *Apache Archiva* und *Apache Continuum,* wie ein Maven-Repository-Manager und ein *Continuous Integration*-Server installiert und eingerichtet werden können. Beide Produkte stammen aus dem Maven-Umfeld und waren bis vor Kurzem Teil des Maven-Projekts. Inzwischen sind sowohl *Archiva* als auch *Continuum Apache Top Level*-Projekte.

A.1.1 Datenbanken

Beide Systeme verwenden die gleiche Tabellenstruktur zur User-Verwaltung, es ist also möglich, dieselbe Datenbank zu verwenden. Das gilt nicht für die Speicherung der übrigen Daten! Sowohl *Archiva* als auch *Continuum* verwenden eine zweite Datenbank zur Speicherung von Systemkonfiguration und Applikationsdaten.

Für beide Systeme kommt hier *Apache Derby* als Datenbank-Management-System zum Einsatz, es ist aber im Allgemeinen kein Problem, ein anderes System zu verwenden. Meist bietet es sich an, eine etwas leistungsfähigere Datenbank zu verwenden, die in den normalen Backup-Prozess Ihrer Firma eingebunden ist. Vor allem im Standalone-Betrieb der Systeme mit *Apache Derby* gibt es Probleme beim parallelen Zugriff. Beim Einsatz in einem Tomcat-Server habe ich hier allerdings bisher noch keine Schwierigkeiten gehabt, die DB-Verwaltung wird von Tomcat gesteuert.

A.2 Apache Archiva

Dieser Abschnitt beschreibt die Installation und Einrichtung des Repository-Managers *Apache Archiva.* Es wird sowohl die Installation der Standalone-Version als auch des Web-Archivs in Tomcat beschrieben. Abschnitt A.2.4 beschreibt die Einrichtung und Verwendung des Servers.

A.2.1 Was ist Archiva?

Apache Archiva ist ein Repository-Manager für Maven. Unterstützt werden sowohl *Maven 1*- als auch *Maven 2*-Repositories. Archiva verwendet eine Web-Oberfläche, die unter anderem die Verwaltung der Repositories und Anwender, den Upload von Artefakten und die Suche nach Artefakten unterstützt.

Features

- Rollenbasierte User-Verwaltung
- Virtuelle Repositories (*repository groups*)
- Proxy- und Caching-Funktionalität
- Installation als Web-Archiv oder Standalone-Version
- Suche nach Artefakten im Browser
- Ansicht der Repository-Struktur im Browser
- Upload von Artefakten

A.2.2 Installation

Standalone

Alles in allem dauert die Installation bis zum ersten Aufruf des Servers ca. 15 Minuten. Danach hat man einen lauffähigen Maven-Repository-Server, der bereits einen Proxy für das Maven-Standard-Repository sowie ein Snapshot-Repository anbietet. Die Version *1.3.5* ließ sich auf einem *SUSE*-Linux-Server und unter *Windows XP SP3* mit Java 1.6 ausführen (nachdem die Variable `JAVA_HOME` gesetzt war).

Laden Sie die aktuelle Archiva-Standalone-Version von `http://archiva.apache.org` herunter und entpacken Sie das Archiv in ein Verzeichnis Ihrer Wahl.

Die Standalone-Version von Archiva verwendet den Servlet-Container *Jetty* mit dem Standardport 8080. Der Server lässt sich nun mittels

```
<INSTALLATIONSPFAD>/apache-archiva-1.3.5/bin/archiva console
```

starten und ist danach unter `http://localhost:8080/archiva` erreichbar. Um den Port zu ändern, muss `jetty.port` in der Datei `${ACHIVA_HOME}/conf/jetty.xml` angepasst werden:

```
<Set name="port">
  <SystemProperty name="jetty.port" default="NNNN"/>
</Set>
```

Archiva kann auch als Dienst eingerichtet werden, dazu muss vorher der entsprechende Service-Wrapper aus dem `bin`-Verzeichnis gestartet werden, zum Beispiel wrapper-linux-x86-32 oder wrapper-windows-x86-32.exe. Als Startaufruf wird dann statt archiva console der Befehl archiva start verwendet. archiva stop beendet den Dienst.

Nach dem Einrichten eines Administrator-Accounts kann man sich in das System einloggen.

Web-Archiv

Stellvertretend für andere Servlet-Container wird die Installation von *Archiva 1.3.5* als Web-Applikation in *Apache Tomcat 6.0.32* beschrieben. Diese ist etwas zeitintensiver als die Installation der Standalone-Version, alles in allem aber auch nicht besonders aufwendig. Ich verwende in diesem Beispiel als Datenbank *Apache Derby*. Als Pfad für die Datenbankdateien und später auch für die Repository-Daten wird D:/Mavenbuch/qa-data angegeben. Um einen anderen Pfad zu verwenden, müssen dementsprechend die Einträge angepasst werden.

1. Laden Sie das aktuelle Archiva-*War* von http://archiva.apache.org und kopieren Sie es in einen beliebigen Ordner, in diesem Beispiel verwende ich D:/Mavenbuch/wars.
2. Im lib-Verzeichnis des Tomcat müssen folgende Bibliotheken liegen:
   - derby-10.1.3.1.jar oder neuer (bei Verwendung von *Apache Derby*, sonst muss hier ein entsprechender JDBC-Treiber der verwendeten Datenbank liegen).
   - activation-1.1.jar
   - mail-1.4.jar
3. Erzeugen Sie eine Datei

   ```
   <tomcat home>/conf/Catalina/localhost/archiva.xml
   ```

   mit folgendem Inhalt:

   ```
   <?xml version="1.0" encoding="UTF-8"?>
    <Context path="/archiva"
     docBase="D:/Mavenbuch/wars/apache-archiva-1.3.5.war">

    <Resource name="jdbc/users" auth="Container"
              type="javax.sql.DataSource"
              username="sa"
              password=""
              driverClassName="org.apache.derby.jdbc.EmbeddedDriver"
      url="jdbc:derby:D:/Mavenbuch/qa-data/\
                        database/users;create=true" />
   ```

```
<Resource name="jdbc/archiva" auth="Container"
          type="javax.sql.DataSource"
          username="sa"
          password=""
          driverClassName="org.apache.derby.jdbc.EmbeddedDriver"
          url="jdbc:derby:D:/Mavenbuch/qa-data/\
                     database/archiva;create=true" />

<Resource name="mail/Session" auth="Container"
           type="javax.mail.Session"
           mail.smtp.host="localhost"/>
</Context>
```

4. Setzen Sie die Variable `${appserver.base}`

```
export CATALINA_OPTS="-Dappserver.home=$CATALINA_HOME \
                      -Dappserver.base=$CATALINA_HOME"
```

bzw. unter Windows

```
set CATALINA_OPTS=-Dappserver.home=%CATALINA_HOME% \
                  -Dappserver.base=%CATALINA_HOME%
```

in der Datei `Tomcat_HOME/bin/setenv.sh` (`.bat` unter Windows).

Starten Sie den Tomcat und rufen Sie die URL `http://localhost:8080/archiva` auf. Nach dem Einrichten eines Administrator-Accounts kann man sich in Archiva einloggen.

A.2.3 Konfiguration

Die lokale Archiva-Konfiguration wird in der Datei `~/.m2/archiva.xml` gesichert. Dort werden auch alle Informationen zu den Repositories gespeichert. Lediglich die Indizes der verwalteten Artefakte werden in der Datenbank `archiva` gesichert, User-Informationen in der Datenbank `users` abgelegt.

Proxies

Archiva unterscheidet zwei Arten von Proxies:

- *Network Proxies:* protokollbasierte Proxies, über die die Kommunikation mit einem externen (remote) Repository stattfindet
- *Proxy Connectors:* die von Archiva bereitgestellten Repository-Caches

Unter Network-Proxies muss der zu verwendende (HTTP-)Proxy eingestellt werden. Danach **muss** unter *Proxy Connectors* für die einzelnen Repositories der Proxy angegeben werden.

A.2.4 Server-Konfiguration

Repositories

Archiva unterscheidet zwischen *Managed Repositories*, die lokal durch Archiva verwaltet werden, und *Remote Repositories*, auf die über das Netz zugegriffen wird und die in einem oder mehreren *Managed Repositories* gecachet werden.

Zwei *Remote Repositories* sind bereits eingerichtet:

- **central**: `http://repo1.maven.org/maven2`
- **java.net**: `http://download.java.net/maven/2/`.

Außerdem sind zwei *Managed Repositories* vorkonfiguriert: eines für Releases und eines für Snapshot Versionen.

Neue Repositories werden über die Schaltfläche ADD auf der Seite REPOSITORIES angelegt. Angegeben werden muss

- **ID:** (Keine Punkte als Trenner verwenden!)
- **Name:** Name des Repositories
- **Directory:** das Verzeichnis, in dem die Daten abgelegt werden
- **Type:** *Maven 1*- oder *2*-Repository
- **Cron:** In welchen Abständen soll das Repository gescannt werden? Siehe `http://quartz.sourceforge.net/javadoc/org/quartz/CronTrigger.html`.
- **Repository Purge by Days:** Alle Snapshot-Versionen, die älter als XX Tage sind, werden gelöscht. Dabei wird der Eintrag von REPOSITORY PURGE BY RETENTION COUNT berücksichtigt.
- **Repository Purge by Retention Count:** Beim Aufräumen der *Snapshots* wird die angegebene Zahl an *Snapshot*-Versionen für eine Release-Nummer aufgehoben.
- **Releases Included:** Enthält das Repository Releases?
- **Block Re-deployment of released Artifacts:** Schreibschutz für feste Release-Versionen
- **Snapshots Included:** Enthält das Repository Snapshots?
- **Scannable:** Soll das Repository gescannt werden? Daraus folgt Indizierung, Browsing und automatisches Aufräumen (Purge).
- **Delete Released Snapshots:** Sollen Snapshots gelöscht werden, für die bereits ein Release vorliegt?

Es empfiehlt sich, gleich ein *3rd-Party Repository* anzulegen, in dem Bibliotheken verwaltet werden können, die nicht auf den öffentlichen Repositories verfügbar sind, zum Beispiel kommerzielle Datenbanktreiber oder bestimmte *JARs* von *SUN*.

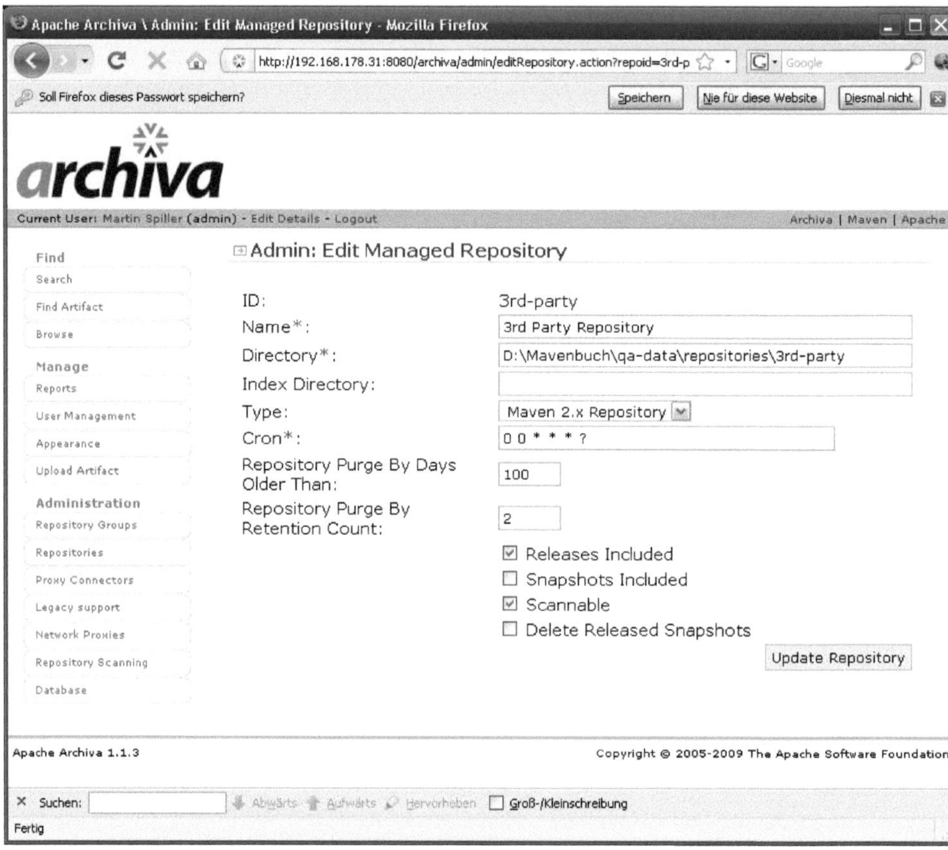

Abb. A.1: Archiva: Hinzufügen eines 3rd-Party Repositories

Außerdem sollten in den Einstellungen der *Managed Repositories* im Feld DIRECTORY die Pfade der Repository-Verzeichnisse angepasst werden, sonst landen alle Daten unterhalb des Archiva-Installationsverzeichnisses. Vergessen Sie auch nicht, neu hinzugefügte Repositories in den User-Einstellungen zu berücksichtigen, um den Entwicklern auch Zugriff auf die Daten zu gewähren.

Virtuelle Repositories

Unter REPOSITORY GROUPS lassen sich mehrere Repositories zu *Virtuellen Repositories* (*Repository-Gruppen*) zusammenfassen.

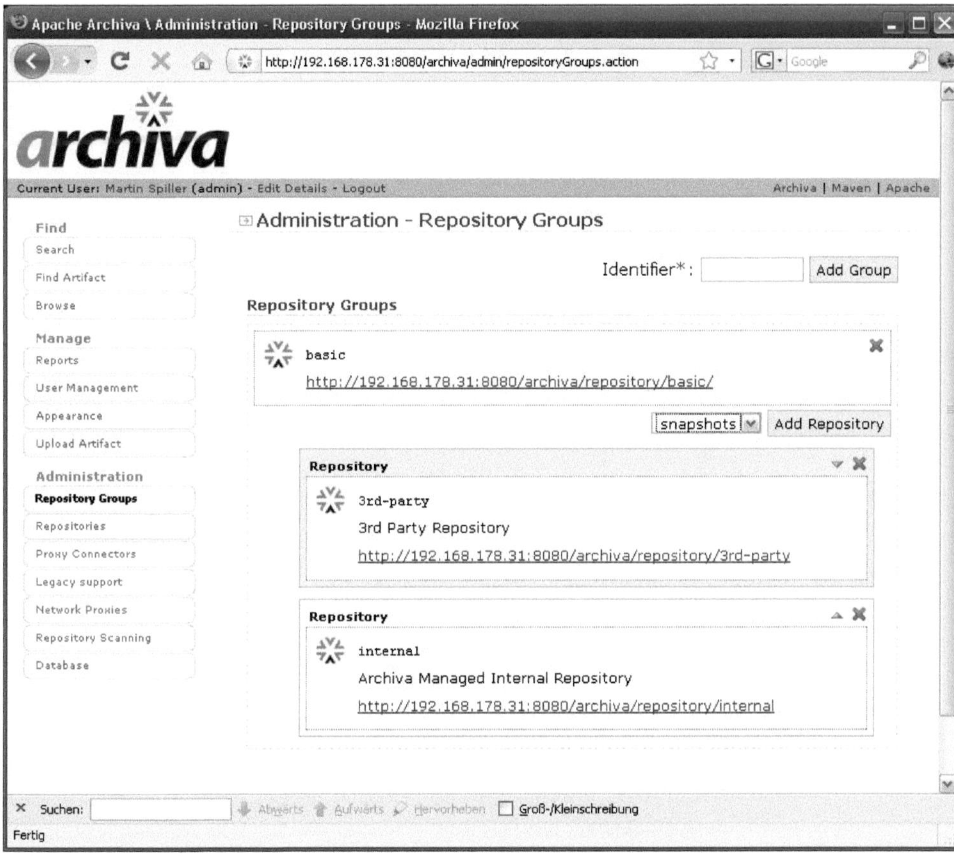

Abb. A.2: Archiva: Repositories lassen sich zu Gruppen zusammenfassen.

Statt mehrere einzelne Repositories im *POM* anzugeben, kann die Repository-Gruppe eingetragen werden. Die Zugriffsrechte für die einzelnen Repositories löst Archiva selbstständig auf. Im `distributionManagement` müssen nach wie vor die *echten* Repositories angegeben werden. Die Angabe einer Gruppe führt beim Upload zu einem Fehler.

A.2.5 Benutzerverwaltung

Unter USER MANAGEMENT lassen sich die verschiedenen Benutzer und ihre Rollen anzeigen und konfigurieren.

Mit CREATE NEW USER können neue Benutzer angelegt werden. Angegeben werden müssen

- USERNAME
- FULL NAME

- EMAIL ADDRESS
- PASSWORD

Nach der Anlage des Benutzerkontos können Rollen und Einstellungen angegeben werden. Soll das bei der Anlage verwendete Passwort beibehalten werden, so muss FORCE USER TO CHANGE PASSWORD deaktiviert sein. Soll der Anwender später die Möglichkeit haben, die lokale Archiva-Web-Applikation zu verwenden, so muss mit RESEND VALIDATION eine Bestätigung versendet werden. Achtung: Hierbei gehen alle Änderungen verloren. Also erst speichern und dann senden.

User lock

Gibt ein Anwender ein falsches Passwort ein, wird der Account gesperrt und muss manuell in der Web-UI freigeschaltet werden.

Zugriff auf Archiva

Um ein Repository für die Entwickler oder Dienste verfügbar zu machen, gibt es (mindestens) zwei Möglichkeiten:

- Der User *Guest* wird als *Repository Observer* für das Repository eingetragen. Damit können alle Anwender ohne Anmeldung auf das Repository zugreifen.
- Richten Sie einen Projekt-User als *Repository Observer* ein, der von allen Projektmitarbeitern verwendet wird, oder legen Sie für jeden User einen Account an. Jeder, der Zugriff auf das Repository bekommen soll, muss nun die entsprechenden Anmeldedaten in seine `settings.xml` übernehmen, für das Repository `mavenbuch` zum Beispiel:

```
<servers>
  ...
  <server>
    <id>mavenbuch</id>
    <username>mspiller</username>
    <password>93h31m</password>
  </server>
  ...
<servers>
```

Rollen

Über EDIT ROLES auf der Seite USER MANAGEMENT können die Rollen eines Benutzers bearbeitet werden. Für jedes Repository lässt sich die Rolle als *Repository Observer* (nur lesen) und *Repository-Manager* (lesen und schreiben) vergeben. Zusätzlich lassen sich Anwender als *User Manager* oder *System-Administratoren* einrichten.

A.2.6 Tipps

Artefakt-Upload

Unter UPLOAD ARTIFACT lassen sich Artefakte bequem in ein Repository installieren. Dies ist weitaus angenehmer als mit `mvn deploy:deploy-file`.

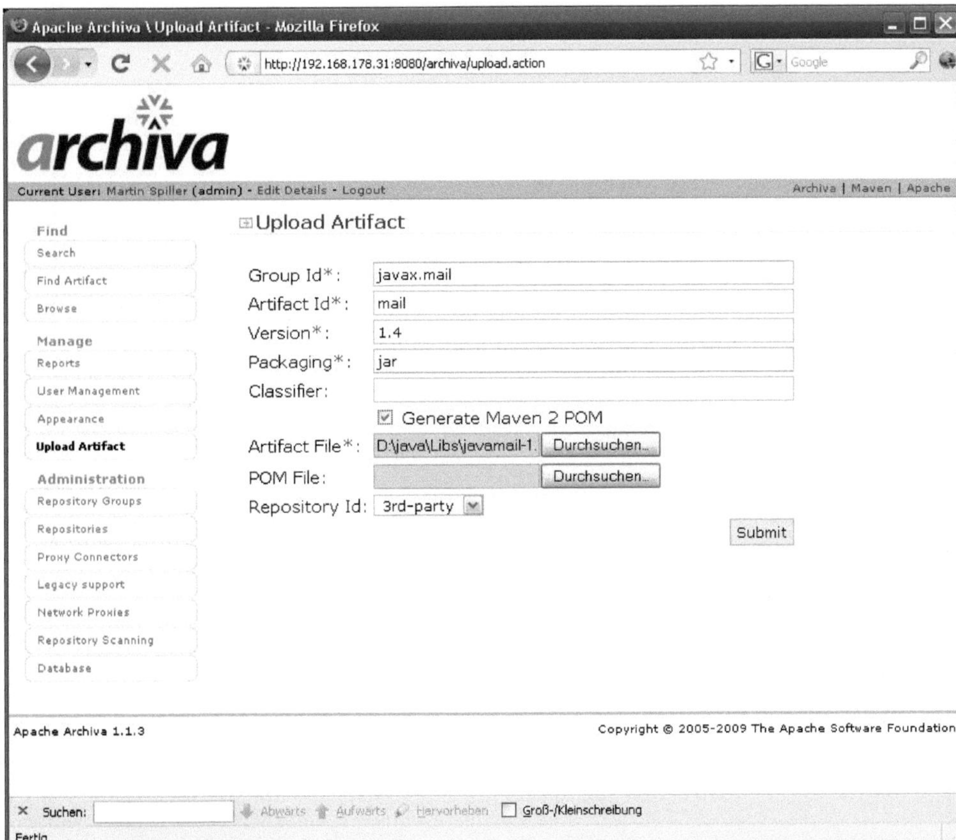

Abb. A.3: Archiva: Upload eines Artefakts

POM-Einträge

Repositories

Auf der Repositories-Seite gibt es für jedes Repository einen Link SHOW POM SNIPPET. Klickt man darauf, erhält man die entsprechenden Einträge für die Abschnitte `distributionManagement` und `repositories`, die sich mit Copy&Paste in die POM eintragen lassen.

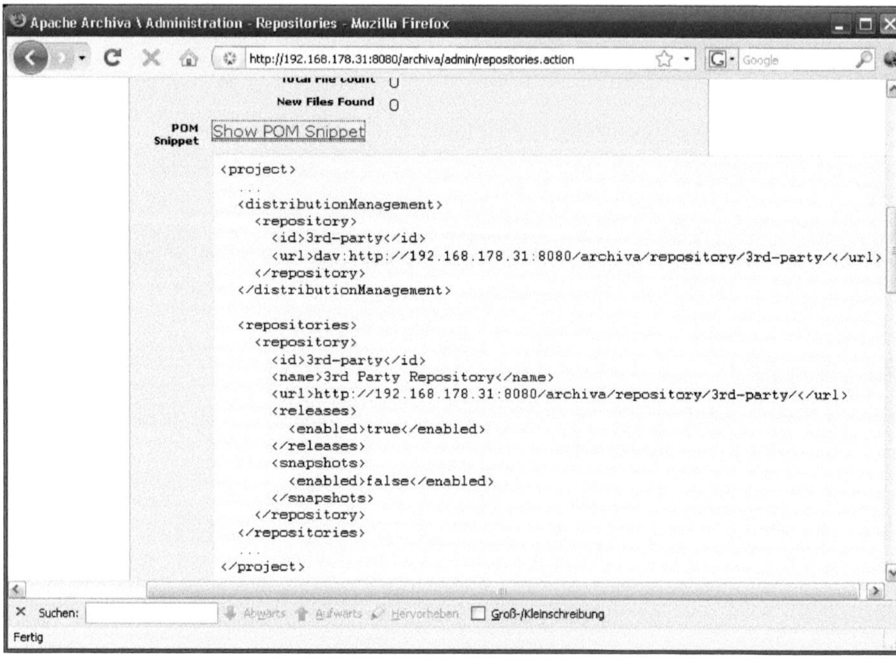

Abb. A.4: Archiva: Code-Schnipsel für POM-Repository-Einträge

Abb. A.5: Archiva: Ergebnisseite für die Suche nach Abhängigkeiten

Dependencies

Mittels BROWSE oder SEARCH lassen sich die vorhandenen Repository-Elemente sichten. Klickt man ein Fundstück an, so erhält man neben Details zur Bibliothek auch ein *POM Dependency Snippet*, das sich mittels Copy&Paste in die `dependencies`-Sektion der `pom.xml` eintragen lässt (Abbildung A.5).

A.2.7 Literatur

Weitere Informationen, FAQs, ein Wiki und Beispiele enthält die Archiva-Homepage [arc]. Dort finden sich auch Anleitungen zur Verwendung anderer DB-Systeme. Eine weitere hilfreiche Informationsquelle ist die Mailing-Liste *Archiva Users*:

```
http://www.nabble.com/archiva-users-f16426.html
```

Wenn Ihnen Archiva nicht zusagt, gibt es noch zwei weitere Repository-Manager:

- *Nexus* (`http://nexus.sonatype.org/`), wie M2Eclipse von Sonatype produziert, wird ausführlich in [Sonc] beschrieben. Nexus gibt es auch in einer kostenpflichtigen Pro-Edition mit erweiterten Fähigkeiten.
- *Artifactory* (`http://www.jfrog.org/products.php`)

Alle drei Systeme sind aktive Open-Source-Projekte. Dementsprechend oft kommen neue Versionen mit Bugfixes und neuen Features. Es lohnt sich also, auch wenn man sich bereits für einen Server entschieden hat, immer wieder mal zu gucken, wie die Entwicklung der anderen fortschreitet.

A.3 Continuum

Apache Continuum ist ein *Continuous Integration*-Server. Continuum stammt, wie Archiva, aus dem Maven-Umfeld und war ursprünglich Teil des Maven-Projekts. Seit Version 1.0 ist Continuum ein *Apache*-Top-Level-Projekt. *Continuum* verwendet die gleiche Oberfläche wie *Archiva* und kann auf die gleiche Anwenderdatenbank zugreifen. Der Vorteil liegt auf der Hand, die Entwickler benötigen nur ein Login für beide Anwendungen, die Oberfläche ist intuitiv bedienbar. Dieser Abschnitt zeigt, wie man sowohl die Standalone-Version installiert als auch das Web-Archiv in einem Tomcat-Server einbindet.

A.3.1 Continuous Integration?

Continuous Integration (CI) bezeichnet den Vorgang des kontinuierlichen Bauens und Testens einer Applikation. Ein CI-Server checkt in regelmäßigen Abständen die Projekt-Sourcen aus dem *SCM* und baut sie. Treten Fehler auf, werden Benachrichtigungen versandt. Die Empfänger können zum Beispiel die Entwickler sein, die seit dem letzten erfolgreichen Build eingecheckt haben, die Projektleitung, eine Mailing-Liste oder eine Datenbanktabelle.

A.3.2 Installation

Standalone-Version

Die Standalone Version von Continuum verwendet ebenfalls *Jetty*. Im Endeffekt haben wir das gleiche Spiel wie bei der Installation von Archiva:

1. Laden Sie die aktuelle Continuum-Standalone-Version von `http://continuum.apache.org/` herunter.
2. Entpacken Sie das Archiv in ein Verzeichnis Ihrer Wahl.
3. Setzen Sie, falls gewünscht, einen *SMTP*-Server in der Datei `conf/jetty.xml`. Die Standardeinstellung geht von einem *smtp*-Dienst auf dem Installationsrechner aus:

```
<New id="validation_mail" class="org.mortbay.jetty.plus.naming.Resour
ce">
  <Arg>mail/Session</Arg>
  <Arg>
    <New class="org.mortbay.naming.factories.MailSessionReference">
      <Set name="user"></Set>
      <Set name="password"></Set>
      <Set name="properties">
        <New class="java.util.Properties">
          <Put name="mail.smtp.host">localhost</Put>
        </New>
      </Set>
    </New>
  </Arg>
</New>
```

4. Ändern Sie gegebenenfalls den Port des Servers in der Datei `conf/jetty.xml`, Vorgabe ist 8080:

```
<Set name="port">
  <SystemProperty name="jetty.port" default="8080"/>
</Set>
```

5. Nun kann der Server mittels

```
./bin/continuum console
```

gestartet werden. Auch für Continuum gibt es übrigens im `bin`-Verzeichnis Service-Wrapper (`wrapper-linux-x86-32`, `wrapper-windows-x86-32.exe`, `...`), um den Server als Dienst starten zu können. Dazu muss erst der geeignete Service-Wrapper gestartet werden, danach kann Continuum selbst mit

```
./bin/continuum start
```

gestartet werden. Mit `continuum stop` kann der Dienst wieder beendet werden.

Sie haben jetzt einen funktionstüchtigen *Continuous Integration*-Server unter der Adresse `http://localhost:8080/continuum` laufen.

Bei der ersten Anmeldung muss noch ein Administratorkonto angelegt werden. Danach kann man sich mit dem neu erstellten Konto anmelden.

Web-Applikation mit Tomcat

Für die Installation der *Continuum*-Web-Applikation im *Tomcat* werden die gleichen zusätzlichen Bibliotheken, wie in Abschnitt A.2.2 beschrieben, benötigt. Zusätzlich muss noch die Datei `derbytools-10.1.3.1.jar` in das `lib`-Verzeichnis kopiert werden, falls Sie eine *Apache Derby*-Datenbank verwenden.

1. Laden Sie das aktuelle *Continuum war* von `http://continuum.apache.org/download.html` herunter und legen Sie die Datei in einem Verzeichnis Ihrer Wahl ab. Ich verwende in diesem Beispiel `D:/Mavenbuch/wars`.
2. Erzeugen Sie die Datei

```
<tomcathome>/conf/Catalina/localhost/continuum.xml
```

mit folgendem Inhalt:

```
<?xml version="1.0" encoding="UTF-8"?>
<Context path="/continuum"
         docBase="D:/Mavenbuch/wars/apache-continuum-1.3.7.war">

  <Resource name="jdbc/users"
            auth="Container"
            type="javax.sql.DataSource"
            username="sa"
            password=""
            driverClassName="org.apache.derby.jdbc.EmbeddedDriver"
            url="jdbc:derby:D:/Mavenbuch/qa-data/\
                                database/users;create=true" />
```

```
  <Resource name="jdbc/continuum"
            auth="Container"
            type="javax.sql.DataSource"
            username="sa"
            password=""
            driverClassName="org.apache.derby.jdbc.EmbeddedDriver"
            url="jdbc:derby:D:/Mavenbuch/qa-data/\
                                  database/continuum;create=true" />

  <Resource name="mail/Session"
            auth="Container"
            type="javax.mail.Session"
            mail.smtp.host="localhost"/>
</Context>
```

Beachten Sie bitte, dass die Datenbanken in diesem Beispiel ebenfalls in `D:/Mavenbuch/qa-data/database` liegen und dass die Datenbank `users` identisch mit der in der Archiva-Konfiguration in Abschnitt A.2.2 ist.

3. Auch die Datei `$CATALINA_HOME/bin/setenv.sh (.bat)` muss den gleichen Eintrag wie für Archiva aufweisen:

```
export CATALINA_OPTS="-Dappserver.home=$CATALINA_HOME \
                      -Dappserver.base=$CATALINA_HOME"
```

bzw. unter Windows

```
set CATALINA_OPTS=-Dappserver.home=%CATALINA_HOME% \
                  -Dappserver.base=%CATALINA_HOME%
```

Starten Sie den Tomcat-Server und rufen Sie *Continuum* über die URL `http://localhost:8080/continuum` in Ihrem Browser auf.

A.3.3 Konfiguration

Nach dem ersten Aufruf des Servers im Browser über `http://localhost:8080/continuum` muss als Erstes ein Admin-Konto erstellt werden, wenn Sie nicht auf eine bestehende User-Datenbank zugreifen.

Beim ersten Login wird die ALLGEMEINE KONFIGURATION abgefragt (siehe Abbildung A.6).

Da per Voreinstellung alle Verzeichnisse unterhalb des Installationsverzeichnisses liegen, sollte man diese anpassen. Es müssen folgende Verzeichnisse angegeben werden (in Klammern sind die englischen Bezeichnungen angegeben):

- **Arbeitsverzeichnis** ***(Working Directory):*** Hier checkt Continuum die Projektdateien aus dem SCM aus.
- **Ausgabeverzeichnis** ***(Build Output Directory):*** Das Zielverzeichnis für Build-Vorgänge entspricht dem Verzeichnis `target`.
- **Ausgabeverzeichnis Veröffentlichungen** ***(Release Output Directory):*** Hierhin werden Veröffentlichungen kopiert, wenn man die *Release*-Funktionalität von Continuum verwendet.
- **Ausgabeverzeichnis Bereitstellungsdateien** ***(Deployment Repository Directory):*** Zielverzeichnis für Deployment-Aufrufe.
- **Basis URL:** Adresse, unter der der Continuum-Server erreichbar ist.

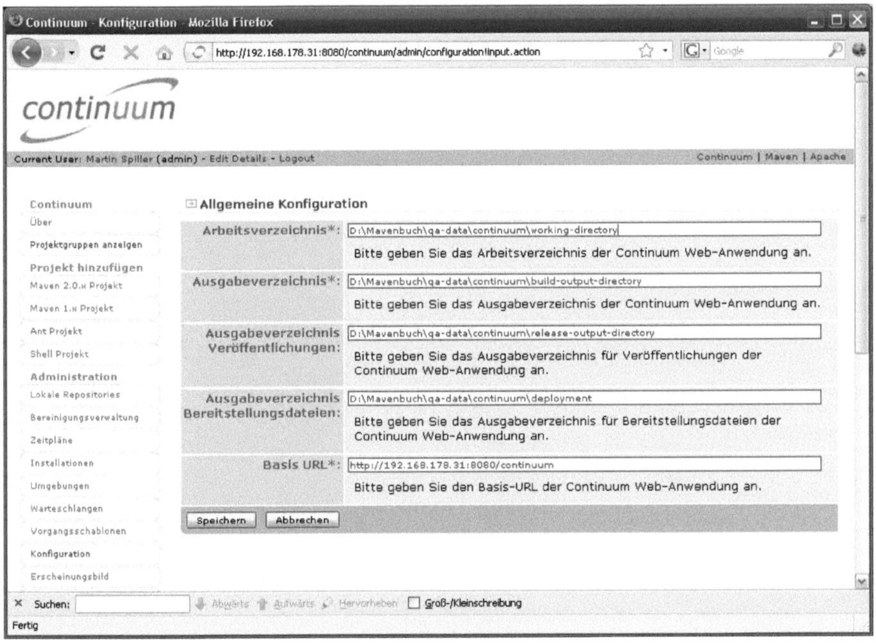

Abb. A.6: Continuum: Konfiguration der Verzeichnisse

Continuum greift für Maven-Builds auf die Settings-Datei des aktuellen Users zu. Die Einstellungen für das lokale Repository etc. werden von dort gelesen, sofern eine Settings-Datei vorhanden ist.

Hinweis

Die deutsche Übersetzung der Oberfläche in Version 1.2.3 hat mich etwas überrascht. Dass *Vorgangsschablonen* für *Build Definition Templates* steht – okay. Aber hätten Sie gewusst, dass sich hinter *Ausgabeverzeichnis Bereitstellungdateien, Deployment Repository Directory* verbirgt?

Ein neues Projekt einrichten

Man wählt auf der rechten Seite im Menü PROJEKT HINZUFÜGEN den Punkt MAVEN 2.0.X PROJEKT (das funktioniert auch mit Maven 3) aus und gelangt auf die Maske zum Hinzufügen neuer Projekte. Ein einfaches Maven-Projekt ist schnell geladen: Wählen Sie die `pom.xml` des gewünschten Projekts aus und laden Sie sie hoch. Dies funktioniert allerdings nicht mit Multimodul-Projekten. In diesem Fall muss die Datei über eine URL angegeben werden. Zusätzlich kann angegeben werden, dass bei Multimodul-Projekten nur das Reaktor-Projekt geladen wird. Standard ist, dass für jedes Modul ein eigenes Projekt angelegt wird. Wie Sie das handhaben, ist einerseits Geschmackssache, kann aber andererseits vom Projekt abhängen.

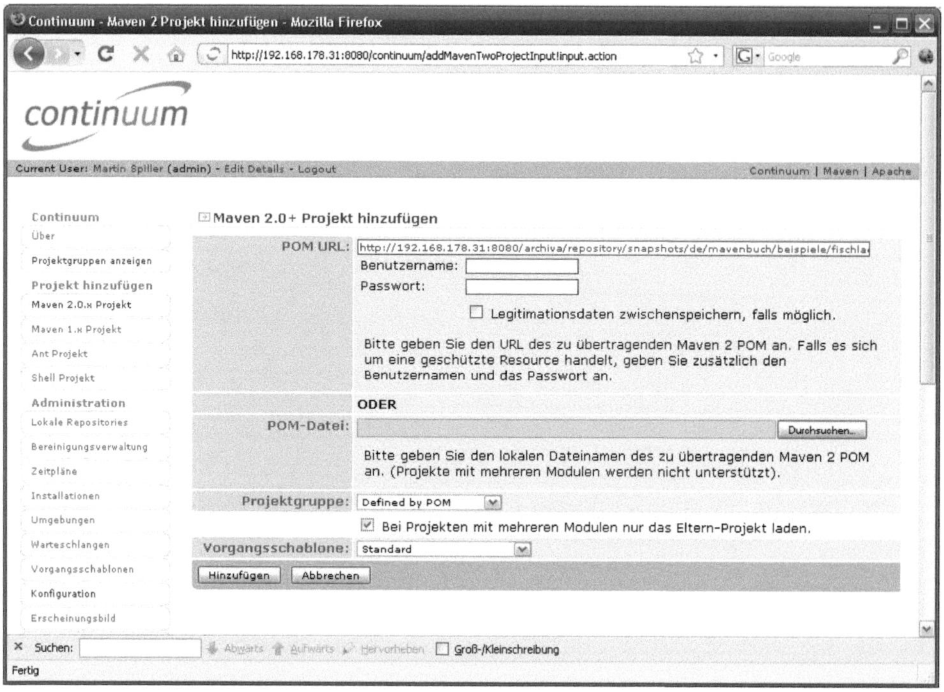

Abb. A.7: Continuum: Anlegen eines neuen Maven-2-Projekts

Unter PROJEKTGRUPPE lässt sich angeben, ob die Projektgruppe wie in der POM angegeben verwendet wird oder eine bereits bestehende Gruppe verwendet werden soll. Ist die angegebene Gruppe noch nicht vorhanden, so wird sie automatisch angelegt.

Angabe der POM-URL

Normalerweise kann man die URL des POM aus dem Firmen-Repository-Manager verwenden. Es kann passieren, dass *Continuum* die Annahme verweigert, wenn zum Beispiel die SCM-URL mit Properties versehen ist und deshalb nicht eingelesen werden kann. Bei der Verwendung von Subversion wäre eine Alternative hier die Angabe der *HTTP*-URL des *POM* im SCM. Da manche Subversion-Repositories nicht per HTTP erreichbar sind, umgehe ich das Problem normalerweise, indem ich das POM auf einem lokalen Tomcat ablege und nach dem Erzeugen des Projekts in Continuum wieder lösche. Für Multimodul-Projekte müssen die POM-Dateien für alle Module abgelegt werden. Dies kann man umgehen, indem man nur das Elternprojekt laden lässt (Checkbox!).

Das ist auf jeden Fall nicht schön und ich hoffe, dass sich das innerhalb der nächsten Versionen ändert. Andererseits hat man dieses Theater nur, wenn ein neues Projekt angelegt wird, und so groß ist der Aufwand auch nicht.

Projektgruppen

Nach der Projekterstellung wird man auf die Seite der Projektgruppe weitergeleitet. Hier kann der Gruppe ein eigenes lokales Repository zugewiesen, die Standardgruppenvorgänge (Builds) gestartet, diverse weitere Informationen abgerufen und Einstellungen vorgenommen werden.

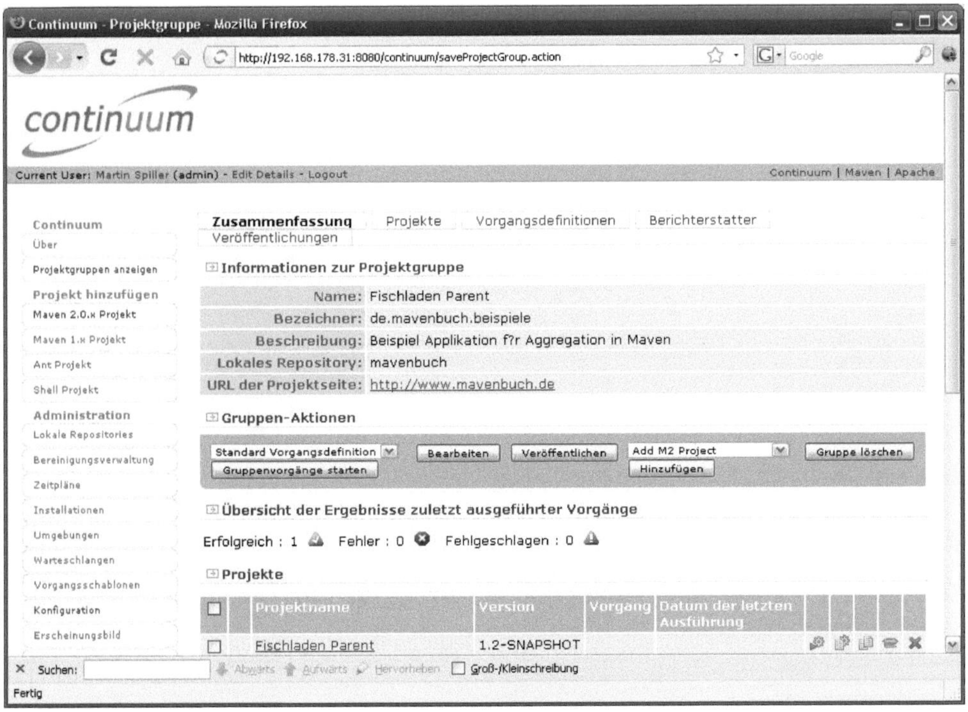

Abb. A.8: Continuum: Die Seite PROJEKTGRUPPE nach Anlage eines neuen Projekts

Notifier

Zunächst erstellen wir *Berichterstatter (notifier)*. Ein Klick auf HINZUFÜGEN zeigt uns eine Auswahlliste von möglichen *Berichterstattern*. Am gängigsten ist wohl `mail`. Danach lässt sich eine E-Mail-Adresse angeben, die sowohl als Absender als auch als Standardadressat dient. Außerdem kann angegeben werden, in welchen Fällen Benachrichtigungen verschickt werden sollen:

- An letzte SCM-Committer
- Bei Erfolg
- Bei Fehlversuchen (*Failure*)
- Bei Fehlern (*Error*)
- Bei Warnungen

Es bietet sich an, mindestens einen *mail notifier* anzulegen, der im Falle eines Fehlers Mails an die verantwortlichen Entwickler verschickt.

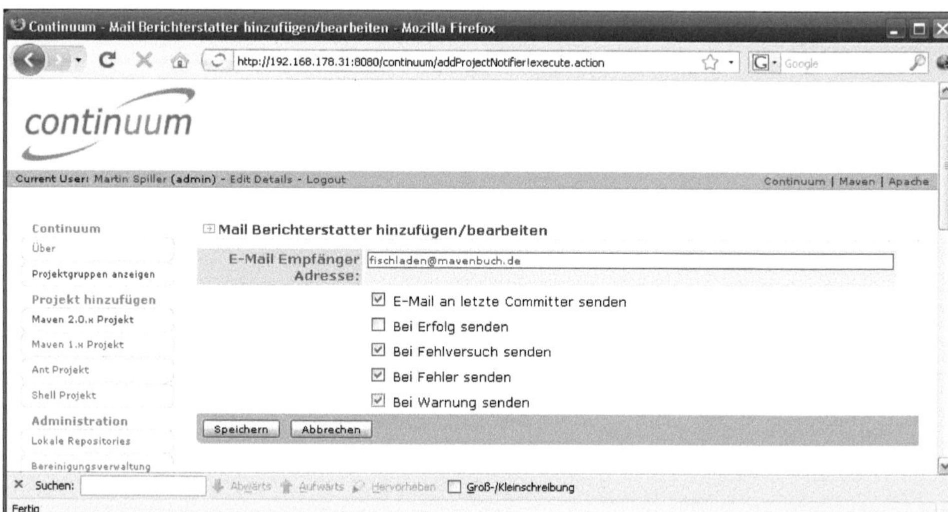

Abb. A.9: Continuum: Hinzufügen eines E-Mail-Notifiers

Konfiguration im POM

Innerhalb des POM eines Projekts kann bereits der Notification-Teil des CI-Servers konfiguriert werden:

```
<ciManagement>
  <system>continuum</system>
  <url>http://ciserver:8080/continuum</url>
  <notifiers>
```

```
    <notifier>
      <type>mail</type>
      <sendOnError>true</sendOnError>
      <sendOnFailure>true</sendOnFailure>
      <sendOnSuccess>false</sendOnSuccess>
      <sendOnWarning>false</sendOnWarning>
      <configuration>
        <address>continuum@ciserver</address>
      </configuration>
    </notifier>
  </notifiers>
</ciManagement>
```

Vorgangsdefinitionen

In diesem Bereich werden die Builds definiert, die Maven ausführen soll. Eine Standard-*Vorgangsdefinition* ist bereits festgelegt, sie startet stündlich und führt die Maven-Goals `clean` und `install` im Batch-Mode (also ohne Rückfragen) aus.

Mit der Schaltfläche HINZUFÜGEN lassen sich eigene Definitionen hinzufügen:

Eigene Vorgangsdefinitionen

Um eine eigene Build-Schablone zu definieren, müssen folgende Angaben gemacht werden:

- **POM-Dateiname:** Vorgabe ist `pom.xml`.
- **Goals:** Hier können die gewünschten Goals aufgeführt werden.
- **Argumente:** Beliebige Maven-Argumente, wie zum Beispiel Profil-Aktivierungen
- **Immer vollständig auschecken:** Soll das Projekt komplett aus dem SCM geladen werden?
- **Immer ausführen:** Soll das Projekt auch ohne SCM-Änderungen ausgeführt werden?
- **Zeitplan:** Auswahl eines Zeitplans. Eigene Zeitpläne können im Hauptmenü unter ZEITPLÄNE erstellt werden.
- **Umgebung:** Auswahl einer Umgebung. Umgebungen setzen sich aus einer Kombination von Build-Tools, JDKs und Umgebungsvariablen zusammen und können im Hauptmenü mit Hilfe der Menüpunkte INSTALLATIONEN und UMGEBUNGEN zusammengestellt werden. So ist es möglich, für Projekte unterschiedliche Umgebungen, zum Beispiel mit abweichenden JDKs, zur Verfügung zu stellen.
- **Typ:** Projekttyp – in unserem Fall *Maven 2*.
- **Beschreibung:** Beschreibung des Projekts

Projektinformationen

Auf die eigentlichen Projektseiten kommt man über die Auswahl der Projektgruppen. Klickt man hier das Projekt an, gelangt man auf die Seite PROJEKTINFORMATIONEN, die – Sie ahnen es schon – Projektinformationen enthält. Hier lassen sich auch die Vorgangsdefinitionen, die SCM-URL und die Notifier des Projekts anpassen und Vorgänge starten.

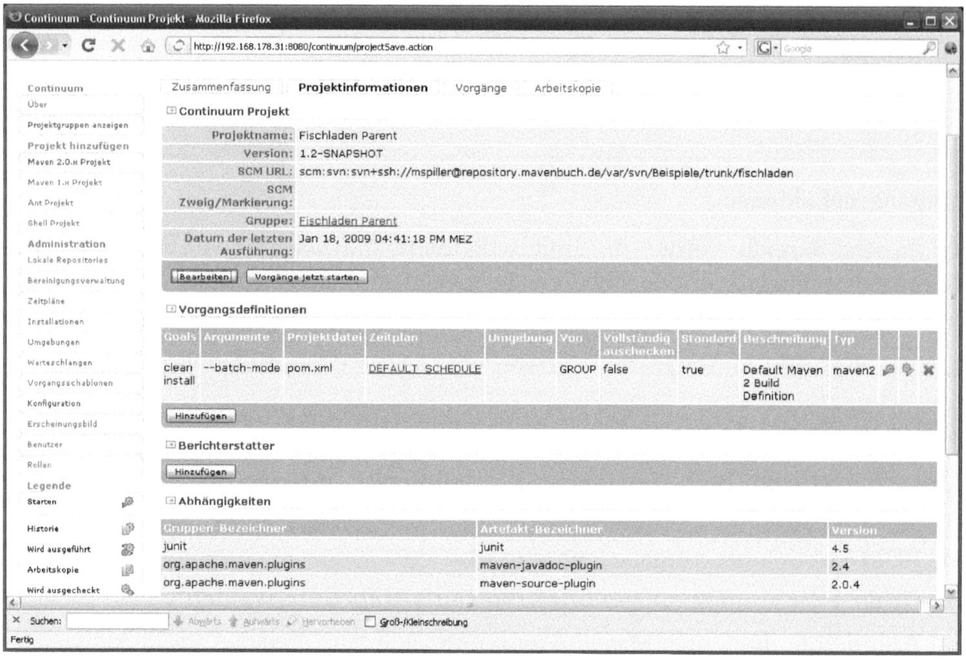

Abb. A.10: Continuum: Anzeige von Projektinformationen

Unter VORGÄNGE werden die laufenden und abgeschlossenen Vorgänge angezeigt, von hier gelangt man auch an die Ergebnisse der bisherigen Builds. Über den Link `Arbeitskopie` gelangt man schließlich an den aktuell ausgecheckten Stand des Projekts, den Continuum verwendet.

A.3.4 Und was noch?

Continuum unterstützt außer Maven auch *Ant, Maven1* und Shell-Skripte. Es können diverse Benachrichtigungsformate versendet werden: neben Mail zum Beispiel *Jabber, IRC* und *Wagon*. Mit *Continuum* können außerdem Projekte veröffentlicht werden. Es können verschiedene Vorgangsschablonen angelegt werden, um zum Beispiel regelmäßig Snapshots zu deployen oder mit `mvn site-deploy` die Dokumentation auf einem Server zu installieren. Unter dem Punkt `Installationen` können Werkzeuge, JDKs und Umgebungsvariablen eingerichtet werden, die dann unter `Umgebungen` zu Build-Umgebungen zusammengesetzt werden können. So kann zum Beispiel ein Projekt unter einer älteren JDK-Version getestet werden.

Literatur und Informationen

Die Continuum-Homepage [Con07] enthält mehr und ausführlichere Dokumentationen und viele Beispiele. Weitere Informationen erhält man über die Continuum User List `http://www.nabble.com/Continuum---Users-f32241.html`.

Das bereits erwähnte Buch *Java Power Tools* [Sma08] enthält neben einem Kapitel zu *Continuum* auch Informationen zu den *Continuous-Integration*-Servern *Hudson, CruiseControl* und *LuntBild.*

Anhang B

Konfigurationsdateien

B.1 POM – Project Object Model

Dieser Abschnitt beschreibt die Tags des Project Object Model. Alle nicht nummerierten Überschriften und die Aufzählungen enthalten die Namen von Tags.

Tipp

Eine verlinkte Referenz des *POM* findet sich auch in der Maven-Online-Dokumentation: `http://maven.apache.org/ref/current/maven-model/maven.html`

B.1.1 Basiselemente

- **`project`**: das Root-Element
- **`modelVersion`**: hat für Maven 2 und 3 *immer* den Wert `4.0.0`
- **`name`**: Name der Applikation
- **`description`**: Projektbeschreibung
- **`inceptionYear`**: das Jahr, in dem das Projekt begonnen wurde
- **`url`**: URL der Applikations-Webseite
- **`properties`**: dient zur Definition von Properties
- **`reports`**: *deprecated* – wird ignoriert!

B.1.2 Koordinaten

- **`groupId`**: Gruppenbezeichner
- **`artifactId`**: ID des Artefakts
- **`version`**: Version[-SNAPSHOT]
- **`packaging`**: (`jar`(Vorgabe)|`war`|`ear`|`maven-plugin`|`pom`|`...`)

B.1.3 Projektbeziehungen

dependencies

enthält das Tag **dependency**, das die Abhängigkeiten eines Projekts beschreibt und wiederum folgende Elemente enthält:

- **`groupId`**, **`artifactId`**, **`version`**: die Koordinaten
- **`type`**: Packaging des Artefakts: (`jar`(Vorgabe)`|war|ear|maven-plugin|pom|...`)
- **`classifier`**: der Klassifizierer
- **`exclusions`**: Transitive Abhängigkeiten, die nicht aufgelöst werden sollen
  - **`exclusion`**: Abhängigkeit
    - **`artifactId`**, **`groupId`**: Koordinaten
    - **`optional`**: Die Abhängigkeit muss nicht als transitive Abhängigkeit aufgelöst werden (`true|false`).
    - **`scope`**: Gültigkeitsbereich (`compile|runtime|test|system|provided`)
    - **`systemPath`**: Dateipfad. Nur für `scope=system`!

parent

- **`artifactId`**, **`groupId`**, **`version`**: Koordinaten
- **`relativePath`**: relativer Pfad zum Parent-Projekt (optional)

modules

Aggregation von Projekten

- **`module`**: relativer Pfad zum Modul

dependencyManagement

- **`dependencies`**: siehe `project.dependencies`

licenses

- **`license`**: Projektlizenz
  - **`comments`**: Kommentare
  - **`distribution`**: Art der Distribution
  - **`name`**: Lizenz-Name
  - **`url`**: URL des Lizenztextes

organization

- **`name`**: Name der Organisation/Firma
- **`url`**: URL der Organisation

build

- **`defaultGoal`**: Standard-Goal
- **`directory`**: Ausgabe-Verzeichnis (*target*)

- **extensions**: Klassenpfaderweiterungen
  - **extension**: enthält die Koordinaten der Erweiterung
  - **artifactId**, **groupId**, **version**: Koordinaten
- **filters**: Dateien für das *Resource-Filtering*
  - **filter**: Filterdatei
- **finalName**: endgültiger Name des Artefakts
- **outputDirectory**: Ausgabe-Verzeichnis für Klassen (`target/classes`)
- **scriptSourceDirectory**: Verzeichnis für Skripte
- **sourceDirectory**: Source-Verzeichnis
- **testOutputDirectory**: Zielverzeichnis für Testklassen
- **testSourceDirectory**: Test-Source-Verzeichnis

pluginManagement

Plugin-Konfiguration für die Vererbung. **pluginManagement** enthält das Element **plugins**, das wiederum eine Liste von **plugin**-Elementkonfigurationen enthält:

- **artifactId**, **groupId**, **version**: Koordinaten
- **extensions**: Erweitert das Plugin den Lifecycle (`true|false`)? Setzen Sie `true`, wenn das Plugin den Lifecylce erweitert, zum Beispiel durch ein eigenes Packaging. Dieser Wert muss für die Standard-Plugins nicht angegeben werden.
- **inherited**: Wird die Konfiguration vererbt? (`true|false`), Vorgabe `true`.
- **dependencies**: siehe `project.dependencies`
- **executions**: definiert das automatische Ausführen eines Plugins
  - **execution**: Ausführungspunkt
    - **configuration**: Plugin-abhängige Konfiguration für diese Ausführung
    - **goals**: Liste der auszuführenden Goals: `<goal>...</goal>`
    - **id**: ID des Ausführungspunkts
    - **inherited**: Vererbbar? (`true`(Vorgabe)|`false`)
    - **phase**: Phase, in der die Goals ausgeführt werden sollen
    - **configuration**: globale Plugin-abhängige Konfiguration

plugins

Plugin-Deklaration für die Verwendung im Projekt

- **plugin**: siehe `project.build.pluginManagement`

resources

definiert die Ressourcen-Verzeichnisse und das Filtering.

- **resource**: Ressourcen-Verzeichnis
  - **directory**: Pfad im Projekt
  - **excludes**: Ausnahmen
  - **exclude**: Dateimuster
  - **filtering**: Soll das Filtering aktiviert werden? (true|false(Vorgabe))
  - **includes**: eingeschlossene Dateien
  - **include**: Dateimuster
  - **targetPath**: Zielverzeichnis für Ressourcen. Standard ist (target/classes).

testResources

Ressourcen für Unit-Tests

- **testResource**: wie project.build.resources

reporting

- **excludeDefaults**: Wenn dieser Wert auf true gesetzt wird, werden die Standardprojektinformationen nicht mehr in die *Site* integriert (true|false(Vorgabe)).
- **outputDirectory**: Zielverzeichnis für die generierte Webseite des Projekts. Vorgabe: target/site.

plugins

Deklaration der Reporting-Plugins. Enthält für jeden zu übernehmenden Report ein **plugin**-Element, das folgende Tags enthalten kann:

- **groupId**, **artifactId**, **version**: Koordinaten
- **reportSets**: Analog zu den executions der build.plugins werden hier Reports definiert.
  - **reportSet**: konfiguriert die Reporterstellung
    - **id**: Bezeichner
    - **inherited**: Vererbbar? (true(Vorgabe)|false)
    - **configuration**: Plugin-abhängige Konfiguration des reportSets
    - **reports**: eine Liste von anzuzeigenden Reports, die wiederum **report**-Elemente enthalten, in denen der report-name als Text angegeben ist.

B.1.4 Umgebungseinstellungen

ciManagement

definiert einen *Continuous Integration*-Server.

- **notifiers**: Benachrichtigungen
  - **notifier**: Konfiguration der Benachrichtigungen
    - **address**: Die Adresse ist abhängig vom angegebenen Typ. Für `type=mail` wird hier eine E-Mail-Adresse angegeben.
    - **configuration**: systemabhängig
    - **sendOnError**: `(true|false)`
    - **sendOnFailure**: `(true|false)`
    - **sendOnSuccess**: `(true|false)`
    - **sendOnWarning**: `(true|false)`
    - **type**: Benachrichtigungstyp: `mail`, `jabber`, `irc`, `...`
- **system**: Continuous-Integration-System (zum Beispiel Continuum)
- **url**: Server-URL

issueManagement

Bugtracking

- **system**: zum Beispiel BugZilla
- **url**: URL

scm

Einstellungen für das Versionskontrollsystem

- **connection**: SCM-URL
- **developerConnection**: SCM-URL
- **tag**: SCM-URL
- **url**: Web-Access SCM-URL

mailingLists

- **mailingList**: Beschreibung der Mailing-Liste
  - **archive**: Archiv-URL
  - **name**: Name
  - **otherArchives**:
  - **otherArchive**: Archiv-URL
  - **post**: Mail-Adresse für das Senden von Nachrichten an die Mailing-Liste
  - **subscribe**: Mail-Adresse für die Anmeldung
  - **unsubscribe**: Mail-Adresse für die Abmeldung

contributors

- `contributor`: Mitarbeiter/in ohne *SCM commit*-Rechte
  - `email`: E-Mail-Adresse des Mitarbeiters
  - `name`: Name
  - `organization`: Organisation
  - `organizationUrl`: URL der Organisation
  - `properties`: frei belegbar
  - `roles`: Rollen des Mitarbeiters
  - `role`: frei belegbar
  - `timezone`: Zeitzone, zum Beispiel *+1* für GMT+1
  - `url`: URL der Homepage des Entwicklers

developers

- `developer`: Mitarbeiter/in mit *SCM commit*-Rechten. Es stehen die gleichen Elemente wie für `contributor` zur Verfügung. Zusätzlich kann die *SCM Id* angegeben werden.
  - `id`: *SCM Id* des Entwicklers (zum Beispiel Subversion-Loginname)

distributionManagement

Download- und Deployment-Informationen

- `downloadUrl`: Download-URL des Projekts
- `relocation`: Nachsendeantrag für geänderte Projektkoordinaten
  - `artifactId`, `groupId`, `version`: neue Koordinaten
  - `message`: Ich bin weg.
- `repository`: Zielserver für Release-Deployments
  - `id`: Repository-ID
  - `layout`: (`legacy` (Maven1)|`default` (Maven2, Vorgabe))
  - `name`: Repository-Name
  - `uniqueVersion`: (`true|false`)
  - `url`: Repository-URL
- `site`: Zielserver für die Projekt-Reports
  - `id`: Server-ID
  - `name`: Servername
  - `url`: Server-URL

- **snapshotRepository**: Zielserver für Release-Deployments
  - **id**: Repository-ID
  - **layout**: (legacy|default)
  - **name**: Repository-Name
  - **uniqueVersion**: Soll ein Zeitstempel an das Artefakt gehängt werden? (true (Vorgabe)|false)
  - **url**: Repository-URL
- **status**: Wird automatisch durch den Repository-Manager gesetzt (none (Vorgabe)|deployed|converted|partner|verified).

repositories

definiert eine Liste von Repositories durch das Element **repository**.

- **id**: Repository-ID
- **layout**: (legacy (Maven1)|default (Maven2, Vorgabe))
- **name**: Repository-Name
- **releases**: bezeichnet, ob das Repository Releases enthält
  - **checksumPolicy**: (ignore|fail|warn(Vorgabe))
  - **enabled**: (true|false)
  - **updatePolicy**:
    (always|daily(Vorgabe)|interval:NNN(in Minuten)|never)
- **snapshots**: bezeichnet, ob das Repository Snapshots enthält
  - **checksumPolicy**: (ignore|fail|warn(Vorgabe))
  - **enabled**: (true|false)
  - **updatePolicy**:
    (always|daily(Vorgabe)|interval:NNN(in Minuten)|never)
- **url**: Repository-URL

pluginRepositories

beschreibt eine Liste von Repositories für die Auflösung von Plugin-Abhängigkeiten.

- **pluginRepository**: definiert ein Plugin-Repository. Es sind die gleichen Einträge wie für das Element repository möglich.

prerequisites

- **maven**: gibt die minimale Maven-Version an, die für das Projekt benötigt wird.

profiles

profile

definiert ein Profil.

- **`activation`**: beschreibt die Aktivierung des Profils
  - **`activeByDefault`**: (`true|false`)
  - **`file`**: Aktivierung über Existenz/Nichtexistenz einer Datei
    - **`exists`**: Dateipfad
    - **`missing`**: Dateipfad
  - **`jdk`**: Java-Version
  - **`os`**: Aktivierung über die Art und Version des Betriebssystems
    - **`arch`**: zum Beispiel X86
    - **`family`**: (`Windows|Unix|Linux|...`)
    - **`name`**: Name des Betriebssystems, für das das Profil aktiviert werden soll
    - **`version`**: Version des Betriebssystems
- **`id`**: ID des Profils

Die folgenden Elemente des **`profil`**-Tags geben die Projekteigenschaften an, die durch das Profil geändert werden:

- **`build`**: definiert die Build-Eigenschaften, die durch das Profil geändert werden. Möglich sind folgende Elemente:
  - **`defaultGoal`**
  - **`directory`**
  - **`filters`**
  - **`finalName`**
  - **`pluginManagement`**
  - **`plugins`**
  - **`resources`**
  - **`testResources`**
- **`dependencies`**
- **`dependencyManagement`**
- **`distributionManagement`**
- **`modules`**
- **`pluginRepositories`**
- **`properties`**
- **`reporting`**
- **`repositories`**

B.1.5 Super-POM

Das *Super-POM* befindet sich im Package `org.apache.maven.model` des Java-Archivs `${M2_HOME}/lib/maven-model-builder-3.0.jar` (Maven 2: im Package `org.apache.maven.project` des Java-Archivs `${M2_HOME}/lib/maven-uber.jar`) in der Datei `pom-4.0.0.xml`. Nachfolgend wird das Super-POM von Maven 3.0.3 dokumentiert:

```
<?xml version="1.0" encoding="UTF-8"?>

<!--
Licensed to the Apache Software Foundation (ASF) under one
or more contributor license agreements.  See the NOTICE file
distributed with this work for additional information
regarding copyright ownership.  The ASF licenses this file
to you under the Apache License, Version 2.0 (the
"License"); you may not use this file except in compliance
with the License.  You may obtain a copy of the License at

    http://www.apache.org/licenses/LICENSE-2.0

Unless required by applicable law or agreed to in writing,
software distributed under the License is distributed on an
"AS IS" BASIS, WITHOUT WARRANTIES OR CONDITIONS OF ANY
KIND, either express or implied.  See the License for the
specific language governing permissions and limitations
under the License.
-->

<!-- START SNIPPET: superpom -->
<project>
  <modelVersion>4.0.0</modelVersion>

  <repositories>
    <repository>
      <id>central</id>
      <name>Maven Repository Switchboard</name>
      <url>http://repo1.maven.org/maven2</url>
      <layout>default</layout>
      <snapshots>
        <enabled>false</enabled>
      </snapshots>
    </repository>
```

```
  </repositories>

  <pluginRepositories>
    <pluginRepository>
      <id>central</id>
      <name>Maven Plugin Repository</name>
      <url>http://repo1.maven.org/maven2</url>
      <layout>default</layout>
      <snapshots>
        <enabled>false</enabled>
      </snapshots>
      <releases>
        <updatePolicy>never</updatePolicy>
      </releases>
    </pluginRepository>
  </pluginRepositories>

  <build>
    <directory>${project.basedir}/target</directory>
    <outputDirectory>${project.build.directory}/classes</outputDirectory>
    <finalName>${project.artifactId}-${project.version}</finalName>
    <testOutputDirectory>${project.build.directory}/test-classes</
        testOutputDirectory>
    <sourceDirectory>${project.basedir}/src/main/java</sourceDirectory>
    <scriptSourceDirectory>src/main/scripts</scriptSourceDirectory>
    <testSourceDirectory>${project.basedir}/src/test/java</testSourceDirectory>
    <resources>
      <resource>
        <directory>${project.basedir}/src/main/resources</directory>
      </resource>
    </resources>
    <testResources>
      <testResource>
        <directory>${project.basedir}/src/test/resources</directory>
      </testResource>
    </testResources>
    <pluginManagement>
      <!--
 NOTE: These plugins will be removed from future versions of the super POM -->
      <!-- They are kept for the moment as they are very unlikely to
conflict with lifecycle mappings (MNG-4453) -->
      <plugins>
        <plugin>
```

```
        <artifactId>maven-antrun-plugin</artifactId>
        <version>1.3</version>
      </plugin>
      <plugin>
        <artifactId>maven-assembly-plugin</artifactId>
        <version>2.2-beta-5</version>
      </plugin>
      <plugin>
        <artifactId>maven-dependency-plugin</artifactId>
        <version>2.1</version>
      </plugin>
      <plugin>
        <artifactId>maven-release-plugin</artifactId>
        <version>2.0</version>
      </plugin>
    </plugins>
  </pluginManagement>
</build>

<reporting>
  <outputDirectory>${project.build.directory}/site</outputDirectory>
</reporting>

<profiles>
  <!--
 NOTE: The release profile will be removed from future versions of the
super POM -->
  <profile>
    <id>release-profile</id>

    <activation>
      <property>
        <name>performRelease</name>
        <value>true</value>
      </property>
    </activation>

    <build>
      <plugins>
        <plugin>
          <inherited>true</inherited>
          <artifactId>maven-source-plugin</artifactId>
          <executions>
```

```
            <execution>
              <id>attach-sources</id>
              <goals>
                <goal>jar</goal>
              </goals>
            </execution>
          </executions>
        </plugin>
        <plugin>
          <inherited>true</inherited>
          <artifactId>maven-javadoc-plugin</artifactId>
          <executions>
            <execution>
              <id>attach-javadocs</id>
              <goals>
                <goal>jar</goal>
              </goals>
            </execution>
          </executions>
        </plugin>
        <plugin>
          <inherited>true</inherited>
          <artifactId>maven-deploy-plugin</artifactId>
          <configuration>
            <updateReleaseInfo>true</updateReleaseInfo>
          </configuration>
        </plugin>
      </plugins>
    </build>
  </profile>
 </profiles>

</project>
<!-- END SNIPPET: superpom -->
```

B.2 settings.xml

Die Datei ~/.m2/settings.xml, auch einfach als *Settings* oder *User Settings* bezeichnet, dient dazu, benutzerspezifische Konfigurationen anzugeben. Im Maven-Installationsverzeichnis existiert ebenfalls eine Settings-Datei, die als *Global Settings* bezeichnet wird. In dieser Datei können firmeneinheitliche Einstellungen gesetzt werden, zum Beispiel wenn eine firmeneinheitliche Grundinstallation ausgeliefert wird. Bei Installation einer neuen Maven-Version muss diese Datei natürlich gesichert und eventuell angepasst werden.

In den Settings werden, neben dem lokalen Repository und den Proxy-Einstellungen, vor allem die Zugangsdaten für Repositories gespeichert. Der große Nachteil in Maven 2.0.x war, dass die Zugangsdaten nicht verschlüsselt werden konnten. Seit Maven 2.1 ist eine Verschlüsselung der Zugangsdaten möglich. Eine Anleitung zum Verschlüsseln der Daten befindet sich in Abschnitt 4.4.

B.2.1 Referenz

Die einzelnen Elemente der Settings werden im Buch ausführlich in den entsprechenden Kapiteln beschrieben, soweit dies notwendig ist. Der Vollständigkeit wegen werden hier die möglichen Elemente der Datei `settings.xml` dokumentiert. Die *API-Referenz* des dazugehörigen Klassenmodells, des *Maven Local Settings Model*, findet sich unter `http://maven.apache.org/ref/current/maven-settings/apidocs/`.

> **Tipp**
>
> Eine komplette, verlinkte Referenz der Settings findet sich auch unter `http://maven.apache.org/ref/current/maven-settings/settings.html`.

Basiselemente

- **`interactiveMode`**: (`true|false`)
- **`localRepository`**: Pfad des lokalen Repositorys
- **`offline`**: aktiviert den Offline-Modus (`true|false`)
- **`usePluginRegistry`**: (`true|false`)

activeProfiles

enthält eine Liste der aktiven Profile.

- **`activeProfile`**: Profil-ID

mirrors

- **`mirror`**: definiert Mirror-Server für Repositories
  - **`id`**: Server-ID
  - **`mirrorOf`**: Liste der zu spiegelnden Repositories (`*|Repository1[,Repository2,...]`)
  - **`name`**: Name des Servers
  - **`url`**: URL des Servers

pluginGroups

- **pluginGroup**: definiert eine Plugin-Gruppe. Für angemeldete Plugin-Gruppen muss die `groupId` auf der Konsole nicht mehr angegeben werden.

profiles

profile

Dieses *Tag* definiert ein Profil. Im Gegensatz zu Profilen im POM können hier nur `properties`, `repositories` und `pluginRepositories` gesetzt werden.

- **activation**: beschreibt die Aktivierung des Profils
  - **activeByDefault**: (`true|false`)
  - **file**: Aktivierung über Existenz/Nichtexistenz einer Datei
  - **exists**: Dateipfad
  - **missing**: Dateipfad
  - **jdk**: Java-Version
  - **os**: Aktivierung über Typ und Version des Betriebssystems
  - **arch**: zum Beispiel X86
  - **family**: (`Windows|Unix|Linux|...`)
  - **name**: Name des Betriebssystems, für das das Profil aktiviert werden soll
  - **version**: Version des Betriebssystems
- **id**: ID des Profils
- **properties**: Hier können wie im POM Properties definiert werden.
  - **Schlüsselname**: Der Tag-Name bezeichnet den Schlüssel, der Wert wird als Text übergeben.
- **repositories**: definiert eine Liste von Repositories durch das Tag **repository**. Möglich sind die gleichen Angaben wie in der Repositories-Sektion des POM.
- **pluginRepositories**: beschreibt eine Liste von Repositories für die Auflösung von Plugin-Abhängigkeiten durch das Element **pluginRepository**. Hier sind ebenfalls die gleichen Einstellungen wie im POM möglich.

proxies

bestimmt durch das Element `proxy` Proxy-Server für den Netzwerkzugriff.

- **active**: Soll der Proxy verwendet werden? (`true|false`)
- **host**: Proxy-Host
- **id**: Proxy-ID

- **nonProxyHosts**: Liste von URLS, auf die nicht über den Proxy zugegriffen werden soll
- **password**: User-Passwort. Nicht verschlüsselt!
- **port**: Port-Nummer
- **protocol**: Proxy-Protokoll
- **username**: User-Name

servers

beschreibt die Anmelde-Informationen für verschiedene Server, zum Beispiel ein Repository durch das Element **server**.

- **id**: Server-ID
- **password**: User-Passwort
- **username**: User-Name
- **configuration**: zusätzliche, serverspezifische Konfiguration des Transport-Layers
- **directoryPermissions**: Schreib-/Leserechte in Oktalschreibweise
- **filePermissions**: Schreib-/Leserechte in Oktalschreibweise
- **privateKey**: *Key location* für SSH-Zugriff
- **passphrase**: Key-Passphrase für SSH-Schlüssel

Referenzen

C.1 Mojo-Elemente und -Annotations

C.1.1 Hauptelemente

Der *Plugin-Deskriptor* kann folgende Hauptelemente enthalten:

- **`groupId`, `artifactId`, `version`:** Wie für jedes Maven-Artefakt müssen auch für ein Plugin Koordinaten angegeben werden.
- **`goalPrefix`:** gibt an, wie das Plugin aufgerufen werden soll. Per Vorgabe ist dies die `artifactId` des Plugins. Die Endung `-plugin` wird übrigens automatisch abgeschnitten. `my-own-plugin` würde also als `my-own` angesprochen.
- **`description`:** Eine Beschreibung des Plugins, wird aus dem Element `description` des POM ausgelesen
- **`isolatedRealm`:** *deprecated*
- **`inheritedByDefault`:** gibt an, ob in Multimodul-Projekten die Deklaration und Konfiguration des Plugins an Unterprojekte vererbt werden soll. Die Voreinstellung ist `true`. Diese Einstellung kann in der Sektion `mojo` auch für jedes einzelne Goal gesetzt werden.
- **`dependencies`:** Die Dependencies werden beim Erstellen des Plugins (`mvn package`) direkt aus dem POM ausgelesen.
- **`mojos`:** Hier werden die einzelnen Mojos (sprich *Goals*) beschrieben. Die möglichen Sub-Elemente des Elements `mojo` werden ausführlich im nächsten Abschnitt beschrieben.

C.1.2 Mojo-Elemente

Die Überschritften in diesem Abschnitt bezeichnen das *Plugin-Deskriptor*-Element die entsprechende Annotation ist in der Tabelle beschrieben.

aggregator

Annotation	`@aggregator`
erforderlich?	Nein (Standard: `true`)

Wird aggregator auf false gesetzt, wird beim Aufruf in Multimodul-Projekten das Plugin nur für das Parent-Projekt ausgeführt.

execute

Annotation	@execute phase="phaseName" lifecycle="lifecycleId"
	@execute phase="phaseName"
	@execute goal="goalName"
erforderlich?	Nein

Bei Verwendung von execute wird ein paralleler Maven-Build gestartet, der den gegenwärtigen nicht beeinflusst.

Bei Angabe einer Phase wird der Build bis zur angegebenen Build-Lifecycle-Phase ausgeführt. Bei Angabe von goal wird das angegebene Goal ausgeführt. Die Angabe von phase und lifecycleId ermöglicht die Verwendung eines alternativen Lifecycles.

executionStrategy

Annotation	@executionStrategy <strategy>
erforderlich?	Nein

Gibt die Ausführungsstrategie an: Möglich sind once-per-session und always.

goal

Annotation	@goal <goalName>
erforderlich?	Ja

Weist dem Mojo einen Befehl zu, der auf der Kommandozeile oder im POM angegeben wird, um das Mojo zu adressieren.

inheritByDefault

Annotation	@inheritByDefault <true|false>
erforderlich?	Nein (Standard: true)

Gibt, wie auf der Hauptebene, an, ob die Einstellungen für dieses Mojo vererbt werden sollen.

instantiationStrategy

Annotation	`@instantiationStrategy <per-lookup>`
erforderlich?	Nein (Standard: `per-lookup`)

Hier handelt es sich um eine *Plexus*-Einstellung, die dem Container mitteilt, wie Komponenteninstanzierungen vorgenommen werden sollen. Die Standardeinstellung gibt an, dass bei jeder Anforderung einer Instanz an Plexus eine neue Instanz erzeugt wird.

phase

Annotation	`@phase <phaseName>`
erforderlich?	Nein

Hier lässt sich eine Phase des Build-Zyklus mit dem Goal verknüpfen. Ist keine Phase vorgegeben, muss im POM im Element `execution` eine Phase angegeben werden.

requiresDependencyResolution

Annotation	`@requiresDependencyResolution <requiredScope>`
erforderlich?	Nein

Gibt an, dass das Plugin die Auflösung der Abhängigkeiten für den angegebenen Gültigkeitsbereich benötigt. Unterstützt werden `runtime`, `compile` und `test`. Ist kein Gültigkeitsbereich angegeben, wird `runtime` angenommen.

requiresDirectInvocation

Annotation	`@requiresDirectInvocation <true|false>`
erforderlich?	Nein (Standard: `false`)

Ist `true` gesetzt, muss das Goal von der Kommandozeile aufgerufen werden.

requiresOnline

Annotation	`@requiresOnline <true|false>`
erforderlich?	Nein (Standard: `true`)

Gibt an, ob das Mojo nur im Online-Modus aufgerufen werden kann.

requiresProject

Annotation	`@requiresProject <true|false>`
erforderlich?	Nein (Standard: `true`)

Gibt an, ob das Mojo nur innerhalb eines Projekts aufgerufen werden kann.

requiresReports

Annotation	`@requiresReports <true|false>`
erforderlich?	Nein (Standard: `false`)

Hier kann angegeben werden, ob das Mojo einen Report benötigt.

description

Annotation	`none (detected)`
erforderlich?	Nein

Beim Erzeugen des Plugins wird die Javadoc der Klasse eingebunden. Diese Beschreibung kann zum Beispiel mit dem `maven-help-plugin` abgefragt werden.

implementation

Annotation	Keine (wird automatisch entdeckt)
erforderlich?	Ja

Der vollständige Klassenname des Mojo. Bei Nicht-Java-Mojos wird der Skript-Pfad verwendet.

language

Annotation	Keine (wird automatisch entdeckt)
erforderlich?	Nein (Standard: `java`)

Die Implementierungssprache (Java, Groovy etc.) für dieses Mojo.

deprecated

Annotation	`@deprecated <deprecated-text>`
erforderlich?	Nein

Funktioniert analog zum Javadoc-Tag `deprecated`.

since

Annotation	`@since <since-text>`
erforderlich?	Nein

Funktioniert analog zum Javadoc-Tag `since`.

parameters

Annotation	Keine (wird automatisch entdeckt)
erforderlich?	Nein

Gibt eine Liste möglicher Parameter mit dem Element `parameter` an, die aus den Feldern des Mojo ausgelesen werden. Siehe Abschnitt C.1.3 für eine Beschreibung der möglichen Elemente.

C.1.3 Parameterelemente und -Annotations

Dieser Abschnitt beinhaltet die *Plugin-Deskriptor* Elemente und Annotations, um Parameter zu beschreiben.

alias

Annotation	`@parameter alias="myAlias"`
erforderlich?	Nein

Gibt einen Alias an, der an Stelle des Parameternamens verwendet werden kann, um auf der Kommandozeile oder im POM einen Wert zuzuweisen.

configuration

Annotation	`@component role="..." roleHint="..."`
erforderlich?	Nein

Erlaubt den Zugriff auf eine Plexus-Komponente.

Annotation	`@parameter expression="${ausdruck}" default-value="value"`
erforderlich?	Nein

Gibt einen Ausdruck an, der als Wert injiziert werden soll. Dies kann zum Beispiel ein POM-Element sein, wie `${project.resources}`. Der Default-Wert wird verwendet, wenn der Wert zu `null` aufgelöst wird.

Ist kein Ausdruck angegeben, wird der Name des Feldes als Ausdruck verwendet: `${name}`. Der hier angegebene Ausdruck kann verwendet werden, um im POM oder auf der Kommandozeile Parameter zuzuweisen. Die Verwendung von `${` und `}` ist vorgegeben, um die Ausdrücke zu begrenzen. Noch ein kleiner Tipp: Vergessen Sie nicht die Anführungszeichen ...

editable

Annotation	`@readonly`
erforderlich?	Nein

Gibt an, dass der Parameter nicht durch den User gesetzt werden kann. Dies bietet sich zum Beispiel an, wenn ein POM-Element referenziert werden soll.

Die Angabe der Annotation genügt, es gibt kein `true`/`false`-Attribut.

required

Annotation	`@required`
erforderlich?	Nein

Gibt an, ob der Parameter notwendig für die Ausführung des Mojo ist. Die Angabe der Annotation genügt, es gibt kein `true`/`false`-Attribut.

description

Annotation	Keine (wird automatisch entdeckt)
erforderlich?	Nein

Die Javadoc für das Feld wird während der Plugin-Erzeugung ausgelesen und in diesem Element angegeben.

name

Annotation	Keine (wird automatisch entdeckt)
erforderlich?	Ja

Der Name des Parameters. Als Standard wird der Feldname ausgelesen.

type

Annotation	Keine (wird automatisch entdeckt)
erforderlich?	Ja

Der Java-Typ für diesen Parameter.

deprecated

Annotation	`@deprecated <deprecated-text>`
erforderlich?	Nein

Analog zum Javadoc-Tag `deprecated`.

since

Annotation	`@since <since-text>`
erforderlich?	Nein

Analog zum Javadoc-Tag `since`.

C.2 APT-Kurzreferenz

Wenn Sie mittels

```
mvn archetype:generate
```

aus der Vorlage `maven-archetype-site` ein Projekt generieren und `mvn site` aufrufen, bekommen Sie unter anderem eine APT-Kurzreferenz spendiert. Der letzte Abschnitt dieser Kurzreferenz, *The APT format at a glance*, wird hier in der deutschen Übersetzung dokumentiert:

```
                                  ------
                                  Titel
                                  ------
                                  Autor
                                  ------
                                  Datum

  Absatz 1, Zeile 1.
  Absatz 1, Zeile 2.

  Absatz 2, Zeile 1.
  Absatz 2, Zeile 2.

Überschrift Ebene 1

* Überschrift Ebene 2

** Überschrift Ebene 3

*** Überschrift Ebene 4

**** Überschrift Ebene 5

      * Listenelement 1.

      * Listenelement 2.

        Absatz in Listenelement 2.

            * Unter-Listenelement 1.

            * Unter-Listenelement 2.

      * Listenelement 3.
        Erzwinge Listenende:

      []

----------------------------------------------
Unformatierter Text
----------------------------------------------

      [[1]] nummeriertes Listenelement 1.
```

```
              [[A]] nummeriertes Listenelement A.

              [[B]] nummeriertes Listenelement B.

      [[2]] nummeriertes Listenelement 2.

  Schemata für die Listennummerierung: [[1]], [[a]], [[A]], [[i]], [[I]].

      [Term 1] der Definitionsliste.

      [Term 2] der Definitionsliste.

+------------------------------+
Unformatierter Text

              in einem Kasten
+------------------------------+

  --- statt  +-- unterdrückt den Kasten um unformatierten Text.

[Grafik Name] Abbildungstext

*----------*-------------+---------------:
| zentriert| linksbündig  | rechtsbündig   |
| Zelle 1,1 | Zelle 1,2     | Zelle 1,3    |
*----------*-------------+---------------:
| Zelle 2,1 | Zelle 2,2     | Zelle 2,3    |
*----------*-------------+---------------:
Tabellenbeschreibung

  Kein Gitter, keine Beschreibung:

*------*-------*
 Zelle | Zelle
*------*-------*
 Zelle | Zelle
*------*-------*

  Horizontale Linie:

=====================================================
```

```
^L
  Neue Seite.

  <Kursive> Schrift. <<Fette>> Schrift. <<<Monospaced>>> Schrift.

  {Anker}. Link zu {{Anker}}. Link zu {{http://www.pixware.fr}}.
  Link zu {{{ Anker }mit Alternativtext}}.
  Link zu {{{http://www.pixware.fr}Pixware home page}}.

  Erzwinge Zeilen\
  umbruch.

  Geschützter\ Zwischenraum(Leerzeichen).

  Maskierte Sonderzeichen: \~, \=, \-
, \+, \*, \[, \], \<, \>, \{, \}, \\.

  Copyright-Zeichen: \251, \xA9, \u00a9.

~~auskommentiert.
```

C.3 Plugin-Versionen in Maven 3.0.3

In Maven 2 waren noch 19 Plugin-Versionen in der `pluginManagement`-Sektion des Super-POM vorgegeben. In Maven 3 wurde die Anzahl auf 4 reduziert und auch diese sollen in einer der nächsten Versionen entfernt werden.

Folgende Plugins sind in der `pluginManagement`-Sektion des Super-POM festgelegt. Auf den Webseiten der Plugins ist jeweils die Dokumentation für die aktuellste Version angegeben. Die Konfigurationsoptionen für das verwendete Plugin lassen sich aber jederzeit mit

```
mvn help:describe -Dplugin=<groupId>:<artifactId>
```

abfragen.

groupID	artifactId	version
`org.apache.maven.plugins`	`maven-antrun-plugin`	1.3
`org.apache.maven.plugins`	`maven-assembly-plugin`	2.2-beta-5
`org.apache.maven.plugins`	`maven-dependency-plugin`	2.1
`org.apache.maven.plugins`	`maven-release-plugin`	2.0

C.4 Lifecycle-Verknüpfungen

Dieser Abschnitt dokumentiert die Verknüpfungen der Lifecycle-Phasen mit Plugin-Goals für verschiedene Packaging-Typen. Die Tabellen sind der Maven-Online-Dokumentation entnommen und im Original unter

```
http://maven.apache.org/guides/introduction/\
    introduction-to-the-lifecycle.html#Built-in_Lifecycle_Bindings
```

zu finden.

3.4.1 Build-Lifecycle

Packaging: pom

Lifecycle-Phase	goal
`package`	`site:attach-descriptor`
`install`	`install:install`
`deploy`	`deploy:deploy`

Packaging: ejb, ejb3, jar, par, rar, war

Lifecycle-Phase	goal
`process-resources`	`resources:resources`
`compile`	`compiler:compile`
`process-test-resources`	`resources:testResources`
`test-compile`	`compiler:testCompile`
`test`	`surefire:test`
`package`	Je nach Packaging: `ejb:ejb`, `ejb3:ejb3`, `jar:jar`, `par:par`, `rar:rar` oder `war:war`
`install`	`install:install`
`deploy`	`deploy:deploy`

Packaging: ear

Lifecycle-Phase	goal
`generate-resources`	`ear:generateApplicationXml`
`process-resources`	`resources:resources`
`package`	`ear:ear`
`install`	`install:install`
`deploy`	`deploy:deploy`

Packaging: maven-plugin

Lifecycle-Phase	goal
`generate-resources`	`plugin:descriptor`
`process-resources`	`resources:resources`
`compile`	`compiler:compile`
`process-test-resources`	`resources:testResources`
`test-compile`	`compiler:testCompile`
`test`	`surefire:test`
`package`	`jar:jar` und `plugin:addPluginArtifactMetadata`
`install`	`install:install` und `plugin:updateRegistry`
`deploy`	`deploy:deploy`

Site-Lifecycle

Lifecycle-Phase	goal
`site`	`site:site`
`site-deploy`	`site:deploy`

Clean-Lifecycle

Lifecycle-Phase	goal
`clean`	`clean:clean`

C.5 Namenskonventionen für SUN-JARs

Die Verwaltung der *SUN-JARs* ist leider nicht einheitlich. Ein Teil findet sich im *central-Repository*. Andere Bibliotheken gibt es im Java-Repository `http://download.java.net/maven/2/`, das sich folgendermaßen in ein POM integrieren lässt:

```
<repositories>
  <repository>
    <id>maven2-repository.dev.java.net</id>
    <name>Java.net Repository for Maven</name>
    <url>http://download.java.net/maven/2/</url>
    <layout>default</layout>
  </repository>
</repositories>
```

Im Zweifelsfall müssen die Bibliotheken von der SUN-Seite geladen werden und mittels

```
mvn install:install-file -Dfile=<pfad> -DgroupId=<group-id>  \
    -DartifactId=<artifact-id> -Dversion=<version>          \
    -Dpackaging=<packaging> -DgeneratePom=true
```

ins lokale Repository installiert werden. Besser ist es natürlich, einen Repository-Manager zu verwenden und das JAR dorthin zu deployen, um nicht auf jedem Entwicklerrechner die gleiche Prozedur durchführen zu müssen.

Dabei sollte man sich an die Vorgaben zur Identifizierung der Bibliotheken halten, die in der folgenden Tabelle aufgelistet sind.

Product artifact	Group ID	Artifact ID
Java Activation Framework	`javax.activation`	`activation`
J2EE	`javax.j2ee`	`j2ee`
Java Data Object (JDO)	`javax.jdo`	`jdo`
Java Message Service (JMS)	`javax.jms`	`jms`
JavaMail	`javax.mail`	`mail`
Java Persistence API (JPA) /EJB 3	`javax.persistence`	`persistence-api`
J2EE Connector Architecture	`javax.resource`	`connector`
J2EE Connector Architecture API	`javax.resource`	`connector-api`
Java Authentication and Authorization Service (JAAS)	`javax.security`	`jaas`
Java Authorization Contract for Containers	`javax.security`	`jacc`
Servlet API	`javax.servlet`	`servlet-api`
Servlet JavaServer Pages (JSP)	`javax.servlet`	`jsp-api`
Servlet JavaServer Pages Standard Tag Library (JSTL)	`javax.servlet`	`jstl`
JDBC 2.0 Optional Package	`javax.sql`	`jdbc-stdext`
Java Transaction API (JTA)	`javax.transaction`	`jta`
Java XML RPC	`javax.xml`	`jaxrpc`
Portlet	`javax.portlet`	`portlet-api`
Java Naming and Directory Interface (JNDI)	`javax.naming`	`jndi`

Tabelle 3.1: `groupIds` und `artifactIds` für einige Sun-Bibliotheken. Quelle: `http://maven.apache.org/guides/mini/guide-coping-with-sun-jars.html`

Literatur

[apt] *APT-Referenz.* http://maven.apache.org/doxia/format.html

[arc] *Apache-Archiva-Homepage.* http://maven.apache.org/archiva/

[art] *Artifactory-Homepage.* http://www.jfrog.org/sites/artifactory/latest/index.html

[Atwo8] ATWOOD, Jeff: *Alpha, Beta, and Sometimes Gamma.* http://www.codinghorror.com/blog/archives/001159.html, 07.2008

[Bloo8] BLOCH, Joshua: *Effective Java: A Programming Language Guide (Java Series).* 2nd Revised edition (REV). Addison-Wesley Longman, Amsterdam, 2008. ISBN 9780321356680

[Che] *Checkstyle-Homepage.* http://checkstyle.sourceforge.net

[CMPo6] CASEY, John; MASSOL, Vincent; PORTER, Brett; SANCHEZ, Carlos; ZYL, Jason van: *Better builds with Maven.* Mergere Library Press, 2006 http://www.maestrodev.com/better-build-maven

[Cono7] *Apache Maven Continuum Project.* http://continuum.apache.org, 2011

[dsm] *DSMP-Homepage.* http://www.pdark.de/dsmp/

[ecl] *Maven-Eclipse-Plugin-Homepage.* http://maven.apache.org/plugins/maven-eclipse-plugin/

[fmt] *FML-Referenz.* http://maven.apache.org/doxia/references/fml-format.html

[Fow99] FOWLER, Martin: *Refactoring: Improving the Design of Existing Code.* Addison-Wesley Longman, Amsterdam, 1999. ISBN 9780201485677

[jeta] *Jetty-Homepage.* http://jetty.mortbay.com/

[jetb] *Maven-Jetty-Plugin-Homepage.* http://docs.codehaus.org/display/JETTY/Maven+Jetty+Plugin

[m2e] *M2Eclipse-Homepage.* http://eclipse.org/m2e

[Mav] *JavaWorld: The Maven 2 POM demystified.* http://www.javaworld.com/javaworld/jw-05-2006/jw-0529-maven.html

[mvn11] Maven Compatibility Notes: `https://cwiki.apache.org/MAVEN/maven-3x-compatibility-notes.html`

[mvn] *Maven-Proxy-Homepage.* `http://maven-proxy.codehaus.org/`

[mvn08] *Maven-Guide to the Plugin Documentation Standard.* `http://maven.apache.org/guides/development/guide-plugin-documentation.html`

[nex] *Nexus-Homepage.* `http://nexus.sonatype.org`

[SM] SUN MICROSYSTEMS, Inc.: *Code Conventions for the Java Programming Language.* `http://java.sun.com/docs/codeconv/` (neue URL bei Oracle: `http://www.oracle.com/technetwork/java/codeconv-138413.html`)

[Sma08] SMART, John F.: *Java Power Tools.* 1. O'Reilly Media, 2008. ISBN 9780596527938

[Son] SONATYPE: *Maven: The Complete Reference.* `http://www.sonatype.com/books/mvnref-book/reference/`

[Sona] SONATYPE: *Maven by Example.* `http://www.sonatype.com/index.php/Support/Books/Maven-By-Example`

[Sonb] SONATYPE: *Developing with Eclipse and Maven.* `http://www.sonatype.com/books/index.php/Support/Books/Developing-with-Eclipse-Maven`

[Sonc] SONATYPE: *Repository Management with Nexus.* `http://www.sonatype.com/index.php/Support/Books/Repository-Management-with-Nexus/`

[Sond] SONATYPE: *The Maven Cookbook*: `http://www.sonatype.com/index.php/Support/Books/The-Maven-Cookbook`

[Son08] SONATYPE: *Maven: The Definitive Guide.* O'Reilly Media, Inc., 2008. – ISBN 9780596517335

[tex] *TeXConverter Homepage.* `http://www.texconverter.org`

[xdo] *XDOC Reference.* `http://maven.apache.org/doxia/references/xdoc-format.html`

Stichwortverzeichnis

E

F

G

P

S

W

X

Z

Mike Cohn
Mit einem Vorwort von Kent Beck

User Stories

für die agile Software-Entwicklung mit Scrum, XP u.a.

Deutsche Ausgabe des Standardwerkes zu User Stories

Mike Cohns jahrelange Erfahrungen mit User Stories machen dieses Buch zu einer wertvollen Anleitung, in der er Ihnen praxisnah zeigt, wie Sie User Stories in Ihrem Entwicklungsteam effektiv einsetzen können.

Durch die Anwendung von User Stories im Anforderungsprozess sparen Sie Zeit, vermeiden zeitaufwendige Überarbeitungen der Software und entwickeln bessere Software, die den Anforderungen Ihrer User tatsächlich entspricht.

Mike Cohn gibt Ihnen einen umfassenden Einblick in die Verwendung von User Stories und erläutert detailliert, wie Sie sinnvolle User Stories schreiben und in Ihren Entwicklungsprozess integrieren. Sie lernen nicht nur, gute von schlechten User Stories zu unterscheiden, sondern insbesondere, wie Sie gute User Stories erfassen und formulieren, auch wenn Sie nicht direkt mit den Endusern sprechen können. Darüber hinaus erfahren Sie, wie Sie User Stories organisieren, schätzen und damit planen und für das Projektmanagement und das Testen sinnvoll nutzen.

Dieses Praxis-Handbuch ist hilfreich und wertvoll für alle Softwareentwickler, Tester und Projektmanager, die mit agilen Methoden wie z.B. Scrum und XP arbeiten.

Probekapitel und Infos erhalten Sie unter:
www.mitp.de/5898

ISBN 978-3-8266-5898-3

John Resig, Bear Bibeault

Geheimnisse eines JavaScript-Ninjas

- **Bewährte Methoden bei der Entwicklung einer JavaScript-Bibliothek**
- **Anspruchsvolle Features von JavaScript**
- **Ausführliche Beschreibung browserübergreifender Programmierung**

Das Web ist heute ohne JavaScript undenkbar, doch seit der Entstehung dieser Scriptsprache hat sich einiges getan. Dieses Buch stellt moderne JavaScript-Konzepte vor, die für alle Webentwickler von Nutzen sind, die Ajax und JavaScript-Bibliotheken für interaktive Webseiten einsetzen.

Der JavaScript-Experte John Resig, Autor der bekannten jQuery-Bibliothek, vermittelt im Buch das Insiderwissen der besten JavaScript-Programmierer. Das Buch richtet sich an fortgeschrittene Anfänger und weist dem Leser den Weg zur Programmierung moderner JavaScript-Anwendungen in drei Stufen: Entwurf, Entwicklung sowie Pflege und Wartung des Codes.

Zunächst wird die Grundlage fortgeschrittenen JavaScript-Wissens gelegt. Danach lernt der Leser den Aufbau einer JavaScript-Bibliothek kennen: Hier werden die vielfältigen Aufgaben erläutert sowie Entwicklungsstrategien und Lösungsansätze aus der Praxis vorgestellt. Und natürlich werden auch die Vorgehensweisen zur Erstellung zukunftssicheren Codes thematisiert.

Das Buch versetzt den Leser in die Lage, ausgezeichnete JavaScript-Anwendungen zu programmieren, eigene Bibliotheken zu schreiben und die verfügbaren JavaScript-Bibliotheken optimal zu verwenden.

Über die Autoren:
John Resig ist anerkannter JavaScript-Experte und Autor der JavaScript-Bibliothek jQuery. **Bear Bibeault** ist Webentwickler und Co-Autor von drei weiteren Büchern.

Probekapitel und Infos erhalten Sie unter:
www.mitp.de/9714

ISBN 978-3-8266-9714-2